张永熙先生继承了相声艺术的精髓，发扬了自己的艺术特长，在艺术实践中勇于创新，善于学习，不断从时代精神和各种艺术中吸取营养，充实丰富自己的上演书目，形成了自己特有的表演风格：说学逗唱，无一不精；状物言人，细致入微；语言甜美隽永，台风潇脱大方。张永熙先生用自己的高超技艺，影响了一代观众，为相声艺术在南方的扎根发展做出了杰出的贡献。

名家笑侃相声圈

笑洒江南

——我和师父

张永熙

曹业海◎著

天津出版传媒集团

天津人民出版社

图书在版编目(CIP)数据

笑洒江南：我和师父张永熙 / 曹业海著. —— 天津：
天津人民出版社, 2017.4
(名家笑侃相声圈)
ISBN 978-7-201-11657-0

Ⅰ.①笑… Ⅱ.①曹… Ⅲ.①张永熙–生平事迹
Ⅳ.①K825.78

中国版本图书馆 CIP 数据核字(2017)第 063743 号

笑洒江南 ： 我和师父张永熙

XIAOSAJIANGNAN:WOHESHIFUZHANGYONGXI

曹业海 著

出　　版	天津人民出版社	
出 版 人	黄　沛	
地　　址	天津市和平区西康路 35 号康岳大厦	
邮政编码	300051	
邮购电话	(022)23332469	
网　　址	http://www.tjrmcbs.com	
电子信箱	tjrmcbs@126.com	

责任编辑　张素梅
装帧设计　汤　磊

印　　刷	高教社(天津)印务有限公司	
经　　销	新华书店	
开　　本	710×1000 毫米　1/16	
印　　张	18.25	
插　　页	4	
字　　数	210 千字	
版次印次	2017 年 4 月第 1 版　2017 年 4 月第 1 次印刷	
定　　价	49.80 元	

张永熙在天津表演原生态相声

本书作者曹业海

张永熙夫妇与作者夫妇在南京夫子庙合影

本书作者与师父张永熙在南京开心茶馆合影

张永熙与作者夫妇及三名徒孙合影

本书作者与师父张永熙及丁少华研究发言稿

呕心沥血寄深情
振聋发聩大文章

孙福海

　　手捧业海兄亲撰其师张永熙二十余万字长篇《笑洒江南——我和师父张永熙》一书，难抑心中的激动。此书字字饱含着作者用心血凝聚的至大、至深、至美的深情，篇篇高奏着铿锵有力、幽默、睿智、机警且令人难以掩卷的叙说。本书叩开了主人公张永熙的心扉，探赜了主人公一生鲜为人知的足迹、心灵、成就、困惑、灾难、境界及艺术生涯的轨迹，细腻、诙谐地披露了主人公对相声艺术的探索、创新与实践；高歌了主人公传艺、修养、境界、人生追求和生命礼赞；丰富了我国民族艺术的宝库，并为中国相声史增光添色。

　　本书的出版，意义有三。

　　首先，不忘先贤，彰显中华民族传统美德。

　　在业内，无人不知张永熙掌门弟子曹业海对师父的孝，尤其是在张永熙落难——身受迫害、无处可投之后，业海兄将身无分文、前途堪忧的师父接到自己工作所在地——安徽滁州。对身经五年的监狱生活、家遭变故、事业惘然的师父，业海兄像孝敬自己的父亲一样赡养、劝慰，奔波于有关部门为其铺展新的人生舞台，促使其恢复相声表演，安排在滁州歌舞团工作，迎来了艺术事业的第二个春天；并妥善安排了师父的退休生活待遇，使其老有所依，得以颐养天年。

　　业海兄几乎和我的经历相似，先从事相声表演后从政。那时他已经是滁州市文化局副局长，才华、能力在当地屈指可数。凡从政之人，深知个中甘苦，将精力分散在孝敬老人身上，必然不能全身心地顾及升迁，而且也影响了他创作才华的释放。仅我所知，业海兄著有《曹业海文艺作品集》（曲艺卷、影视卷），戏曲剧本《扬州船娘》《人间星云》，电视连续剧《朱元璋还乡》及相声、快板书、数来宝、长篇评书等二百余万字的曲艺作品。鉴于此，在我们钦佩其美

1

德的同时,观其写其师,探微发奥、大张大合、驾轻就熟、语言简朴、生动感人,读之使人几度潸然泪下。与之相比,顿悟何为"名山自有高处"矣!

其次,业绩辉煌,高歌民族文化之瑰宝。

书中所述主人公"笑洒江南",不仅仅是颂扬张永熙辉煌的一生及超凡的艺术成就,而是为我们的民族文化瑰宝——相声,增光添色。相声界有一句俗语:"宁往东走一千,不往南挪一砖。"这是相声前辈在走江湖、跑码头中总结出来的经验教训。相声诞生在北京,发祥于天津,是常年落户于京津一带的曲种,如跑码头,往东、往南有着多少次的失败教训。第三代相声扛大旗者"万人迷(李德钖)"在京津炙手可热、红得发紫,在东北是张作霖、张学良父子每次堂会必请之"大蔓儿"。而在上海、南京却遭到冷遇,饿着肚子回天津。诸多相声界大家均难在南方长期立足,而唯有北方演员张永熙在 20 世纪 50 年代初,在南方为相声开辟了一片新天地,使南方观众认识了相声,喜欢了相声,并培养了一批优秀的相声演员。使这个民族文化瑰宝在上海、南京、安徽等南方广大地区扎根落户、开花结果。在本书中,作者就诠释了为什么张永熙能够成功,为什么他不仅开辟了南方演出市场,而且还红得发紫,被观众誉为"南方的侯宝林""相声大师"。个中之妙、之奇、之经验,我们业内人士都值得认真一读。

最后,永载史册,弘扬珍贵传承。

《笑洒江南——我和师父张永熙》为中国相声发展史增添了弥足珍贵的资料,也可以说,这部书是浓缩、归纳、展现相声在南方发展的一个缩影,填补了中国相声发展史中的诸多空白。书中不仅能使人清晰地看到相声在南方发展的轨迹,也能清楚地捕捉到改革开放后,相声演员如何砸烂"大锅饭"、实行经济体制改革、多劳多得、内部分配,以及相声演员当时的思想状况、艺术活力和他们的生活状态。就连张永熙晚年演出两千多场的省市、地区、县城都能翔实地体现在书中,俨然是一部张先生巡回演出的"地理图",可见作者之用心及功力。

至于书中的幽默及读来令人捧腹之处,我想还是读者自己来享受吧!

上述粗浅的读书之感,不敢为序,只做钦慕之言吧!

丙申中秋

目录 Contents

絮　语

相声行内有"北侯南张中少林"一说,"北侯"指北京的侯宝林先生,"南张"指南京的张永熙先生,"中少林"指济南的孙少林先生。恩师张永熙先生1922年出生于北京板章胡同,9岁学艺,27岁时来到江苏南京,结束了奔波流浪的卖艺生涯,自此,久居南京,让北方的相声艺术在南方扎根,伸枝发叶,开花结果,这才有了相声界誉为"北侯南张"的缘起。

师父逝于2015年,享年九十有二。细数他在南京的六十余年的艺术生涯,大约可分为三个时期。

一是鼎盛时期。20世纪50年代至60年代中期,师父年富力强,精力充沛,在台上挥洒自如,迸发出强烈的艺术表现力与创造力,留下了许多脍炙人口的精品段子,受到业内同行及广大观众的肯定和欢迎,从而奠定了他在相声界的地位和声誉,成为一代名家。艺术上的成就为他带来许多荣耀:多年担任南京市曲艺团团长职务,连续三届当选为南京市人民代表,被评为江苏省文教先进工作者,享受高级知识分子待遇,红极一时。

二是消沉时期。自"文革"至80年代初,社会氛围有了很大的变化,正常的演出难以为继,随之曲艺团被解散,相声名家成了"放毒老手",历尽折磨与屈辱,能活下来已是万幸。谁知一场悲情错恋又使他身陷囹圄,招来五年牢狱之灾。大起大落,正值人生年轮的精华时节却陷落于泥淖无法自拔。

三是黄金时期。改革开放后,年近花甲的师父来到被称为中国农村改革发源地,与南京一江之隔的安徽滁州,迎来了他艺术事业的第二个春天。他随滁州歌舞团曲艺队巡演全国十六省,五年多的时间演出两千余场,受到广大观众的热情赞扬与欢迎。继而开门收徒,传承相声艺术,大江南北,桃李满园。两次应邀担任中央电视台相声大赛的评委,成为他一生艺术事业的亮点。

退休之后,师父数次去北京、天津等地参加各种艺术交流活动,留下了许多宝贵的艺术资料。天津电视台《每日笑吧》栏目曾多次对他进行采访,师父回顾了他的艺术经历及行内的趣闻轶事,成为难得的影像记忆。2014年《张永熙自传》面世(张永熙口述,吕海云撰著,团结出版社出版)。我作为掌门弟子,以有关影像及相关文字资料为线索,并结合与师父多年相处的亲历,将师父黄金时期的艺术经历和晚年的生活状况用文字记录下来,有着义不容辞的责任。此书重点记述了师父后半生的艺术与生活,许多内容鲜为人知,有笑有泪,有情有义,有赞有叹,有感有悟,让广大观众和读者了解一个有血有肉的相声大师的晚年生活。

张永熙先生之掌门弟子　曹业海于琅琊山下寒微斋

丙申年仲夏

第一章 聚散有缘

一、春天来了

1982年5月,师父走出位于苏北的洪泽湖劳改农场的大门,自由了,终于自由了!汽车一路颠簸,回到了南京。春末时节,南京中华路上的梧桐树已绿荫蔽日。天气虽热,他依然穿着一件洗得发白的灰色中山装,五年的监狱生活使他变得对外部世界的反应有些迟钝。是啊,人生的黄金年龄有几个五年呢?

从长江边的江苏省会南京到洪泽湖畔的劳改监狱,这一大步师父是怎么迈出的呢?

我平生最大的憾事,也是我一生最大的污点。我曾因为一时感情冲动,没能把握自己,害了一位好姑娘,也伤害了我的爱人娟华,更给自己带来了五年的牢狱之灾。(《张永熙自传》第171页,团结出版社)

男女感情之事,凡人皆有,如何正确面对却很难用一两句话来说清。行内有句俗话:人非圣贤,孰能无"臭"。师父于1954年与师娘陈娟华在南京结婚,到1976年他与邻居英子(化名)发生错恋这之间二十多年里,正值师父大红大紫之时,年纪轻,名气大,收入丰厚,其艺术魅力与个人形象可谓光芒四射,崇拜者不计其数,"粉丝"中更不乏女性。然而在这个最容易招风惹草的阶段,师父却从未传出过绯闻,更谈不上与谁有一段爱得死去活来的恋情了。为何"老了老了,心却跑了"呢?除却道德评判,这与当时的"天时、地利、人和"有着很大的原因。

"文革"伊始,南京的各演出场所都停止演出,开始"造反","破四旧",打倒"走资派",揪出"牛鬼蛇神",轰轰烈烈,乱成一团。

3

师父师娘年轻时合影

曲艺界自然也不例外。小将们成立了"827司令部"和"红色造反司令部"，为了"破四旧"，南京市曲艺团也改名儿了，叫作"南京市战斗文工团"，团里大字报很快就贴出来了，"革命群众"要求"把张永熙揪出来"我的很多学生们，那些平日里爱说爱笑、活泼可爱的孩子们，也都变成了"造反小将"……批斗大会经常在大华电影院之类的剧场举行，都是以前我们演出过的场子。舞台上方贴着大幅标语，叫作"横扫一切牛鬼蛇神大会"。我的待遇倒不错，还跟省市好些领导一起批、一起斗。杵、踹、打，"革命小将"们从不疲倦，我教导过的学生，也有为了划清界限上来踹我的，都是孩子，懂什么呢？有一次是恰好赶上我的生日，还特地"加料"，上午下午各批一场，美其名曰"给张永熙好好过个生日"。能记得我生日的，自然是曾经很亲近，曾跟我一起过生日的、曾同欢共乐的友人，这样的加料批斗，带给我的伤害已经不仅仅是肉体的摧残了……已经更名为南京市战斗文工团的曲艺团，搬到了明星电影院办公，电影院的后台就是造反派的司令部。专门批斗的那间屋子，有个窗户对着后面一个小院子，那院子里住了不少工人。有人斗我的时候，让我跪着，踹我后脊梁，又喊又骂。声音传到院子里去，工人们听见了，就纷纷冲着窗户大喊："要文斗，不要武斗！"喊声不歇。不武斗了，就让我挂牌子站街……老老实实站着还不够，还得背诵"老三篇"。我是个相声演员，背诵文字对我来说倒也不难，有时候背着背着，我习惯性地闭上眼睛，就有人照我后脑勺一巴掌，打得

4

我一趔趄，大骂着说"你跑这儿享受来了"，我只好圆睁双眼继续背。背诵好"老三篇"之后，还得扛起大扫帚去扫大街，要从四象桥扫到夫子庙路口儿，老胳膊老腿酸痛不已。（《张永熙自传》第156至160页，团结出版社）

"文革"中的悲惨遭遇，让师父感觉一下子从天堂坠入了地狱，思想上怎么也转不过弯儿来。不能演出了，工资扣发了，学生不认了，同事不理了，谁见了他都躲得远远的，用今天的话说，就像见了艾滋病人似的，唯恐沾上了什么。如谁能和他打个招呼，或是多说几句话，他都感到特别温暖。此时，对外面社会一片混乱而疯狂的状况视而不见，不管不顾，仍然和师父亲近往来的却是一个妙龄少女，她就是与师父同住一个院子的邻居女孩儿——英子。师父出事的时候，英子19岁，邻家有女初长成，与师父认识时刚刚成年。送温暖的来了，事儿也来了！

英子是我们邻居家的一个姑娘，为人热情爽朗，跟我们两口子都熟。她很喜欢曲艺，爱看演出，我经常带她到团里去跟演员们玩儿。（《张永熙自传》第173页，团结出版社）

英子是师父的崇拜者，因为是邻居，自然接触较多，帮忙做做家务，进进出出，往来平凡。平常倒也没有什么，可是在"文革"这个非常时期，这种交往就有了截然不同的感受与含义。英子的亲近使师父暂时缓解了在外面遭受的痛苦与屈辱，他把英子当成了心灵上躲避风雨的港湾，向她倾诉，排解郁闷，在她那里寻求同情与慰藉。

天时——外面狂风暴雨，院内风和日丽。

地利——相互比邻而居，两人天天相见。

人和——姑娘崇拜偶像，师父寻求慰藉。

也许当初两人都没有那层意思，时间一长，就"从量变到质变"了。

感情的事，往往身不由己，我劝她不成，自己反倒渐渐地也陷进去了。……事情闹开了，人尽皆知。恰在此时，英子告诉我说，她怀孕了。那真是一种天塌下来的感觉。（《张永熙自传》第173页，团结出版社）

师父在"文革"中的境遇,对他来说好比遭到了灭顶之灾。如同一个溺水者在大海中挣扎沉浮,他奋力寻求一切可以救命的漂浮物。这时,突然身边来了一艘豪华游艇,他不用思考毫不犹豫地登了上去。可是,这艘游艇并没有驶向他所憧憬的幸福的彼岸,而是绕了一圈儿,转个弯儿将他送进了洪泽湖!

放在今天看一看,师父这段错恋应归属于道德问题,并不属于法律规范的范畴。那为什么会有五年刑期的结果呢?问题出在师父与英子赴镇江殉情时寄出的两封信。

这件事儿说来话长。

南京市曲艺团成立于 1958 年秋天,团的班底是已活动三年之久的南京群鸣相声队,再加上社会上有名望的南京评话、苏北琴书、河南坠子演员,总共有一百余人,组建成南京市曲艺团。师父被任命为团长,市文化局派来一位行政干部任辅导员。

南京市曲艺团的主管单位是市文化局,依党管意识形态工作的分工,宣传部门对文化单位负有指导的职责。这样,对曲艺团的各方面工作发表权威意见的领导单位分别来自党政两个方面,而有时部门之间或领导者个人之间的意见不尽相同,甚至相互矛盾。作为曲艺团的领导者面临此类情况时,如何审时度势、从容应对、闪转腾挪、进退有据,可是一门学问。师父是从旧社会过来的相声艺人,对江湖买卖、门里门外、说学逗唱、怪卖坏帅、使柳抹单、湍春犯块,那是应对自如,游刃有余。曲艺团里大多是艺人,江湖自有规矩,虽有各种各样的矛盾,但对师父来说也不难摆平。而作为新社会的文艺团体的一把手如何处理来自上上下下各方面的关系和意见,特别是牵涉到各个方面的人际关系和站队表态之类的事,他就懵懵懂懂、糊糊涂涂了。偏偏他又是个"大腕儿",艺高人胆大,有恃无恐,说话办事时疏漏错失不在少数,时间一长,在领导的心中渐渐也有了看法。有一次,他在闲谈中说到上面一位女领导时,偏偏"调侃儿"称她为"苍果儿"(老年妇女),此话一出口,立马就有人向上汇报了。女人都忌惮别人说自己老,何况是当了官的女人呢?碍于师父当时的声望和名气,也不便发作,但埋下了一颗"定时炸弹"。

"文革"后期,一些受到冲击的领导又逐渐回到领导岗位,但师父却失去了往日的光环,曲艺团解散了,团长的职务自然也被取消,被扣的工资也没有补发,合作多年的捧哏关立明被下放到工厂,演出没有搭档,孤零零一个人,被分配到南京市歌舞团,和一帮年轻的歌舞演员混在一起,无所事事。用他自己的话说,这是百花丛中栽了一棵大白菜,谁看了谁别扭。他表面上对这一切很顺从,没有一丝怨言,但在心中却是强压了一腔怒火,伺机爆发。

就在这时,师父出事了!

师娘得知师父和英子的事情后气愤之极,一气之下动手打了师父几十个耳光。谁知不但没将师父打回头,师父反而破罐子破摔,铁了心要和英子在一起。

英子说:"怎么办?咱们逃走吧,浪迹天涯。你教我说相声,我们可以到处去卖艺,把孩子养大。"

可是这个时候,时代已经完全不同了,不像老年间可以随便去外地卖艺为生,没有介绍信,什么流浪艺人也活不下去。我说:"这行不通了,将来孩子也得吃苦,天下虽大,只怕没有你我容身之所。"

英子年轻冲动,立刻就说:"那我就死,我死了你就没事了,一了百了。"

我听了热血上涌,坚决地说:"我不会丢下你,要死咱们一起死!"

当时完全是被疯狂的感情左右了,只想着我不能辜负她。两个人海誓山盟之后,决定一块儿去跳扬子江。

决定之后,反而有一种决绝的冷静。我们俩商量着,还买了些绳子,准备两个人绑在一起,这样跳下去之后死了也不会分开,然后各自给家里写了一封绝笔书信,把身上的钱和粮票都随信寄回家去。眼看把身后事都安排清楚了,我们就启程去镇江。

我们挑选了镇江焦山作为人生的终点。焦山矗立于扬子江上,风景秀丽。不过那时候,我们并没有欣赏江景的情绪。天已经是深秋,江风凛冽,我们收集地上的青草,写成自己对人世的告别:"英子、张永熙,与世长辞。"(《张永熙自传》第174页,团结出版社)

师父不仅给家里写了绝笔书信,而且鬼使神差地还给文化局和歌舞团的领导也写了一封诀别信。在信中他并没有为自己的行为作过多的辩解,而是将十几年来胸中的憋闷与不满甚至是愤恨全发泄出来了,毫无顾虑、毫不留情、毫无保留地将领导们臭骂了一顿！如倾江倒海，痛快淋漓！

"定时炸弹"终于被引爆了，点燃导火索的是师父自己。

十多年后，师父说写下这封信是他一生中最大的失误。自那以后，师父在遇到自己很反感的人和事时也极力压抑自己的真实情感，从不外露，宁愿自己委屈，也不争辩。

在江边，师父和英子聊了一夜，最后准备跳江的时候，英子说饿了，师父也感到很冷，两个人又进城去找吃的，结果被寻迹而来的歌舞团和公安局的人找到了，将他们抓回了南京。

回到南京，我不知道她被带到哪里去了，大概是送回家了。而我也没有被送到公安机关，而是锁进了歌舞团楼上的空屋。大概是怕我跳楼，这屋的窗户都用木板草草钉死，暗不见光。团长到了今日，有一种得偿所愿的痛快，派人拿棍子来打我，也不是狠打，就是侮辱性地敲几下。

这一关，关了11个月。在这漫长的等待中，我偶尔得到外面的消息，知道省里有人想保我，说这是'人民内部矛盾'，而文化局那位女局长坚持影响恶劣，一定要处理。团里自然不会为我说好话，团长更是坚持要从重处理，以儆效尤。

最终，我被判刑五年。（《张永熙自传》第 177 页，团结出版社）

这一下，师父被"炸"得不轻。公职没了，名声毁了，人身失去了自由，他进入了人生跋涉中的冬天，风雪交加，寒冷彻骨。

在南京中华路内桥东边有一条名叫旧王府的巷子，在巷子的拐角处，有一间三十多平方米的两面都临街的平房，师父出事后，原来在中华门城堡附近的房子无法再住，师娘请人帮忙，与这里的原住户调换住房后就搬到了这里。这五年期间，社会有了很大的变化："文革"终于结束了；文艺舞台逐渐复苏；改革开放已经迈开了大步，世风变了！

当师父背着行李走进旧王府巷口时，亲朋故旧全迎了上来。看到师父满脸的汗珠，师娘说："都五月了，你还穿这么多衣服。"

师父笑着说:"春天来了!"

二、夫子庙初结师缘

滁州与南京一江之隔,两者距离只有几十公里,高铁开通后两地往来只需 18 分钟即可抵达,虽然山水相连,距离很近,在行政区划上却属于安徽。

我 1944 年出生于滁州,与师父结缘却是在南京。

1957 年,我和同学结伴到南京上中学,学校位于鼓楼区中央路与中山北路交叉路口附近,名叫南京市商业中学。初到南京,无亲可投,就临时寄宿在学校。13 岁的孩童,一切都好奇,晚上没有事,就四处乱逛,一天,终于转到了名气很大的夫子庙,当时叫作夫子庙人民游乐场,顿时被那里五光十色的各种游乐和表演活动给迷住了。

那里有一个相声场子,常年驻场演出相声大会的是南京市群鸣相声队。演员先后有张永熙、关立明、高笑临、潘庆武、马宝璐、任文利、孙俊华、王喜云、钱天笑、郑小山、吴伟申、孙士达、夏万福、顾海泉、王文瑞等,可谓群星荟萃。听相声的观众很多,门前常拥了许多人等着买牌子入场。

人民游乐场内的相声场子在明德堂西南的侧殿里,大约能坐一百多人。场内一排排都是长条的椅子,连舞台两侧也摆着两排长椅。20 世纪 50 年代我们演出售票方式还是按段儿计算,一段相声(或快板等其他曲艺形式)为一个计量单位,计数的"道具"是一种竹筹子,我们称为"牌子"。门口站两个专门卖牌子的,相当于售票员,水牌子(节目表)是个黑板,上面写着本场五个节目的名称和演员,一场还没有演完就会有人擦去,写出下一场的节目。最早 1 毛钱能买五个牌子,一场演五个节目,听一段的价格是一个牌子,一次收五个。一场五个节目演完,再来收下一场,手里没牌子的观众就自动离场了。在一场的中间进来也是允许的,就在门口直接交牌子,本场还剩几个节目就交几个。(《张永熙自传》第 143 页,团结出版社)

我那时只是一个刚入学的中学生,家里每个月只给 5 元钱生活费,除了吃饭,还要买文具书本,非常拮据。从鼓楼到夫子庙有五六公里,坐公共汽车单趟要七分钱，来回就是 1 毛 4 分钱，再买五个相声牌子 1 毛钱，这样，听一场相声就得花 2 毛 4 分钱，我每天不吃不喝也不够听一场相声！

学要上，饭也不能不吃，让我入迷的相声更不能不听，怎么办？想办法省钱。首先，去夫子庙不坐公共汽车，步行走着去，这样，只要有 1 毛钱就能听一场相声了。不过，从鼓楼到夫子庙路可不近，来回大约要两个多小时。走了一个星期，问题来了：步行虽然省了车钱，但费鞋！那时穿的大都是黑面白底的布鞋，很快前脸儿上被脚指头顶了个大窟窿眼儿，脚后跟底儿也磨破了。底儿破了好办，找张硬纸板剪成鞋垫塞进鞋里，走道儿专挑干的地方走，注意不弄湿了就行。脚面上的窟窿眼儿就难办了，白色的脚指头露出来很显眼，半大小子也知道爱美，后来灵机一动，用墨汁儿把脚指头染黑了，穿上鞋走在路上不仔细瞧，谁也瞧不出来！

在夫子庙相声场子里第一次见到了师父的表演，是一段柳活儿《学评戏》。"有小红，细细地留神儿，上下打量那个美貌的人儿……"师父的嗓音韵味十足，唱腔婉转悠扬，再加上传神的表演和最后一个"臭丢"包袱，全场掌声雷动。我深深地被师父精湛的艺术所吸引，爱上了相声艺术。南京夫子庙一场相声，改变了我的人生轨迹。

1958 年，"大跃进"的浪潮席卷而来，南京商业中学被撤销，全体师生被转入位于湖北路 51 号的南京玻璃纤维厂当工人。书念不成了，有的同学很苦恼，而我却喜笑颜开。因为进厂后每个月发 14 元学员工资，比原先家中父母每月寄来的 5 元钱增加了两倍，不但生活得到改善，还能尽兴去夫子庙听相声了！

有了钱后也很少坐公共汽车，因为一路上正好能将听过的段子边走边模仿复述一遍，坐车就不方便。少年时记忆力特强，只要听过一两遍，词儿就全背会了。有时晚上连听两场，散场后马路上行人很少，这时候，边走路边大声溜活儿是一种享受。直到现在，我的脚力仍然很好，年逾古稀仍步履如常，很可能就是那时打下的基础，用文艺界的行话说，有幼功。段子背熟了，有机会就在厂里给师傅和工友们说上一段。我有位同事名叫唐新桥，人很帅，个子比我高，他也很喜爱相声，一拍即合，我逗他捧，我们俩凑成一场活。有一次五一劳动节，区里搞庆祝活动，我和唐新桥第一次登台面对观众表演相声《戏剧与方言》,为此,还特意定做了两件大褂,现场效果特好,我们俩都很兴奋,对学习相声艺术更努力了。

　　时间到了1959年,江苏人民广播电台成立曲艺队,面向全南京市招考相声演员。我和唐新桥特别兴奋,在报名的第一天就去了位于中山东路西祠堂巷的江苏人民广播电台。负责此事的是电台文艺部,负责人与我同姓,名叫曹航,我们赶到时,文艺部的门前已经聚集了几百人,都是来报考相声演员的,据后来统计,三天里共有一千一百多人来报名应考!考试在一周里分三轮进行,第一轮是初选,由文艺部几名工作人员分两组同时进行,一下子就刷掉了九百多人。第二轮由曹航主考,他个子不高,说一口京片子,对曲艺很内行,经他考核过后只留下了二十多人,我和唐新桥很幸运,前两轮都过关了,只等冲最后一关了。当我们得知,第三轮的主考官是鼎鼎有名的张永熙和关立明先生后,既兴奋又犯憷,难得能和心里的偶像面对面地接触,又唯恐自己紧张考砸了。怕什么来什么,果然考出漏子来了!考试前唐新桥说,他为我捧一个《杂学唱》,完了之后,他自己要使一段儿《歪批三

报考电台曲艺队时留影

国》,让我给他捧。我从来没有捧过哏,对《歪批三国》的词儿也不熟,只匆匆对了一遍就进考场了。那天师父穿了一套粉色的中山装,特别惹眼,考场很小,只有二十来平方米,几乎是面对面的表演。《杂学唱》还没使两番,师父就叫停了,顿时我心里就紧张起来了,也不知是祸是福。当唐新桥使《歪批三国》时,我没说上几句就忘词儿了,当时那个急啊,汗都下来了,只得顺情胡编,试图找回来。说了一小会儿,也是没有说完也被叫停了。出了考场之后,唐新桥气得直想踹我,我也懊恼不已,心想这回彻底完了。过了几天,考试结果出来了,一共录取了三档共六名相声演员,我和唐新桥居然名列其中!

　　几十年后,我和师父谈起这段往事,问及我被录取的原因时,师父说:"相声演员首先得有灵性,要能随机应变。你忘词了能继续往下编,这就是相声演

员必须要具备的素质。你使的柳儿,我一听有嗓子,节奏、板眼儿都准,小嘴嘚啵嘚啵的,够这块料。"

嘿!因祸得福,命中注定和师父有缘!

同时被录取的还有我后来的大师兄梁尚义,以及后来调到江苏省曲艺团的卜照华和田野等人。师父每个星期给我们上一场辅导课,从基本功到表演技巧以及舞台经验都毫无保留地说给大家,使大家的表演水平有了明显的提高。在广播电台我录了《开会与电影》《谁先说》等相声段子,参加过各种各样的演出活动。在一次演出活动中,我结识了江苏省话剧团的一名演员——阎杰。他曾在电影《五朵金花》中扮演寻找金花的音乐家而被全国观众所熟悉。阎杰也喜欢说相声,经常邀我跟他一起到医院、学校去演节目,去得最多的地方是江苏省中医院,在病房里为病人表演,很受欢迎。广播电台也经常组织曲艺队到基层进行慰问演出,记得有一次在中华门晨光机器厂演出后,厂里还招待了丰盛的晚餐,而在中山陵部队养老院演出后的夜宵竟然是十分珍稀的老母鸡汤下面条!

这时正值"三年困难时期",很多地方都出现了饿死人的情况,吃饱饭成了千家万户的头等大事。在南京,车站、码头等地方涌来许多逃荒讨饭的饥民,抢夺食物的事时有发生。有一次,我在江北浦口火车站准备乘车回滁州的时候,用仅有的一两粮票买了一块烧饼填肚子,为了防止被人抢去,我咬上一口就忙把手藏到身后,再咬一口再藏到身后。谁知还没有来得及咬第三口呐,烧饼就被人从身后猛地一下夺走了!我饥肠辘辘,见一家小店在卖"青龙过江",1毛钱一碗还不收粮票,从来没吃过,忙排队买了一碗,端上桌一看,原来只是一碗酱油汤,上面漂着一段儿青葱!

南京毕竟是大城市,虽然食品紧缺,市民感觉还不明显,而我的家乡安徽滁州与南京相比就有天壤之别了。父亲来信说,全家人死活都要在一起,我在家中是长子,下面有五个未成年的弟妹,18岁那年我回到了滁州。

临行前,我去师父家告别,虽然没有"摆知",但师父仍然把学生当成家人看待,他亲手和面为我烙的饼,那饼外酥里嫩、又暄又香,特别好吃,久久难忘。师父说:"咱们相声行里有句话,'可以三天不吃饭,不可一天不练功'。你可以不上台,但不能不练功。有什么需要尽管来找我。"我向师父深鞠了一躬,离开了南京。

谁料想，二十年后，滁州竟成了师父晚年施展抱负、老有所依的福地呢？回头看看，我当年回滁州原来是为师父打前站去了，一切办妥后就等师父粉墨登场啊。聚散有缘，谁能料定？冥冥之中，似有定数，不由让人感叹不已！

三、一次改变师父命运的谈话

回到滁州不久，我就遇到了从广西来的相声老艺人张文德，他是武魁海的师弟，与师父平辈儿，我称呼他为师叔，他特爱喝酒，江湖上称之为"醉鬼张八"。我们爷俩儿在安徽联穴卖艺数月之久，尝尽了人间的酸甜苦辣（在后面章节中详述）。不久，各地文艺界兴起学习乌兰牧骑之风，我成了县文化服务队的骨干演员，在南京学的能耐全派上了用场。文化服务队主要活动在农村，演出的对象是农民，许多传统段子不尽适合当时的政治需要，于是，我又试着自己编写新节目，居然很受观众的欢迎，也得到了领导的肯定和鼓励。从此，我在曲艺创作的路上一直没有停歇，直到如今。尤其是1983年底到了滁州行政公署，担任地区文化局领导职务之后，曲艺创作成了我与相声艺术事业紧密联系的纽带。

滁州市凤阳县小岗村是中国农村改革的发源地。1980年，在地委宣传部的组织下，我在那里蹲点采风半个多月，写出了数来宝《花鼓声声》，大力讴歌凤阳农民敢为天下先的改革精神，《曲艺》杂志很快就发表刊登，之后这个段子参加全国曲艺优秀节目观摩演出（南方片）获得文化部创作二等奖。那时，我已经从滁县文工团调到滁州地区歌舞团任曲艺队队长。滁州地区歌舞团本来就是一家历史悠久、毛泽东同志曾亲笔为之题词"面向农村"的专业文艺团体，后来的著名电视导演尤小刚、电影《老井》中与张艺谋演对手戏的女演员梁玉瑾都是在这里起步走向全国的。在当时的社会氛围下，这个团的一举一动就有了风向标的含义。1981年夏末，为了把凤阳小岗村的改革经验全面推开，地委选择了歌舞团为试点单位，而曲艺队就是突破口！

找我谈话的是地委宣传部副部长孙智林同志和地区文化局白振亚局长，以及地区歌舞团书记陶星礼。孙智林副部长是抗日时期参加革命的老干部，

文化部奖状　　　　　　　毛泽东题词

为人和善,尤为爱才,正是他费了不少周折将我从滁县文工团调到了滁州地区歌舞团,并满足了我的想法,动用了十几个特别难进的全民事业指标,调入了一批年轻的曲艺演员,成立了曲艺队,并指派我当曲艺队长,壮大了滁州地区的曲艺队伍。之后,在接纳并妥善安置师父的问题上他起了决定性的作用。白振亚局长专长改革理论研究工作,曾创作过多部小说、戏曲作品,是个具有文人气质的行政干部,他和孙副部长一样,对我抱有很大的期望。也许是他们有意的安排,谈话的地点和时机有点特别,是在一次聚餐之后,餐厅门前的草坪上。酒后人容易冲动,加之我的性格比较爽直、急躁,又很注重义气,所以,当他们提出要在曲艺队搞改革试点,学习凤阳小岗村的经验,砸破铁饭碗,实行"联演计酬生产责任制"的时候,我没有过多的思考,就应允了下来,只是说条件要合理。领导设想的具体条件是:改革后,参加曲艺队的所有人员不领工资,每个月还要上缴1000元管理费;在团队名称、人员组成、演出方式、演出路线、收入分配等方面全由我一人做主,单位不予干涉。在20世纪80年代,团里演员工资约在四五十元左右,我自己也才拿六十多元,上交1000元可不是个小数目,何况所有人员自己还不领工资,两边一折合,每个月要负担三十人左右的工资才能完成任务指标!完成指标后的盈余才能自由分配。仔细一算账,这个担子可不轻!他们听我把账一算,当即答应减100元,只上缴900元就成。

14

此时,师父的身影闪现在我的脑海中,机会来了!我没加思索,就向他们提出要请师父加盟曲艺队,才能有把握完成经济指标,只要能把师父请来,我保证打响文艺表演团体体制改革第一炮。他们一听很高兴,知道师父是南京有名的相声演员,但对师父因与英子的错恋而被判五年刑的事却毫不知情,当即表示既然曲艺队人员组成由我决定,他们当然欢迎师父来加盟,反倒问我师父能放弃南京的事业来滁州吗?我一听有门儿,顺着话头把师父因为婚外恋而被劳改的事向他们简要说了一遍,看他们有什么反应。出人意料的是,几位领导一致认为处理太重,生活作风问题还是属于人民内部矛盾,不应该扩大化。

白局长平常说话就很风趣,他笑着说:"文艺界里的生活作风问题属于职业病范畴,犯了病该由劳动局而不是公安局管。"

孙部长问:"张老师现在在哪里?"

我说:"还在洪泽湖劳改农场,大概还有半年时间就能出来了。"实际上我也不知道师父的刑期的具体时间。

孙部长:"我们欢迎他来滁州。你打听一下他出来的时间,近期能来最好,如果还有一段时间,你们先把队伍拉起来,可以先在周边地区演一演,练练兵,等张老师回来了,锦上添花不更好吗。"

白局长说:"挑选演员可以不局限本团、本地区,不要受行政区域限制,只要你们需要,对方又愿意来,都拍手欢迎。当然喽,有职业病的不要太多了喔!"

大家禁不住笑了起来。

回到家中,我找出上半年我与妻子文仙去南京看望师娘时与梁尚义、孙玉亭、吕少明、梁军、言人、郎贵文、李国先、吴治中等八位师兄弟照的一张合影,画面上师娘坐在中间,大家都面带微笑,十分精神,唯独缺了师父!

而今,机会突然降临,师父终于又能东山再起!是改革开放的大船拯救了落入水中几近沉溺的师父,师父的命运再一次反转,犹如戏剧里的精彩情节,出人意料,柳暗花明。

不久,我去了一趟南京,师娘告诉我师父要到明年,也就是1982年5月才能回来。显然,等师父回来再全面启动是等不及了,我决定先干起来再说。师娘听到我要组一个自收自支的承包队,滁州宣传文化部门的领导很欢迎师

去南京看望师娘时合影

父去滁州后,心里特别高兴,一定要请我到太平南路上的绿柳居菜馆吃素菜包子。连吃带捎,师娘买了两笼包子,我硬塞给师娘五斤全国通用粮票,匆匆赶回了滁州。

我很快就投入到演出队伍的组建工作中去,因为最重要的也是最大的难题就是找到志同道合而且顶用的人。要动员的对象自然首先是团里曲艺队的人,听说要改革演出体制,实行联演计酬,搞大包干,多劳多得,很多人都被吸引了;但一听说不再保留原来的工资待遇,反过来每个月还要上缴900元管理费后,全都打了退堂鼓!我原先估计最少能有一半人会乐意跟我一起干,结果一个人也没有!我成了改革路上的孤家寡人,这是我根本没有预料到的。缩回去是不可能的,为了事业,为了师父,我必须奋力前行。

人的一生,几乎都是在与种种惰性和畏难的缠斗中前进的,我始终有一个信念,只要努力,就有回报。我不再开会反复动员了,而是一个一个地做工作,分析利弊,算经济账,转变他们的老观念,描绘将来的美好前景,使他们打消顾虑,乐意参加这次改革。

终于有人动心了,有一位演员说他可以参加曲艺队先干几个月,但要我写一张保证书给他,保证他每个月收入不低于60元,如果我不写这个保证书他不放心。我心一横,当场就写下了保证书。我心里的底气来自两个方面:一是必须打破僵局,改变无人响应的艰难局面;二是60年代困难时期我和张八爷在外跑腿,一老一少,最多时一天能挣一百多元,今天各方面都比当年强多了,我估算了一下,全队每个月只要不低于2000元收入就行,难道这么多人一个月挣不到这2000元钱?我就不信一个说相声的养活不了自己。

团里可选择的人太少,我想起了白局长的话:眼界放宽,在全国各地找演员。

很快就来了一个不怕死的,天津的相声演员张弘。张弘是天津人,1935年出生,1960年拜赵心敏为师,论相声家谱排序他是第八代相声演员的大师兄,即门长。他曾先后在合肥、营口、蚌埠、淮南等地曲艺团联过穴,和王笑予合作过较长时间。他比我大九岁,论门里辈分他该叫我师叔,来滁州后我让队里同事统称他为弘先生,以示尊重,并安排他给我量活。他当时在蚌埠没事干,孤身一人,生活拮据,一听我的介绍,特别是允诺他和我同等分配后,高兴得一个劲儿地笑,扛起被褥立马到了滁州。第二位是吉林的徐景信,他是马敬伯先生的弟子,功底扎实,以量活见长。他说,因为东北家里还有事,只能在滁州干一个月。我也同意了,待遇与张弘一样。

曹业海与张弘演出剧照

之后,我又从安徽的铜陵和宿州找来两位年轻的相声演员肖和生、张奎。肖和生人很聪明,会的段子很多,办事能力很强。张奎嗓子好,擅长流行歌曲,在台上很受青年观众的欢迎,我排活儿就打破规矩让他攒底,效果特好。如此一来,连我在内就有三对相声演员了,搞相声大会还是不行。于是,又拉上团里的一对安徽琴书演员,一男一女,艺术水平当时在省内名列前茅,最难得的是男琴书演员刘培枫不但能演能写,还特别擅长前站工作,一个人干两份事,不怕苦累,不计报酬,对曲艺队能坚持十年在外巡回演出立下了汗马功劳。

人头儿差不多凑齐了,活单儿粗略一排,算来算去场上还少一场活。我灵机一动,既然有了安徽琴书,不如再来一场山东快书,索性干花场。再说,一时半会儿也找不齐相声演员,就算能找到,这么多说相声的在一起也很难伺候,关键是要为师父留好位置。主意一定,马上赶到江苏徐州找到高元钧先生的女弟子刘蔚兰,在60年代我就和她熟识,她的活好,在场上特火,每次都要返两三次场才能下台。

刘蔚兰人很爽快,听我说明来意后当时就表态说:"兄弟,我先帮你干两个月,救救急。我也不参加分红,你只要保证每个月给我90块钱工资就行"。

"行!"我也很爽快,当场就写了一张承诺工资数目的字条给她,刘蔚兰高高兴兴地来到了曲艺队。

场上的活儿终于凑齐了,我又从团里曲艺队带上我的徒弟赵彬,让他兼顾音响,从曲艺队又挑了两个人分别负责报幕和灯光。紧接着安排大家对活、订制服装、拍剧照、印制节目单、调试灯光音响器材、确定演出路线、包租汽车,忙得焦头烂额。

1981年9月30日,是首场演出的日子,一支由12人组成的肩负着改革重任的曲艺队终于踏上了全国巡演的征程。

因为在经济上是承包的,除了服装和灯光音响由团里提供外,其他一切开支都由我独自承担,当大家坐上汽车奔向演出地的时候,我身上只剩下5元钱了!为了渡过难关,我动员大家集资,等有了演出收入后就还给大家。张弘拿出纸笔,一边收钱一边记账,总算凑了80元钱。

第一站是距滁州很近的一个县城——来安。当天傍晚,地委宣传部、文化局、报社来了十多位领导和记者来观看演出,我急忙和剧场旁边一家饭店的老板商量赊账搞一桌饭招待客人。演出效果很好,但上座只有五成,票价又低,两毛钱一张,这场的收入正好够给饭钱。原本想有头一场观众的口碑,第二场能火起来,谁知道天公不作美,一大早就下起了雨。下午我去票房了解售票情况,一进门看见坐在售票员位子上的竟然是来安县委书记王业美!

一旁的剧场经理忙说:"王书记亲自来帮你们卖票,上座肯定不会差。"

王业美书记说:"你们是改革团,我要支持。我不能往下派票,但帮你们宣传宣传,来安的群众还是给面子的。"

潘龙浩与吴伶演出剧照

听了这话我禁不住热泪盈眶。

半个月很快过去了,天气时晴时雨,连续几个点的演出不温不火,收入不如预期,队里出现了不稳定的情绪,有人私下说,干完一个月就走人。为了预防万一,我从合肥请来青年相声演员潘龙浩,还自蚌埠招来了两名年轻的学员,又增加了不少开支。

肩负着巨大的压力,我把希望全寄托在巡演中的第一个地级城市淮阴(现更名为淮安市)。淮海影剧院是一座新建成不到几个月的有一千七百余座的大剧场,已经签好的合同是连演四天,中午到了剧场,经理看我们只有十来个人,演出设备又很简陋,竟然要毁约!听了这话我当时脑袋都大了一圈儿!从滁州出发的时候,孙智林副部长特意交给我一封他写给族兄孙燮华的信,嘱咐我说:"我的一个哥哥在淮阴行署当副专员,你们到那里后给他送几张票,有什么困难就去找他。"

顿时我想起了孙智林副部长交给我的那封信,随即拿了出来对经理说:"这是我们宣传部领导给你们行署孙专员的信,他们已经通过电话了,让我待会儿把戏票送到孙专员家里去。你不让我们按合同演出,出了事情一切由你负责。"

影剧院经理一听傻眼了,立场有所松动,同意我们在影剧院演出,但取消原来的三七分成,要我们按每天一百元的标准租场子,票由我们自己卖,盈亏自负,而且要先付钱。生死就此一搏,我当场掏出身上仅有的 200 元钱交给了剧场,经理才打开后台的大门让我们进去。都说人要讲诚信,可是,在金钱面前诚信成了自我标榜的一句空话。江湖之难,局外人怎知其中苦辛!

"天若有情天亦老",也许是老天爷也支持改革、同情我们吧,一千七百多座的园子,每张 4 角钱的票价,当天晚上竟然全场客满!演员们也愁烦顿消兴奋不已,全都竭尽全力,场上火得摸不得,每个节目都返场,原先两个多小时的节目演了近三个小时。

散戏之后,经理满脸堆笑龇着牙找到我,"曹团长,我们还是按合同三七分账吧。"硬要把 200 元钱退给我。

想想中午时他的神态和做法,我很想拒绝他,但一想,师父曾说过,相不犯座,龙不压蛇,也就忍了。我接过钱说了一句:"明天要是不上座你可别后悔啊!"

他连连摆手:"不后悔,不后悔。"

第二天上午,剧场外买票的观众竟然排起了长队,令人惊讶的是,淮阴地委一位主要领导同志也排在了买票队伍之中。我和剧场的同志忙请他进来被他谢绝了。

他说:"昨天晚上孙燮华专员请我来听相声,我有事情没能来。今天晚上一定要来听。群众有好多年没有这么开心地笑过了。我爱听相声,但我更支持你们的改革,我排队买票就是对改革的支持!"

多么感人的话啊!县委书记卖票,地委书记买票,这是曲艺队改革过程中经历的最动人的一幕!

好多观众买不到票,又加了一个日场,淮阴四天演出了五场,分成后净收入 2500 多元!最后一场结束后,虽然还不到一个月,我决定提前进行第一次分红,每人先发 100 元!当时五粮液酒不过 5 元钱一瓶,这 100 元的价值可想而知。那晚上,全队心情振奋,喜笑颜开!但也有两个人例外,就是让我写条子保证每个月能拿 60 元工资的那位演员和事先说好不参加分红的刘蔚兰大姐。团里那位好办,现在就领 100 元,将我写的条子退还给我,以后不再旱涝保收,对方愉快地答应了。刘蔚兰的情况大家都知道是不参加分红的,如果现在就反悔,又怕大家有意见。最后和蔚兰商量了一下,现在也领 100 元,算是这一个月的工资,下个月是否参与分红由她自己定。刘蔚兰表示很满意。

曲艺队在淮海影剧院合影

离开淮阴，来到了周恩来总理的家乡——淮安。淮安是一座历史文化名城，是韩信、梁红玉、关天培、吴承恩等众多历史名人的故里。接待我们的是淮安体委，体委的露天体育场，有 2000 个座位，原想乘在淮阴的势头，再来一个火穴，嗨置（挣大钱）一把。谁知人算不如天算，刚到淮安就下雨，一连下了三天，一场也没有演成！大家窝在体委的宿舍里，心里干着急，毫无办法。刘蔚兰大姐对我说："兄弟，我想好了，还是拿工资吧。"

因为建队时我就立下规矩，队里禁止打牌，麻将和扑克牌都不行，违者罚 10 元，从分红中扣除。为了提振大家的情绪，我白天组织集体去参观周总理故居，晚上由队里出钱全队聚餐。吃饭时大家有说有笑，我乘机又描绘了一下前景和"钱景"，大家一听再加上火山子（白酒）一顶，消沉的情绪一扫而光！

体委的刘干荣主任待人十分热诚，不但免费提供住宿，而且让食堂师傅在饭菜上增加花色品种让大家选择。三天时间他们没有一分钱的收入，但上上下下对待我们很热情，没有一点抱怨，令人难忘。三天后，天晴了。但是下一个演出点是事先定好的，必须如期赶到，不能随意更改，只得向刘主任表示歉意，争取有机会再来淮安。二十年后，我与妻子专门去了一趟淮安，祝贺他七十岁寿辰，谈起当年，仍记忆犹新，此是后话。

三天没有收入，各方面都要精打细算。天蒙蒙亮就出发，刘培枫找来一辆免费的卡车帮我们运箱子。我让女演员买汽车票先走，男的搬完箱子就爬到车厢上挤一挤，车开起来风很大，好在只有三十多公里，大家也都没说什么。

结果下了车一看，大家才发现，卡车是淮安殡仪馆的！

大家七嘴八舌数落着刘培枫，刘培枫一脸的委屈。这时，张弘说了一句："各位，这叫抬头见材（财），下面咱们要火穴大转啊！"

结果真让他说着了，连接着几个点都很好，走一地火一地，在江苏盐城创纪录地一连演了十二场，场场客满，盛况空前。

1982年元旦，我们圆满结束了头三个月的演出任务，大家喜气洋洋，满载而归。

四、北上滁州

过完年之后，我计划去洪泽湖农场那里看望师父，谁知年后演出的路线安排突然出了变故，需要重新规划调整，再加上徐景信和刘蔚兰已依约离队，急需找人顶上。那时办事不似现在通信手段这么发达，写信太慢，打电话难找人，发电报不方便交流，有些事必须亲自去当面谈。这样一来，很难抽身，就找来肖和生请他代我去一趟洪泽湖，看望师父。

长篇评书《C-3梦》封面

1981年12月，安徽人民出版社出版了我创作的长篇评书《C-3梦》，我把刚刚收到的样书请肖和生带一本送给师父，并在扉页上题签了请师父指正的敬语。除了钱和粮票之外，又给师父捎去很多吃的。特别嘱咐肖和生给师父捎去一句话，曲艺队已经正常运转，一切都安排妥当了，请他放心。5月份我带人去农场接他。肖和生办事很利索，辗转几地找到了农场，顺利地见到了师父。肖和生说，师父特别高兴，把那本书拿给几位管教干部看，指着扉页上我题的字向他们介绍说，这本书是我的徒弟写的，神情很骄傲。临走时，师父依依不舍，管教干部说，到时你们别来接了，我们用车直接把你们师父送回南京，你们在南京等着吧。

为了配合师父的时间，再结合路线变动的情况，我决定春节后暂不出远门，就在滁州周边的农村乡镇演两三个月。这样安排不仅仅是为了方便与师父的时间对接，我们主动去农村为基层群众演出更符合文艺体制改革的方向，从而更加取得了各级领导的支持和好感，将来万一在师父来滁的问题上出现了意想不到的波折和变故，肯定有领导会出来帮我说话，以保证万无一失。

万事俱备，只欠东风。

师父回到南京的家中后，他的养子张玉柱、韦升美夫妻俩把师父师娘请到饭店吃了一顿团圆饭，诉说别离。饭后，师父特意去建康路上的浴池洗了个澡，浴池里的老职工几乎个个都认识他，见到师父进来，先是惊讶，后是热情相迎，招待十分周到。多年没有在澡池中泡澡了，此时躺在热气腾腾的水中，师父无比惬意，不由唱了一句："一马离了西凉界……"池子里不乏戏迷，顿时有人喊了一句："好！"

是啊，回家的感觉真好，不经历失而复得，怎能知道原来的珍贵。

在南京家里只待了两天，我就把师父接到了滁州。

当天晚上，我在家里让妻子文仙做了一桌精美的饭菜，为师父接风，作陪的都是队里的相声演员。虽然吃饭的地方很小，勉强摆下一张圆桌子，但大伙儿挤在一起气氛十分热烈。师父那时还没戒酒，几杯过后，即兴唱了一段儿单弦《风雨归舟》，"……一半鱼儿用卤水煮，一半到那长街换酒钱。"师父刚唱完，门外就传来一阵掌声，原来，和我同院的邻居们被师父的唱腔吸引，全都堵在门前和窗外，拍手叫好。

师父正在兴头上，一见有人鼓掌，还跟门外的人一劲儿客气："请进来坐，进来坐！"那进得去吗！

为了让师父住得舒服，我在琅琊宾馆为师父订了个房间，位置就在歌舞团的斜对面，十分方便。因为几天后就要出发，排练对活的时间很紧，由谁给师父量活还没定下来，还要订制演出的服装，拍剧照，事儿不少。由于巡回演出都是住剧场，还要为师父准备被褥、床单、脸盆、水瓶等生活用品，事无巨细，都要件件落实。

师父和谁一场是件大事。和师父商量以后，由张弘分别给我和师父量活。

张奎与徐景信演出剧照

另外,场上的顺序我也想进行调整,原来是我倒二,张奎的歌柳儿攒底(全场最后一个节目),现在改为我提前到中场,张奎倒二,师父攒底。

谁知师父坚决不同意,"别,还是张奎攒底,我倒二。"

我心里有点不理解,"师父,从哪个方面论,自然是您攒底啊。"

师父摆摆手,"张奎的活我听了,虽然说活一般,但又唱又跳,小青年喜欢,现在年轻人的欣赏习惯变了,咱得顺应这个潮流。只要整场买卖火了,大伙儿置(挣钱),谁攒底不行啊?你听我的,我倒二。"

恭敬不如从命,师父说的很有道理,后来多次节目调整,还增加了少量的歌舞节目,师父的活始终排在倒二,没有变动。关于师父的待遇,我和师父商量,为了平衡队里潜在的矛盾,委屈他和我及张弘等人一样也拿十分,但每个月我根据收入情况再单独给他一定数目的补贴。

师父十分爽快地答应了,他拍了拍我的肩膀说:"业海,师父这下半辈子就交给你了,我一切听你的!"

听了师父这句话,我感到了肩上的责任和分量。

接着我把这次巡演的路线和师父说了一下。由于去年三个月在苏北的收入超出预期,打算今年七个月的时间除了已经演过的地方之外,再把苏北每个县城和大集镇都扫一遍;明年去山东,一个不拉下,全是走马穴。师父表示,过去他都是守家在地,到外地演出也就是两三个点,像这样长时间的走马穴从来没有干过。而且他对现在的演出市场与行情一点不了解,让我酌情自定。

于是，我把已经联系好的十几个点的路线和师父说了一遍，"师父，我们先去安徽的天长搭一脚，然后进入江苏的金湖、洪泽……"

我还没说完，就被师父拦住了："哎、哎，我刚离开洪泽湖没几天，怎么又要回去啦？"

哟！我把这茬儿给忘了！

我忙去找刘培枫，让他想办法把洪泽这个点推掉，最好是从天长直接到扬州。

刘培枫直挠头皮，"这都定好了的，一改就乱了。"

我把不去洪泽的原因和刘培枫一说，他也觉得不应该去洪泽一带。

我翻出地图划了一条路线，"能否从金湖向东，沿着高邮湖东岸找几个点南下到扬州呢？"

刘培枫直摇头，"高邮湖也不能走。"

"高邮湖又不是洪泽湖，为什么也不能走呢？"我大惑不解。

"曹团长你看看，从金湖向东再绕到扬州这一路有几个大集镇，像什么氾水、界首、马棚都和张爷犯忌。"

"这犯什么忌啊？"

"'氾'和犯法的'犯'同音，犯水，犯人到那准水（下场不好）；界首，界和戒严的戒也是同音，首就是头，头都被管住了，那还有好吗？马棚就更不要说了，张爷被关过牛棚，现在又要进马棚啊？"

安徽滁州艺术团说唱团

相辭晚會

著名相声演员张永熙主演

听完他的解释我两眼发愣，只说了一句："培枫，你没改行说相声，使《歪批三国》太屈才了！"

不管怎么说，洪泽肯定不去了，具体怎么调整由刘培枫决定吧，我十分相信他的聪明才智和办事能力。

一番折腾，终于把路线理顺，师父和我们踏上了巡回演出的漫漫征程。

巡回演出说明书

第二章　巡演轶闻

一、再战苏北

曲艺队里似乎有"乌龟精"，在家待着天气晴好，一出门就下雨，从天长到扬州，就没有见过太阳。

扬州的红旗剧场位于老城区，比较老旧，连日阴雨，更加令人感觉心情压抑，提不起精神。最失望的是头一天只上了五成座，与预期的数字相差甚远。作为团长的我，难免脸上挂相，很是着急。师父心中自然有数，把我叫到他住的房间。

师父说："别着急，一着急就上火，要是夯头子鼓了（嗓子嘶哑）那可就麻烦了。"

我说："扬州和连云港是这一次巡回演出路上仅有的两个地级市，其他的几十个点全是县城和集镇。如果扬州水了，后面更难干了。"

"扬州的地性我了解，很难伺候。对外省尤其是紧挨着的安徽有着排斥心理。"师父不由提高了嗓音。

"那怎么办呢？"

"你马上去找剧场经理，让他们制作一条大红的横幅，上写'热烈欢迎南京市著名相声演员张永熙来我剧场演出'，把它挂在剧场大门口，圆圆粘子（吸引观众）。没准儿能有效果。"

对呀！我怎么没有想到这一点呢？

说办就办，我马上找到剧场经理，请他能尽快将横幅挂出去。经理也在为上座的事犯愁，一听我的建议，连连称是，很快就把此事办好了。当天晚上，上座明显提高了很多。

师父上场前，我特别安排报幕员念了一段我下午赶写出来的报幕词。"中国相声艺术已有一百多年的历史，在流传发展的过程中涌现出众多身怀绝技的相声艺人,受到广大观众的喜爱,推动了相声艺术的发展。新中国成立以后,在党的'百花齐放,推陈出新'的文艺方针指引下,相声艺术更是流派纷呈,名家辈出。中国幅员辽阔,在相声界素有'北侯南张'之说,北侯指北京的侯宝林先生,南张就是南京的张永熙先生。这次本团特别邀请张永熙先生来到扬州,使扬州广大观众有机会欣赏到他的精彩表演。今晚,他将和他的搭档张弘先生为大家表演他的拿手段子《王金龙与祝英台》,让我们以热烈的掌声欢迎著名相声演员张永熙先生!"一段铺纲,引起观众的仰望和期盼,场内顿时热烈起来。

张永熙与张弘演出剧照

守着金字招牌还不行,一定要把招牌擦亮,还得高高地掛起来!师父的话提醒了我,每到一地先得给当地观众一个好印象,先声夺人,口口相传是扩大影响、提高上座率的一个好办法。不但要大力宣传师父,还要把曲艺队上上下下全打扮起来,要有一个崭新的面貌。

第二天一早,我让刘培枫和经理说一下,临走的时候把那条横幅让我们带走,到下个演出点再挂出来。

刘培枫反应很快,"我明天就要去下个点了,现在又不能把横幅拆下来带走。应该再制作一条同样的横幅,我可以提前带到下个点先挂上,等这个拆下来就带到下下个演出点,交叉使用,在时间上就不会再有空当儿了。"

"行,这事儿就这么办。"

刘培枫风风火火走了以后，我也没有闲着，忙到邮电局给我妻子章文仙挂了个电话，她在滁县文化馆工作，接电话很方便。在电话中我让她去找她父亲，也就是我的岳父火速制作十二个能装被褥的大旅行袋，要用质量好的料子，还要在包的两边印上"中国滁州"四个大字。做好后派专人送到扬州来。我岳父是一家人造革制品厂的厂长，办事特别认真，干练，只用了一天半的时间就将大旅行袋全部做好，随即送到了扬州。

紧接着我又给常州的一家箱包厂打了一个电话，那时候电话是人工交换，打电话不需要电话号码，只要说出单位名称，接线员就可以接通。多年前，我在滁县文工团工作的时候曾多次去过常州、无锡、苏州等地采购演出服装、头饰等戏剧用品，知道常州那家箱包厂的产品款式很新，十分高档，在市场上很难见到。在电话里我向他们订购了十二个高档的米黄色的旅行箱，要求在上面印上"中国民航"和它的英文缩写"CAAC"四个金色的洋码字。对方很高兴，因为这种高档旅行箱价格高，不大好卖，仓库里还积压了不少，答应立即安排车间加工印字，让我明天就去取货。

第二天早上五点多钟，我就领着潘龙浩赶到长途汽车站，买了两张去常州的汽车票，赶到常州厂里时已经快到中午了，因还要急着赶回去参加演出，连饭也没有顾上吃。办完手续后，厂里用一辆机动三轮车把我们两人和十二个箱子送到了汽车站，总算顺利地上了车。那时的公路很差，一路颠簸，又累又饿，等到了扬州身上都快散架了。大家帮着把旅行箱提到了后台，我在剧场门旁买了两个烧饼，匆匆吃了几口就忙着化妆，化完妆刚喝口水就轮到我上台了，简直跟打仗一样，争分夺秒，一刻也不能停。

那天我上的是天津丁润洪、寇庚儒、王占友先生创作的发表在《天津演唱》上的新段子《我死了之后》。一开场逗活的就大哭"死了人啦……"

紧接着量活的问："哟！谁死了？"

甲：我死了。

乙：啊！死了还在这说话？

甲：就是我死了。

乙：您怎么死了呢？

我脱口而出，"可把我给累死了！"

　　张弘一愣，心说怎么改词啦？再一看我的疲惫相，他顿时也明白了，接上一句，"谁让您是头儿呢，你不累谁累呀？"一句话提醒了我，赶紧又把词儿找回来，进入正活。

　　累得很值得。看到那么漂亮高档的旅行箱大家赞不绝口，夸赞我会买东西，而我还要给大家一个更大的惊喜。

　　第二天，我领着全队人马到市中心逛商场挑选服装。挑选的标准有三条：一是要款式新，二是面料好，三是全队男女老少能统一。就数这第三条最难办，连转了几处大商场也没有挑到合适的。这时，师父说，外面风大，天又快要下雨了，他得先回去。一句话突然让我来了灵感，风衣！我让其他人都和师父先回剧场，只留下刘培枫、张弘和女报幕员跟我一起去老街上的服装自由市场。那时，个体经营刚刚放开，从广东沿海一带批发服装和电器等小商品到内地贩卖渐成潮流，扬州自然也有此类的自由市场，去那里肯定会有收获。果然，在一家摊位上有一款黑色的皮风衣，很是抢眼，虽叫皮风衣，但实际上是人造皮革，在当年风行一时，很受追捧。那时，人的衣着打扮还很保守，从款式到色彩与"文革"期间相比都没有太大的改变，风衣、夹克之类很少有人穿，皮风衣就更少见了。这款皮风衣不但符合我设想的款式新、面料好的标准，而且男女老少都能穿，只要尺寸合适就行。老板一听我们要买十二件，高兴得嘴都合不拢，给出了十分优惠的价格。我们四个人当场挑了一件合身的，让老板把大中小几种尺码的多带上几件跟我们去剧场让大家试穿挑选。到了剧场，大家都围了上来，我为师父挑了一件，他一穿上身，大家都说像归国的老华侨，特别有派。

　　师父也很高兴，顺势摆了摆手，说了一句谁也听不懂的"外语"，惹得大家哈哈大笑。

　　女报幕员周晓红问："张老师，您说的是哪国话呀？"

　　师父说："我说的这是英语。"

　　周晓红："英语？"

　　师父说："对，你没见吗，外面天阴，快要下雨了，阴雨（英语）。"

　　张弘还给垫了一句，"那要天晴，出了太阳说呢？"

　　师父说："甭问，那就是日语啦！"

29

他俩使上活了！大伙儿乐成一团，气氛热烈。

谁知，两年多以后，张弘在临上场时却离师父而去，逼得师父上台使了个单，其中缘由，一言难尽，此是后话。

第二天离开扬州转点到江都，早上出发时，大家都按照我昨天晚上散戏后给大家开会时提出的要求，穿上新买的皮风衣，将被褥、衣服、鞋子等软行李全装在印有中国滁州字样的大旅行袋里，其他的杂物统统塞进那只高档的旅行箱中，实在塞不进的临时放进灯光箱子里。原则只有一个，除了女演员可以多一个随身包以外，每个人只能有一个旅行袋，一个手提旅行箱，身无杂物，整齐划一。经过这么一包装，全队的仪容有了很大的变化，整洁、气派、让人耳目一新。

到了江都剧场后，我布置大家把各自的旅行袋和旅行箱在剧场门前分两行一字排开，暂时不拎进剧场，又从剧场借了一张椅子摆在旁边，请师父坐在那儿照看着。其他人忙着往剧场里抬灯光、音响和服装箱子。江都是邵伯湖边的一个县城，剧场的位置处在中心区，来来往往人很多。我们的包车在剧场门前一停下来就有人上来围观，一排排漂亮的旅行箱，一个个气派的皮风衣让围观的人不住赞叹，看到旅行箱上印的字，有的人就议论开了。

"这个剧团不简单，看样子经常出国演出。"

"你怎么知道的呢？"

"那箱子上不是有中国民航几个字吗？"

"一人一个，那他们都是坐过飞机出过国的喽？"

"那还用说吗。"

曲艺队几位听了掩着嘴直想笑，全队人不但没有一位坐过飞机，除了天上飞的不算，有的在陆地上看都没有看过飞机。这位也不仔细想想，旁边还有十几个装被褥的大旅行袋呐，有出国演出自已带被子的吗！

肖和生忍不住在人群旁插了一句嘴，"我们去的地方可多了，像什么俄罗斯莫斯科、冰岛、芬兰、丹麦、荷兰、比利时、挪威、瑞典、德意志、奥地利、瑞士、亚得里亚海、意大利、法国巴黎、西班牙、葡萄牙、英国伦敦、罗马尼亚布加勒斯特、捷克布拉格、阿尔巴尼亚地拉那、保加利亚索非亚、匈牙利布达佩斯！"

嘿！他溜起《地理图》的小趟子来了！

晚上的上座果然不出所料，不但客满，而且连过道上也挤满了观众。一询问，剧场卖了不少站票，被我们及时制止住了，不然能挤出娄子来了！

晚上散了戏，大伙儿聚在一起吃夜宵，你一言我一语调侃早上卸车时肖和生对围观的人背《地理图》趟子的事。

师父也很高兴，因为这是他加入曲艺队演出后的第一个客满。他对大家说："老话说，店大欺客，客大欺店。到基层县城集镇演出，叶子挂的火（衣服漂亮），肯定买卖火。"

我趁机强调了一下，以后转点全按照今天这样的要求办。而且女演员要化淡妆，抹口红，不准在剧场门前吃零食，谁违规一次就扣罚十元钱。

张弘顺口开了个玩笑，"我们男演员就不用抹口红了吧？"

师父接了一句，"大家都抹口红也行，保不齐晚上一个观众也没有。"

张弘说："怎么呢？"

师父说："全吓跑啦！"

大伙儿笑成了一团。

照方抓药，接下来的几个点的"形象效应"都很不错，剧场也对我们的团容团貌夸赞不已，说就好像出国演出刚回来似的。我心里暗自窃喜，我要的就是这个效果。

后来我给大家强调了一点，不准对观众胡说我们出国演出过，至于观众怎么估摸猜测那是他自己的事，咱们不能说假话，这一条很重要。

可是没有一个月，"形象效应"在执行中就出现了问题，麻烦就出在那件新潮的皮风衣上。

问题是师父首先提出来的，"业海，我跟你说件事。"

我说："师父，有什么事您说。"

师父说："这天儿越来越热了，我坐在剧场门前看箱子，穿这件皮风衣被太阳一晒，特别热，这衣服不透气，要是在兜里装一把黄豆，再洒点水，到晚上就长出豆芽儿了。"

哟！当时买的时候没考虑过这一点，压根儿对人造革不透气的特点一无所知。前一阵因为天阴或是下雨，气温不高，大家没有感觉穿着不舒服。随着季节的变化,气温逐渐升高,人造革风衣的缺陷就暴露出来了。

我忙对师父说:"这么办师父,到下个点您就别再捂豆芽儿了,天热了不能穿您就不穿,我估摸等到下个点大家也都穿不住了。"

当天我和大家商量了一下,如果天气不太热,大家在下车的时候就穿一下,圆圆黏儿,天热了就别穿。后来,天气渐热,晴天也多了,演出也很少受到阴雨的影响,这件人造革风衣也就完成了它的阶段性使命。

一路上都很红火,师父的情绪也越来越乐观,第一个月分配时,师父连工分加补贴领到了300元,这远远超出了他的预期,因为"文革"前师父每个月的工资是120元,后来又被削减了一半,现在几乎是当时的三倍!他立即给南京的师娘汇去了200元。他在喜悦之中又隐隐有些担心;看四下无人时他悄悄地问我,"业海,咱们这么均杵(分钱)不会出事吧?"

"怎么会出事呢!师父您放心,我是和单位签了承包协议的,白纸黑字明明白白写着,交足国家的,留足集体的,剩下都是自己的。咱不欠单位一个子儿,其他的谁都管不着。"我说得特别理直气壮。

师父望望我,来了一句京剧韵白,"你哪里知晓,曹营的事儿难办哪!"

我说:"没事儿,我可也姓曹啊。"

师父哈哈大笑!

夏季虽然酷热难熬,但上座特别好。那时电视还没有进入家庭,除了听广播就是看电影,大部分群众看戏的机会还是不多的。大剧团下不来,小剧团出不去,再加上"文革"的流毒尚未彻底清除,也没有什么令人耳目一新的艺术节目搬上舞台。相声艺术本来流行地区多为黄河流域以北,在南方扎根也只是点,面上基本是空白,我们所过之地有很大一部分观众从来没有面对面地看过相声表演,只是在广播中欣赏过相声。1982年我们在苏北进过三十多家剧场,全部是第一次有专业相声表演团体来演出,所以,每到一处演出,观众反响强烈,盛况空前。

那时,不但基层群众很少有机会面对面地欣赏到相声表演,甚至有个别地方的文化主管部门对相声艺术也缺乏了解。

有一次,到达某县演出,依照惯例我带上戏票去文化局"拜码头"。进门之后,我被领到了局长办公室,局长是一位年近五十岁的中年人,待人很客气,让座倒茶,十分热情。

局长说话很和蔼,"曹团长,你们来咱这儿演啥呀?"

我回答说:"我们说相声。"

"噢,你们来了多少位同志?"

"一共十一个人。"

"哟!人怎么这么少?"

"我们演的是相声。"

"别管演的啥,打锣鼓也得要四五个人吧?"

"这……我们不打锣鼓。"

"哦,你们改良啦!"

空子(外行),超级空子!

回到剧场我对大家一说,张弘用天津话说,"介是嘛局长,任嘛不懂,要在他手下干可要了亲命啊!"

每到一地,只要海报一贴,剧照一挂,不要半天票就能出光,头一场演完第二天上午剧场售票窗口前准排上长队。究其原因,淮阴地委那位领导说得好,"群众好多年没有这么开心地笑过了"。是的,每到一地,场内的气氛十分热火,笑声阵阵,掌声不断,群众反响强烈。

我们的演出不但受到普通观众的欢迎,而且受到当地领导的关注。1982

书法家李国桢先生(左二)与师父(右)和作者在沛县

年 12 月,我们到了江苏沛县。在首场演出散场后,剧场经理匆匆赶到后台,说今天晚上他们县委书记也来听相声了,本来要到后台看望大家,又怕影响大家的休息,他明天上午九点钟和几位班子里的领导来看望大家,和大家开个座谈会。第二天上午,县委书记和分管意识形态的副书记,还有宣传部长、文化局长一行七八个人准时来到了剧场。那天,我的好友,滁州地区文联的剧作家、书法家李国桢先生来沛县看望我,也参加了这次座谈会。后来,李国桢先生写了一张条幅赠给师父,上书"破格创新出奇"六个字,师父把字挂在家中,奉为至宝。

县委书记很热诚, 他十分感慨地说:"你们只有 11 个同志, 演出这么精彩,不但艺术好,节目的思想内容也很好,这让我激动,也很敬佩,更引起我深深的思考。今天我们来不单单是看望大家,更是向大家学习来了,我们宣传部和文化局的同志很想听听你们的改革经验, 把我们县的剧团改革工作推一推。"说到这里,他突然把话锋一转,"在听曹团长和大家介绍改革经验之前,我首先向相声艺术家张永熙老先生表示我的敬意!"会议室中响起一片掌声。

师父也很激动,站起身来不住向大家示意。后来交谈时才知道,县委书记当年在南京读书时就喜爱听相声,对师父十分敬仰,所以当得知师父来沛县演出,首场就赶来观看,又听剧场经理介绍我们的改革情况,自然对我们就更加重视了。

我简要地介绍了曲艺队改革的缘起,所经历的挫折与发展过程,当说到从年初到现在我们十个多月的时间,演出了三百多场,净收入已有五万七千多元,距 1983 年元旦还有半个月,争取达到全年净收入 6 万元的目标时,全场又响起了热烈的掌声。

就在这时,经理让我去办公室接电话,原来是滁州地区文化局打来的。局里通知我, 地委张曙东副书记过几天专门到丰县来看望曲艺队的同志们,让我们提前做好准备。

县委书记听说我们地委领导专门驱车 500 公里来看望只有 11 个人的曲艺队时十分惊讶,感动地说:"滁州真不愧是改革之乡,领导同志的思想境界和工作作风太值得我们学习了!"

结束沛县的演出后,就来到相距不远的丰县。丰县的票卖得很不错,头三

座谈会后曲艺队与沛县领导同志合影

天的戏票基本售完,再加上地委张曙东副书记要来看望,队里始终洋溢着欢乐的气氛。当地县委领导听说我们地委领导要来,特别派了一位办公室主任来找我商量接待工作的具体安排。对方说,明天张书记到招待所住下后,他们县委书记和县委常委、宣传部部长,还有一位分管文教的副县长,一同到房间里看望师父。然后就在招待所请一次客,让我们队里去两位同志陪同张书记。原先我们已经做了安排,现在自然要更改方案,与县委的安排协同一致。

第二天下午三点多钟,张曙东副书记在歌舞团陶兴礼书记陪同下到了丰县招待所。司机说,滁州到丰县有近五百公里,他们早上七点多出发,开到徐州已经十二点多了,随便吃了中饭就向丰县赶,在路上足足开了六七个小时。

张书记当时已经快有六十岁了,他是新四军老战士,曾在一次战斗中,亲手消灭过四个日本鬼子,立下战功。而今为了文化事业仍不辞辛劳,千里奔波,这种以革命工作为己任的拼搏精神是很值得后人学习的。

晚上县委请客时,我特意让师父和我一同前往,师父一听要和地委和县委的领导在一起吃饭,有些紧张,想推辞不去。

我说:"师父,地委张书记是专门来看望我们的,他又知道您,您要不去怕不合适。再说,有我在身边陪着您,绝对没问题。"

经我一劝,师父高高兴兴地和我一同进了餐厅。没一会儿,张书记在县委领导陪同下走了进来。我忙把师父向他们做了介绍,师父脸带微笑,谦恭有礼,轻言细语,十分得体。大家入座时张书记对师父说:"张老师,来来,你坐在我身边吧。"

师父再三推辞:"不不,大家请,大家请。"

张书记说:"你姓张,我也姓张,咱们老哥儿俩坐在一起好说话嘛。"

师父推辞不过,在张书记身边座位上坐了下来。师父一落座就把我拉到他的身边,让我紧挨着他。奇妙的是,五年后侯宝林师叔到滁州演出,地委领导请他吃饭,侯叔也是把我拉到他的身边座位坐下。但两者心境却不一样,师父是心里不踏实,而侯叔是为了在领导面前抬我。这里还有一段故事,在后面章节中再详述。

丰县的几位领导都很健谈,张书记也没有官架子,言谈举止平易近人,师父很快就放松了,大家在一起推杯换盏,气氛陶然。因为要准备晚上的演出,吃到一半时,我和师父要提前离席。这时,张书记端起一杯酒从座位上站了起来。

张书记说:"张老师,你是人民艺术家,一辈子为人民服务,应当受到党和群众的尊敬,来,我敬你一杯。"

县里几位领导也纷纷举杯站了起来。师父见状十分激动,忙端起酒杯也不知说什么才好,连声说:"谢谢! 谢谢!"

张书记让师父把酒杯放下,换上一杯茶,"你要演出,以茶代酒,干!"他把杯中酒一饮而尽。

走出餐厅时,师父的眼中闪现出泪花,他紧紧地拉着我的手,想说什么又没说出来。那天晚上,师父的"夯头子"(嗓子)特好,要什么有什么,我仿佛看到了二十年前在夫子庙演出时的师父……

演出结束后,张书记到后台看望了大家。他说到了为什么要亲自来看望大家,曲艺队的改革的意义不仅仅是在曲艺队自身,而是承载了将凤阳农村改革精神推向更广泛领域的重任! 他鼓励大家再接再厉,争取全年净收入突破 6 万元。元月份大家回去后,地委要给大家开庆功会。他离开的时候和全队的同志一一握手,当和师父握手时,他说:"张老师,我交给你一个重要的任务,你要把你的艺术教给年轻人,让曲艺队人人都成为受人欢迎的有成就的艺术家!"

师父连连点头,不住地说:"一定! 一定!"

　　1983年元旦前四天,我们到达了新沂。这是东陇海铁路上的一个重镇,东达连云港,西接徐州,北望山东临沂,南下可进苏北腹地。按常理推论,这里应该是一个火地,谁知在我们到新沂的前一天夜里就下了一场雪,气温陡降,人们都猫在家里不想出来。到剧场一问,当天的票只出了七成,后几天的票基本没动,这大大出乎我们的意料!原指望这四天完成1000元的任务没有多大问题,现在却成了一个难题。怎么办?我们个人收入到在其次,关键是已经向地委领导做了承诺,全年净收入6万元具有指标意义,事关改革,非比寻常。

　　我急忙去找剧场经理,请他想想办法。

　　经理说:"俺也知道你们是改革团,俺剧场也着急呢,可这个天气,俺也没有招啊!"

　　他一提到改革团三个字,我突然想道:剧场为什么不能也尝试一下改革呢?瞬时,我心里有了主意。我对经理说:"光靠在窗口等人上门可不行。要跑跑团体票。"

　　经理说:"我打了好几个电话了,效果不大。"

　　我说:"你看这么办,能不能把咱们剧场的职工全部动员起来,发挥大家的主观能动性,人多办法多。"

　　经理说:"俺的职工俺知道,一帮老娘们儿能有啥办法?"

　　我说:"这样,你给大家开个会,向大家宣布,就说曲艺团曹团长决定,大家每推出一张票,团里奖励5分钱,多卖多奖,只要票款一到账,凭你的签字,团里会计当场给钱,你看行不行?"

　　经理说:"哎!这个办法行。俺们剧场职工工资低,要能推出几百张票能抵上她半个多月的工资了。"

　　我说:"不光是她们,经理你也一样,连窗口售票员也一样,我让我们团会计去轧一下账,已经卖出的不算,从现在起有一张算一张,当天晚上就结账付钱。"

　　经理一拍手,"我马上就召集大家开会去!"没等我说话就急匆匆跑出了办公室。

　　此招一出,立竿见影。

　　下午我去票房看行情,女售票员告诉我,后几天的票都被大家领走了,她这里还有一百多张当晚的票在窗口卖。

这时,来了一位中年男子问售票员:"今晚演的啥戏?"

一见有人问,女售票员马上很热情地向他介绍说:"哎呀大哥,这个剧团可好啦!他们有位老演员都上北京唱过,周总理都看过他的戏,不信?你瞧瞧外面有他和周总理合影照片。人家是大剧团,都在大城市演出,后来,毛主席让他们要到农村去演戏,还亲笔写了一条毛主席语录:面向农村,他们才来俺们这里的,这不,毛主席写的字也在照片上挂着呢。要不是毛主席发话了,你上哪儿看去?"

中年男子说:"这戏票多少钱一张?"

女售票员说:"在徐州他们卖6毛,俺们新沂县城小,算农村,对半劈,3毛钱一张。大哥,你要几张?"

中年男子说:"3张。"

女售票员说:"哎,咋不多买几张?"

中年男子说:"俺家就三口人。"

女售票员说:"这快过元旦了,你咋不借这个机会请请客?"

中年男子说:"请客吃饭跟看戏有啥关系?"

女售票员说:"大哥你想想,请客吃饭,无非是喝喝烧酒啃啃猪蹄子,顶多熬锅老母鸡汤,喝一肚子油,年年请客,年年老样,那有啥意思?这喝酒机会以后有的是,人家这剧团以后还会再来吗?这要请人看一场难得看到的大剧团演的戏,那多有面子,大哥,你说是不是?"

中年男子说:"那,还有好票吗?"

女售票员说:"巧了,这给俺剧场关系户留的票还没有来拿,就先给你吧,大哥你要几张?"

中年男子说:"我算算,嗯,买10张吧。"

女售票员说:"够了吗?"

中年男子说:"够了。"

女售票员说:"那好,这是10张票,一共3元钱。"

中年男子拿着票离开了售票窗口。

女售票员对窗口外大声说:"雪天地滑,大哥你慢点走啊!"

我暗自感叹,区区5分钱,蕴藏的能量难以估计!

仔细想想,其实并无奥妙,只不过是体现了一回"按劳取酬,多劳多得"的社会主义分配原则罢了。

当天晚上不但客满,经理说后几天估计也没有问题。果然,第二天下午,陆陆续续就有人来结算奖金,到第三天中午,不但全部票都售出,而且元旦的票也售出了八成。我让会计把账一算,扣去奖金,净收入1180元。全年净收入终于突破了6万元!实现了地委领导所期望的目标。我立即给地区文化局打电话,向他们和地委报喜。晚上正要开演时,邮递员送来一封电报,打开一看,原来是地委发来的贺电。电文是:

> "滁州歌舞团曲艺队,欣闻你们经过全队同志的努力,实现了全年收入6万元的经济目标,这是你们坚持面向农村,发扬凤阳农村改革敢为天下先的革命精神,大胆推行文艺团体体制改革所取得的成果,在此表示祝贺!希望你们在新的一年里取得更大的成就,取得政治经济双丰收。中共滁州地委 1982.12.31"

电报在大家的手中传阅着,师父看完之后说:"谁不好好干,就对不起这封电报。"

22天后,《光明日报》在头版以较大篇幅报道了曲艺队的改革经验,在文艺界特别是同行中引起很大的反响。

1983年元旦过后,按计划再演两个点就回滁州休整一段时间,过完春节再去山东。从5月份出来,已经七个多月了,大家思乡情急,都盼着早点回去。因此,在这次苏北巡演的最后两个县城沭阳和盱眙的时间安排上缩短了不少,按常规,县城一般五到七天,而沭阳和盱眙各自只安排了三天。原以为三天很平常,上座好坏也无所谓,这个点的意义只是在返回滁州的路上搭

刊登在《光明日报》上的文章

一脚,省点路费而已,谁知在这里差点没被累死,创下了巡回演出中从未有过的纪录。

我们到达沭阳时头一天的票已出了八成,第二天的票只售出了几十张,第三天的票还没有对外卖。我们也没什么感觉,只是想演完了就回家。剧场经理也没有拿我们当回事,白天根本没露面,只是来了一位电工说说后台用电的事。剧场演员宿舍距后台很近,都在一个小院里,抬脚就到,这后来为我们轮番上场提供了很大的方便。

形势和事态的突变,源自一位女观众的裤带!

晚上开演时,场内已经客满,演出效果出奇的好,不是包袱儿也响。在第一排中间有一位年轻的女观众的笑声特别脆亮,一边笑一边拍手,身体前仰后合,十分瞩目。台上的演员对这类现象已经司空见惯,这样的包袱点当然越多越好。就在最后一块活使了一半的时候,突然这位女观众站了起来,双手提着裤子往外跑,裤子旁边还拖了一条白色的纱布带子,特别显眼,原来是她的裤带笑断了!

场内有些人,特别是前排的观众都看到了这一幕,一阵哄笑。事后才知道这位观众是当地一家医院的女护士,她用纱布绷带当作裤带,纱布质地本来就稀疏,那天她大笑时一用力,纱布裤带竟然被绷断了!县城不大,这件事很快就在大街小巷传开了,以讹传讹,后来传成女护士的肚子被笑破了。敢情这女护士的肚子成气球了!

事情很快就有了连锁效应,到了中午,当天和第二天也就是最后一场的票全部售光!而且来买票的人越来越多,更有许多单位来买团体票,一要就是几十张甚至上百张。这一下可让剧场经理犯难了。他手里一张票也没有,而好多单位又是和自己的关系非同一般,无法拒绝。更有一些有来头的单位直接去找县文化局,文化局把他找去责问为什么上个点新沂剧场演六天,我们沭阳只安排三天。

剧场经理硬着头皮来找我,又递烟,又点火,"曹团长,实在对不起,俺这里地方小,又不知道相声是咋回事,谁知道这么受欢迎,早知这样,俺最少也要订一个星期啊!啥都不说了,无论如何请你们在沭阳再多演两天,俺求求你们了!"

　　我也很为难，"经理，不是我不愿多演几天啊，这下一站盱眙也是定有合同的，刚才联系过，他们已经卖出不少票了，没有办法再调整。而且，最重要的是我们回去要参加地委召开的座谈会，地委领导的时间已经安排好了，我们必须如期赶回去。"

　　经理都快哭了，这时正好师父走过来了，听说票不够卖，又不能延期，就把我拉了过来说，"给他加个日场不就得啦！"

　　我忙对经理说："别急了，我们加个日场吧。"

　　经理一拍脑门，"哎呀！我都急糊涂了，对对，加日场，加日场。"说完就把我拉到他办公室去商量加场的事。

　　坐下后，经理忙着让人给我端茶，我刚喝了一口，经理一句话把我吓了一跳。

　　"曹团长，我刚才统计了一下，要加五个日场！"

　　"五个日场?！您拿我们当电影片子哪！"

　　"加场少了票实在分不过来呀！"

　　磨了半天牙，最后商定加演四个日场，当天下午两点半一场，转天上午九点半、下午一点、四点各一场。定下来后，经理连连道谢。

　　他拉着我的手诚恳地说："今天演两场，明天要演四场，演员都很辛苦。明天晚上散戏后剧场在饭店请全队同志吃饭，感谢大家。"

　　回到宿舍，我立即把大家集中起来开动员会。大家一听今天加个日场，明天一天要连演四场，又高兴又担心。高兴不用说，演得多收入就多；担心是身体能不能顶得下来。别人估计没有问题，我担心师父已有六十岁了，体力是否能吃得消。我还没有说出来，师父就意识到了我的心思。

　　师父说："业海你放心，我没有问题。可有一个建议。"

　　"师父您说。"

　　"明天连续演出四场，间隔时间很短，如果再像平常那样集体谢幕的话，又要占去一些时间，可不可以考虑调整一下。"

　　"对，您这个建议好。那这样，白天三场不安排谢幕，谁演完了谁就回宿舍休息，晚上那场还是集体谢幕。另外，吃饭的事儿大家也不用'各自为政'了，由队里统一安排。还有，明天晚上演出结束以后，剧场经理在饭店请大家吃饭。"

大家一齐鼓掌。

我吩咐刘培枫说："培枫，你去剧场对面的那家包子店，让他们明天从中午十一点起，往后台送包子，连笼送，荤的一半素的一半，大家随便吃。"

"天冷，包子一会儿就凉了。"有人说。

师父说："请他们搬一个煤炉到后台，支口锅，把蒸笼搁上不就齐活儿了。"

"对，别一次送得太多，包子在笼里捂时间长了不好吃，要少送，勤送，最后按数结账。"我特别嘱咐了一下。

师父补了一句："菜包子一捂馅儿就黄了，得现蒸现吃。那南京绿柳居的菜包子最有名了，里边的馅儿绿得像翡翠似的，那年我请那谁去吃绿柳居的素菜包子，刚咬一口……"

我一听要跑题，忙接过话茬儿，"培枫，你给包子店老板送两张戏票，请他们把菜包子馅儿味道调好一点，多放点麻油。"

师父又补了一句："再撒点芝麻，增香，放一点点糖，提鲜。"

刘培枫说："张爷，要不您和我一道儿去包子店，当面指点一下，说不定这个口味的包子明天也火了。"

师父说："那我也不说相声了，留下来卖包子得啦！"

刘培枫说："那您干脆当包子店老板吧。"

张弘来了一句，"你让张爷去包子店当老板，那老板娘她同意吗？"

师父顺手拍了张弘一下，"你这孙子！"

大家哈哈大笑。

当天下午加了一场，晚上演了一场，大家觉得很轻松，散戏以后，吃完夜宵再聊聊天，如往常一样，入睡时已过午夜了。

第二天上午第一场演出时，一个意外的情况让我们很为难，观众非常热情，每个节目都要翻两三次才算完，这样一来，比原先每场两个半小时的演出时间要增加半个小时左右。上午这一场还好办，九点半开演，十二点半结束，距下午一点的开演时间还有半个小时的间歇，不但演员可以休息一会儿，在灯光、音响岗位上一刻也不能离开的赵彬和夏尚柱两位同志也可以喘口气。但下午两场是一点、四点，晚上那场七点开演，如果再增加半个小时的演出时间，那三场的时间就连到了一起，这意味着要连续演出九个小时！

赵彬和夏尚柱提醒我,灯光和音响器材时间长了怕会出故障,最好能歇一下,他们也好抽身上厕所。

师父说了一句话:"别忘了,三场观众还有进出剧场的时间哪。"

和大家一商量,决定把每场演出时间压缩到两小时四十五分钟之内,既满足了观众的情绪,又有了时间上的缓冲。

那天,剧场门前异常拥挤,一场场的观众你出我进汇成人潮,剧场经理说这景象比过年还要热闹。

包子店的小伙计送包子进来出去,添煤加水,忙得不停脚,大冷天头上直冒热气。两笼菜包子刚在锅上放好,师父过来揭开笼盖说:"我来看看这菜包儿馅儿绿不绿。"

小伙计很幽默,"包子绿不绿我不知道,今天哪,我忙得脸都发绿啦!

师父看看他,"我说怎么脑袋上直冒热气儿呐,改菜包子啦!"

晚上十点钟,全天四场长达十二个小时的演出终于结束了。没等演员卸完装,剧场经理就来催大家快点去饭店,结果有好几位都不想去吃饭了。

剧场经理当时就急了,"曹团长,我菜都点好了,饭店的大师傅都等了几个小时啦,你们要不去不是太不给我面子吗!"

我只得要求大家都要去,在饭桌上经理说了很多感谢的话,盼望我们有机会再来沭阳。酒过三巡,菜过五味,看大家急着要离席,经理忙招呼服务员快上主食,上两笼包子!大家一听又要吃包子一个个直摆手,说千万不能再吃包子了。

刘培枫说:"包子店我去结过账了,荤素一共三十八笼!"

我听了一愣:"三十八笼?"

"对,十九笼肉包子,十九笼菜包子。"

"我们十一个人能吃三十八笼包子吗?"我有点儿怀疑。

师父说:"别是小伙计算错账了吧?"

刘培枫说:"这就要问张爷您了。"

师父不解,"干吗问我啊?"

刘培枫说:"您不是包子店老板嘛!"

笑声中大家离开了饭店。

第二天,大家乘上汽车离开沭阳,车厢里堆满了大家购买的各种各样的东西。上车不一会儿,一个个都在座位上睡着了,他们太疲劳了,可没有一个人有怨言,更没有一个人在工作中有消极状态,他们很累,但很幸福。

坐在前排的师父,手中抱着给师娘买的一件呢子大衣,很快就进入了梦乡,不时发出一阵阵的鼾声。

此刻,他在梦中能梦见什么呢?师父做梦恐怕也不会梦到,他花甲之年在滁州找回了一个艺术家的尊严,使自己宝贵的艺术生命得到了延续。

"一生痴绝处,无梦到徽州。"

二、夜半惊魂

在巡回演出途中,不停地转换地点是家常便饭。各地的剧场新旧不一,环境条件千差万别,有的地处闹市,有的位于近郊,有的气派堂皇,有的年代陈旧。剧场内大都配套有演员宿舍,供来此演出的剧团使用,宿舍也就成了演员临时的家。在这个"流动的家"中常常会发生许多意料不到、稀奇古怪的事情,有的让人啼笑皆非,有的让人瞠目结舌,有的让人百思不解,有的让人惊心动魄。师父和我们就先说一段儿可乐的。

在江苏泰兴演出的剧场是在一个湖心中的岛上,有一条很宽的路与之相通,形同一个半岛,剧场四周被花草树木围绕,风景十分优美。

难得遇上这样的好环境,师父每天早上都要围着剧场走上几圈儿,一边走一边吊吊嗓子,悠然自得,十分惬意。那天早上,他照例去遛弯儿,出去没一会儿就神色慌张地回到宿舍,大家忙问出了什么事?师父指着外面茂密的草丛说:"草里有条蛇!"

几位年轻人胆子大,找了根棍子就朝着师父指的方向寻找过去了。

师父不放心,再三叮嘱:"小心!千万别给它咬着!"

没一会儿工夫,几位就回来了,其中一位手中提着一条有一尺多长的青蛇,抖抖簌簌,十分吓人。

师父慌得直往后退,大声嚷道:"快扔啦!"

那位顺手把青蛇往师父面前的地上一扔,师父吓得差点蹦到床上去,说话都变调了,"你们想吓死我呀!"

　　那儿位哈哈大笑，原来那是一条塑料玩具蛇！不知道什么时候谁扔在那儿的。

　　师父这才缓过气儿，笑着对扔蛇的那位说，"我差点儿没被你吓死，得罚你，早餐你得请客。"

　　在一旁看热闹的张弘冷不丁地说："张爷，今天咱们全队都该由您来请客。"

　　师父一时没明白，"为什么？"

　　张弘说："刚才您管'土条子'（蛇）叫什么啊？"

　　师父恍然大悟，"哟！跑了一辈子腿儿，我怎么犯块（说忌语）啦！"

　　张弘说："是不是该您请客？张爷。"

　　师父点点头，"该、该。这么办，今儿个我请大家吃黄桥烧饼。"

　　张弘说："就吃烧饼啊？"

　　师父说："爷们儿，泰兴的黄桥烧饼可不是一般的烧饼，不光是这儿的著名小吃，而且当年新四军就是吃了黄桥烧饼才把国民党反动派打得魂飞魄散，屁滚尿流的。"

　　张弘对扔蛇的那位说，"哎，待会儿张爷换下的裤衩儿可归你洗了！"

　　大伙儿全乐了！

　　剧场里有各种小动物出没是常有的事儿，蛇虫蚂蚁、鸟雀蝙蝠是剧场的常客，不过从年头儿上说它们都是那里的主人：我们还没到那儿，它们已经住那儿了；我们离开那儿了，它们仍然住那儿，理应是主人。这些小动物都很和善，极少伤人，所以也无须防范。不过有一种动物却不能不防范，更不能招惹它，否则麻烦就大了，它就是鼎鼎大名的黄大仙——黄鼠狼！

　　黄鼠狼不但有灵性，而且极具报复心理，加之常常成群结队，神出鬼没，让人对它敬而远之。我曾经听一个民间剧团的老演员说过，早年他们到农村演出，进了后台，第一件事情就是从头盔箱中取出一顶夫子盔，就是关公关老爷戴的帽盔，端端正正地挂在后台墙上，挂好后，班主还要对夫子盔敬香行礼。有的年轻演员不解此举，后来才知道是为了镇妖驱邪，吓退黄鼠狼的。有一次夜里，睡在后台的人听见墙上的夫子盔欻欻作响，声音急促！有个年轻人起身想开灯查看，被身边的一位老演员伸手按住，让他别动。低声在他耳边说,"这是关老爷在发威呐!"

第二天早上起来一看,在夫子盉下方的地上有一片湿湿的水迹,发出阵阵骚臭,十分难闻。老演员说,昨晚黄鼠狼到后台来了,结果关老爷一发威,尿都吓出来逃走了。

这是传言,不足为信。有一次闲聊天儿,师父就说过一件他亲身经历的事。

那是在新中国成立前,师父和一帮鼓曲艺人在河北张家口一带演出,有时摆明地,有时进园子,大棚。"这棚子小的相当于一个临时剧场,大的真能跟庙宇一样,内有乾坤,前面演出,后面可吃可住,功用是非常大的。那时有专门做这个生意的人,搭好棚之后就跟租房子似的,出租给艺人们使用。"(《张永熙自传》第60页,团结出版社)

师父白天和其他艺人轮换在棚里演出,除了相声还有杂技、戏法、鼓曲等民间艺术,十分热闹。到了晚上,有些艺人无家可归就住在棚子里,因为还能在棚里做饭,很是方便。

有一位姓韩的弦师,人很年轻,也聪明,就是脾气暴躁,胆子也很大,他孤身一人,吃住都在棚子里。既然要开火做饭,少不了要准备些柴米油盐。那天,这位姓韩的小伙儿发现头天买的三个鸡蛋少了俩,可把他急坏了,站在棚子里就骂开了!

"他妈的,谁这么缺德?要吃鸡蛋你言语一声,干吗偷偷摸摸的,这他妈的也太缺德了!你吃了两个蛋,还能长在你身上吗?"

见没人搭腔,他在棚子里四下乱翻看能不能发现一些蛛丝马迹,倒腾了半天也没有结果,越想越来气,嘴里不干不净又要继续开骂。这时,一位看棚子的老汉走到他跟前说道:"别再乱嚷嚷了,你那俩鸡蛋我估摸不是人吃的。"

小伙儿把眼一瞪,"不是人吃那是谁吃的?"

老汉把在他耳边低低说了三个字:"黄大仙"。

小伙儿愣愣冲冲又嚷了起来,"黄大仙又怎么了?你看我怎么收拾它!"

老汉吓得直摆手,"千万千万别招惹大仙啊!"

小伙儿说:"我不怕!我就不信这个邪!"

第二天,他果然行动起来了,他不知从哪儿弄来一根两尺多长的竹筒,筒口有小孩儿胳膊那么粗,又用铁镐在角落里的地上刨了个坑,把竹筒埋了进去,筒口刚好与地面齐平。晚上临睡觉前,他往竹筒里扔了一根烧鸡腿,准备活捉黄鼠狼。

小伙儿布下陷阱后,躺在床上没睡,闭上眼睛静静地听着动静。果不其然,午夜时分,他听见从墙角传来窸窸窣窣的声音,忙起身点亮油灯上前察看。只见竹筒里伸出两条黄色的毛茸茸的小腿,在拼命地挣扎。

"抓到啦!抓到啦!"小伙子兴奋地大声嚷了起来。

睡在棚里的几位艺人闻声都急忙下床来上前观看。原来这是一只小黄鼠狼被竹筒里的鸡腿的香味吸引,钻进去以后无法退出,双脚不住地乱蹬。有人忙去找绳索想把它的脚捆起来,谁知这小伙儿做出了一个出人意料的举动,他拿起没有喝完的小半瓶烧酒全倒在了竹筒里和黄鼠狼的脚上,哧的一声擦着了火柴往竹筒上一扔,呼地一下酒被点燃了!在蓝色的火焰中伴着黄鼠狼吱吱的惨叫声一股令人作呕的臭味顿时弥漫开来!那几位艺人慌忙掩鼻而逃。

小伙儿捏着鼻子还不住地发狠,"我看你下次还偷不偷啦!"

第二天,白天无事。半夜时分,有人起来小解时不经意向观众区场内看了一眼,顿时被吓了一跳!第一排的长板凳竟然全竖了起来,黑黝黝一排,令人震悚!再仔细一瞧,顿时魂飞魄散!每条长凳顶上竟然都伏着一只黄鼠狼,两只眼睛在黑暗中发出点点幽光!

这位顿时尿意全无,忙喊醒大家:"快、快,快来看!"

大家正在睡梦中,被喊醒后忙问发生了什么事?这位战战兢兢指着场内说:"大大大……大仙!"

大家向场内看去,一条条板凳立在那儿,黄鼠狼踪影全无!

次日上午大家都议论这事,七嘴八舌,纷纷责怪小伙儿不该烧死那条黄鼠狼,吓吓人倒没什么,说不定还会招来大麻烦哪!看棚老汉劝小伙儿赶紧去办些香烛供品,向黄大仙跪拜求情,也许能消灾免祸。

小伙儿把眼一瞪,"我一个大男子汉给黄鼠狼磕头?那还不被人笑话死了!"

老汉低声说:"大仙记仇啊!

小伙儿说:"您放心,我自有办法对付它们。"

当天晚上小伙儿找来一把切西瓜的长刀,睡觉时就把刀放在枕头边。夜

47

里黄鼠狼再来,他就用西瓜刀防备护身。

一夜平安无事,黄鼠狼没来。

小伙儿在大家面前不住显摆,"怎么样?你们怕它我不怕,来一个我劈死它一个,看它还敢不敢偷我的鸡蛋啦!"

一连三天,都没有动静,小伙儿得意扬扬,晚上还多喝了几杯,晕晕乎乎地脱了衣服倒床就睡。

凌晨时分,只听小伙儿一声惨叫,啊——,在床上翻滚起来。大家忙起身把灯点亮一看,顿时被吓得大惊失色!

有十几只身形壮硕,背生黑毛的黄鼠狼疯狂地在小伙儿身上噬咬不停,上蹿下跳,极其凶狠!刹那间,齐都跳下床来,踪影四散。

众人再上前看那小伙儿,满脸血迹,面目全非;他双手捂住裆部,痛得连声喊叫,仔细一看,他的命根子竟被咬得血肉模糊,惨不忍睹。

好不容易等到天亮,几位找来一辆平板儿,将他拉到诊所。医生查看了伤口直皱眉头,忙给他在伤口上涂酒精消毒。

酒精一擦到伤口,小伙儿双腿乱蹬,口中竟然发出吱吱的喊叫声,那蹬腿状态与叫声竟然与那只被他用酒烧死的小黄鼠狼一模一样!

身边那几位顿时惊骇不已,毛骨悚然!

师父说:"这小伙弦子也没法弹了,在床上躺了俩月也不见好,结果被送回老家去了。"

队里有小青年问:"那么多黄鼠狼平日都藏在哪儿呢?"

师父说:"在农村乡下它常常在草堆里、旧仓房里做窝。另外,像什么寺庙,祠堂等房子大,院落多的地方,还有城里的旧礼堂、老剧场这些有些年头儿的老屋子都是黄鼠狼喜欢藏身的地方。"

师父的话使我想起,我曾在一座古寺内,深夜里亲眼看见的近乎上千只黄鼠狼结队而行的令人心惊肉跳的情景。

1976 年 4 月初,为了准备参加安徽省曲艺调演,我住在滁州琅琊山上的琅琊寺里搞创作。琅琊寺建寺于唐代,寺内绿荫环绕,楼台亭阁错落有致,环境十分幽静。"文革"伊始,寺内的和尚全部被赶下山去,勒令还俗,寺内供奉的佛像也全部被砸烂,连大雄宝殿内的大钟也难幸免。和尚被撵跑了,跑了和尚跑不了庙,琅琊寺被交给文化部门管理,因为空房舍多,常有学习班之类的活动在那里举办。

我和两位男演员住在一幢两层小楼的楼上,楼下有个不大的院落,墙角有几株牡丹、芍药,花草茂盛,这里原是寺里住持的禅房,相对独立,十分幽静,很适合搞创作。

那天夜里大家都睡了,为了不影响他们休息,我关了电灯,只点了一盏带玻璃灯罩的煤油灯在桌上伏案写作。不知不觉夜已经很深了,万籁寂静。

突然,我听到室外地板上传来有人走路的脚步声!这小楼其他房内空无一人,是谁在走路?我心里一惊,顿时汗毛都竖起来了!屏住气一听,这脚步声竟然越来越近,明显是向我们房间走来。我的心跳急速加快,坐在那里眼看着房门一动也不敢动,人整个被吓呆了。这声音越来越大,似乎正在拐向连通一层的木楼梯,我们住的房间与楼梯只是一板之隔,木板墙上有道韭叶宽的缝隙,我透过缝隙借着月光向楼梯上一看,啊!一群黄鼠狼头尾相接正在跑下楼梯。这时楼梯上的黄鼠狼越来越多,脚步声也越来越响,轰轰隆隆,仿佛有千军万马,我明显感到了地板的震动!这时,床上那两位演员被外面的响声惊醒,从床上坐起身来,我慌忙向他们摆手,示意他们千万别出声。大约过了三四分钟,外面才恢复了平静。

我把刚才见到的景象对他们一说,两人目瞪口呆,吓得不敢开门出去小便,只得对着墙角尿了一地。我也无心再写下去,第二天便匆匆下了山。

滁州琅琊寺

大家听了这段故事，对黄鼠狼更加增添了神秘感。

由于曲艺队立有不准打牌的规矩，而演出结束之后大家还很兴奋，边吃夜宵边侃"聊斋"几乎成了习惯。"聊斋"故事听多了，胆小的不敢一个人睡，就要和人结伴住在一个房间，渐渐地就形成两人一间，自由组合，有的剧场房子多，个人愿意一人单睡也可以。但在苏北射阳剧场全队经历了一场午夜惊魂之后，那一阵子，谁也不敢单独睡一个房间了。

射阳位于盐阜平原东部，县城不大，剧场就坐落于城中，可能建造年代过久，显得有些老旧。剧场的演员宿舍分别处于舞台后台的两侧，下场门在东边只有两间小房子；上场门那边房子较多，还有一间供演员使用的公共厕所。两边互通必须上几级台阶经过后台的大过道，过道里摆有桌椅兼作化妆间，晚上散戏之后过道里只留下一盏五瓦的小灯，方便东边宿舍的人去西边院内上厕所。我和师父、张弘、吴伶等住在东边两间小房子，其他同志都住在西边几间宿舍里。而剧场的大门和边门在散戏之后是由剧场门卫在外面锁上的，他就睡在大门外一间值班室里。

谁也没想到，住下后的当天夜里就出了一件令人惊骇不已的奇事！

射阳由于地理位置的原因，再加上"文革"期间文艺被禁锢，外地的表演艺术团体很少去那里演出，相声大会更是第一次登上射阳的舞台，所以上座很好，观众也很热情。散戏以后，大家心情都很好，但因为当天转点，一路颠簸到射阳后又要赶着装台，人很辛苦，所以吃完宵夜之后没有多会儿，大家洗洗完毕就回到各自房间入睡了。"夜半梦醒书作枕"，我有在睡觉之前躺在床上读一会儿书的习惯。大约在夜里一点多钟，我合上书起来小解，披衣出了房门正要踏上台阶，抬头一望，刹那间让我魂飞魄散！

在惨白的灯光下，过道的化装桌前坐着一位个子很小，身穿白衣白裤白鞋、白发苍苍的老太太！

我以为看花了眼，揉揉眼睛再看，真真切切是一个人！

我慢慢地退回房中，摇醒了正在熟睡的吴伶，他不知道发生了什么事，哼哼唧唧不愿起来，我在他耳边低声说了一句："外面有鬼！"

他顿时坐了起来，带着颤声问我："什、什么鬼？"

"你起来看看就知道了。"

　　吴伶个子高，但胆子比较小，他让我赶紧去隔壁叫师父和张弘。人多胆壮，四个人紧挨在一起挪到了台阶前，大家往里一看，都倒吸了一口凉气！

　　白衣老太仍坐在那儿纹丝不动，犹如泥塑木雕一般，显得十分瘆人！

　　这一阵儿，大伙儿总说黄鼠狼的故事，吴伶低声说："是不是黄大仙啊？"

　　"黄大仙身上是黄的，这是白色的。"我摇摇头。

　　张弘说："狐狸有白的，别是狐狸精吧？"

　　师父摆摆手，"狐狸精都变成年轻美丽的女子，怎么到我们这儿改老太太啦！"

　　这时候他还在"砸挂"哪！

　　师父这一个"包袱儿"让大家紧张的情绪缓和了许多，我壮着胆子对白衣老太高喊了一声："你是谁？"

　　白衣老太像没听见一样，毫无反应。

　　我嗓音很大，夜深人静传得更远，连喊了几声，那边宿舍的人全被惊醒，不知出了什么事情，一个个走到后台门口时也都被这情景吓了一跳，挤在门口不敢再上前。

　　看到队里人都起来了，我胆子壮了不少，当即在地上拣了一块小石子儿，挥手向白衣老太砸了过去！心慌手抖，没有砸中，"咚"的一声，石子落在了白衣老太面前的桌子上。

　　这时，只见白衣老太慢慢地转过头来，冷冷地看着我们，那冷酷的目光令人浑身起鸡皮疙瘩。不知她下面会做出什么举动，师父和我们忙退后了几步，张弘和吴伶早已闪到了宿舍门口。

　　就在这时，剧场内有了动静，住在场外的门卫打着手电筒走了过来。原来他听到我的喊声不知里面发生了什么事，便起身打开边门前来查看。

　　他走到我们跟前问是怎么回事儿？我用手向过道内一指，他用手电筒一照，灯光就落在了白衣老太的身上。

　　"咦，她怎么会到这里来啦？"

　　"你认识她？"我顿时松了口气，是人就好办。

　　"她是个精神病。"

　　这时大家都放下心来，和门卫一起来到白发老太的身边。

门卫问她:"你是怎么进来的呀?"

也许是门卫的乡音起了作用,她回答说,"我是来找我女儿的。"

"她是一个孤老太,女儿在'文化大革命'中受到了迫害,没几天她就疯掉了。"门卫解释说。

顿时,大家都沉默了。

唉!师父长叹了一口气,白衣老太悲惨的命运似乎触动了他深埋在心底的痛苦记忆。

门卫把白衣老太带出了剧场,看着她弱小的身躯渐渐消失在黑夜中,我心里有一种说不出来的感觉,甚至为刚才向她砸了一石子而内疚,虽然并没有砸到她。

第二天吃过早餐,大家又在谈论昨天夜里的事,分析这白衣老太可能昨晚也是来听相声的,这里剧场验票很松,估计她在散场后藏到宿舍院内的什么地方,没有被剧场工作人员发现,结果被锁在剧场里了。

女报幕员说:"幸亏她坐在后台的过道里,被你们先发现了,要是躲在女厕所里,我半夜起来上厕所遇见她,我肯定就被吓死啦!"

我说:"这件事情毕竟发生在剧场里,而且我们有十几个人,要是比起十多年前的午夜我在深山丛林中的经历这还不算吓人的呢。"

那是在1969年的深秋,我和县文化部门的一位同志去滁州郊外琅琊山上的琅琊寺内查账。当时山上的寺庙已由文化部门代管,有两位县剧团乐队的老同志长期住在山上,负责寺院里的事,寺内还有一个小食堂有两三个人烧饭。查账很琐细,一天都没有完成,带队的那位同志决定晚饭后继续工作。因天下着小雨,只有在山上住宿一晚,等明天早上再下山回城了。

大约在晚上十点多钟,我们几个人还在灯下忙着,外面风雨仍未停歇。忽然,隐隐随风传来一个女人的声音:"救命啊!"

大家相互望望,没有说话,凝神听了一会儿,什么声音也没有,又继续工作。这时,又传来一声"救命啊!"这次大家都听清楚了,就是一个女人凄哀的呼救声!

深山古寺,附近没有人家,半夜里哪里传来的女人的呼救声呢?

带队的同志问:"你们听到有人喊救命吗?"

大家都点点头，表示听到了。

"走，我们出去看看。"

"这、这外面下着雨，我腿脚不方便……"一位老同志有点儿为难。另一位老同志一脸紧张害怕的神情，嘴里支支吾吾，明显也不愿去。

带队的同志看了他们一眼，向我一挥手，"小曹，我们两个去看看！"

我当时年轻气盛，转身就和他一起出了房门。

出门下了十几级台阶，转了两三个弯儿才来到寺院大门内侧。这时，食堂里的三个炊事员也来到了门口，他们也听到了女人的呼救声。寺院的山门是锁住的，而且是两道锁，外面正门一道锁，通向寺内的院门一道锁。这中间原来是供奉弥勒佛的位置，"文革"中佛像被砸烂，在原地放了一座毛主席挥手的塑像。很明显，女人的呼救声是从寺外边传过来的，大家决定出去看看。打开两道山门后，女人的呼救声更加清晰了，但声音不是从附近传来的，而是从对面的山上随风飘来，一阵高一阵低。

怎么办？要不要上山？

大家还没来得及犹豫，带队的同志斩钉截铁地说："上山！我们都是毛主席的革命战士，面临阶级斗争的新情况，我们绝不能后退！"说完，他立即分了工，留下一个炊事员在山门值岗，其余四个人一起上山。

说要上山，真正走上去可不容易，这一条由乱石铺成的山路通向山顶的会峰阁，曲折陡峭，十分难行。当时叫会峰阁，2015年电视连续剧《琅琊榜》走红的时候就顺势改名为琅琊阁，吸引了不少游客。当年这条山路年久失修，许多路段已经毁损，无法通行。在秋风冷雨的深夜，什么也看不见，要上山救人其困难可想而知。

好在我们四个人有三把手电筒，带队的同志走在前面，我紧跟其后，两位炊事员走在最后，四个人循着女人的呼救声向山顶爬去。呼救声断断续续，我们爬爬停停，大约过了半个小时，来到一个岔路口，定神一听呼救声似乎就在这附近，由于风雨的影响，难以分辨这声音来自哪里。带队的同志让我们四个人分两组，分别到两个方向寻找。我跟着他向右边的岔路寻找过去，岔路是土路，泥泞不堪，两边长满了各种灌木草丛，很难看清前面的情况。走了不一会儿，耳边又传来女人的呼救声，这次听得很清楚，就在前边不远！

我和带队的同志不由加快了脚步,前面有一丛茅草挡住了去路,我用手分开了茅草,突然发现前方四五米处站立一个黑影,顿时停住了脚步。带队的同志用手电筒一照,是一个披头散发女人的背影!

"你是谁?"带队的同志高喊了一声,声音有些变调。

那女人猛地转过身来,脸色苍白,满脸鲜血,双眼直瞪瞪地望着我们,十分恐怖!

带队的同志吓得身上一抖,顿时跌倒在地,要命的是手电筒也被摔不亮了!

我扭头就跑,心跳得跟开火车一样,可是总觉得双腿发软怎么也跑不快。就在这时,那两位炊事员闻声赶了过来,听说女人在前面,忙向前跑去,有他们壮胆我又转身跟了回去。只见带队的同志趴在泥水里,怎么也站不起来,一脸惊恐,见到我们语无伦次,竟说不出一句完整的话来。我们忙把他扶起,再看前方,那个满面鲜血的女人竟然不见了!

说心里话,我当时真后悔半夜爬上山来,整个人被恐惧、惊悚、绝望包围着,不知道还会发生什么。

两个炊事员由于没有亲眼见到那个披头散发,满脸鲜血的女人,故而要坦然许多。他们向前走了几步,借着微弱的手电筒灯光四下寻找着。突然,那个女人弓着腰从前面草丛中走出来,此刻,她手中多了一个竹篓,篓里似乎装着什么东西。

两名炊事员虽然有心理准备,但还是被女人的沾满鲜血的脸吓了一跳。两人下意识地退了一步,大声问道:"你是干什么的?"

"我是毛主席路线战斗队的。"女人弱弱地答道。

一听女人说出当时社会上使用频率最高的词语,带队的同志又恢复了阳气,顿时六神有主,厉声问道:"你在这里干什么?"

"我来打枣子的。"女人指着竹篓说。

用手电筒一照,果然是一篓青青红红的枣子。

"有人要杀死我啊!"

女人一句话又让气氛紧张起来,带队的同志和两个炊事员不由向四周探望,生怕里面藏着凶手。

带队的同志紧接着问那女人"哪个要杀死你？"

"国民党反动派。"

带队的同志鼻子都气歪了，向她吼了一句："走！"

四个人把女人带下了山。

山下接应的那位比我们四个上山的还紧张，他一个人留在山门内虽然能避风雨，但深山古寺，夜半无人，风雨交加，再加上原因不明的女人呼救声，分分秒秒都在考验他的神经。看到我们下山的手电光，他不由大喊起来！空谷传音，听到同事的喊声，两位炊事员也呼应道："回来了——！"

进了寺院后，一个个狼狈不堪几乎都成了泥人。好在食堂里锅碗瓢盆都齐全，忙烧了一锅热水让大家清洗，又下了一锅面条让大家充饥取暖。面条下好后，炊事员盛了一碗递给那个打枣子的女人，可能是饿急了的缘故，她稀里哗啦三口两口就吃完了。

大家吃完了面条，才发现面临一个棘手的难题：如何安置这个满脸鲜血，声称被人杀害的女人？送下山，半夜三更，风雨交加，又没有交通工具，根本送不了；留在山上，今晚让她住在哪里？让她在寺内廊道上暂度一夜，要是又出了意想不到的情况怎么办？几个人商量来商量去也没有个妥当的办法。正在这时，那女人似乎在自言自语地又说了一句："我是毛主席路线战斗队的。"

"哎！有办法了！"带队的同志一拍大腿，"把她关到寺院山门的屋子里，两边门都上锁，不会再出问题。"

"那，那里有毛主席。"有位炊事员怯怯地说了一句。

带队的同志指着那女人说："她是毛主席路线战斗队的，都是伟大领袖领导下的革命战士，那怕什么！"

炊事员低低地说："我是说，她是个女的，怕……"

"怕什么？"带队的同志把眼一瞪。

"怕传出去不、不好。"

"胡说！你这是污蔑伟大领袖的人格！你今天晚上连夜写份检讨，明天早上交给我！"

炊事员打了自己一个耳光，"我这个破嘴！"

第二天上午，带队的同志决定查账的事暂时放一放，吃过早饭就把那个

55

女人带下了山。

先把她送到造反派的司令部,造反派说,他们根本不认识这女人,既然有人杀他,这属于刑事案件,应该归公安局管。

带队的同志又把她带到公安局,公安局说,"同志,杀人案立案是有严格标准的,谁要杀他?为什么要杀她?怎么杀的?她都没说明白,怎么立案?看样子她精神好像有点儿毛病,连自己家在哪里都说不清,很可能是个流浪人员,流浪人员归民政局管。"

带队的同志又把她带到了民政局,办公室里只有一个人,没等带队的同志把事情说完就连连摆手,"这事我们管不了,实话对你讲,别说她了,我们局长被造反派撵得现在还在外边流浪哪!"

出了民政局,带队的同志不知道还要去哪儿。跑了大半天,说得口燥唇干也没个结果,要命的是,这个女人还紧紧跟着他,寸步不离,他慢她就慢,他快她也快,虽说她还背了一篓枣子,可一步不落。带队的心里暗暗叫苦,心说,这哪里是有人要杀她呀,她这分明是要杀我哪!

带队的正在犯难呢,正好路过一个菜市场,一个来买菜的老太太看见了女人背的那篓枣子,伸手拉住她问:"大姐,这个枣子多少钱一斤呀?"

见有人要买自己的枣子,女人便停下脚步,放下了竹篓。带队的同志借此机会撒腿就跑,转眼就没了踪影。

听完这段故事,师父说:"业海,你得空把这些事归置归置,纂弄个段子,是块好活。"

大千世界,无奇不有,世上人间,万象一镜。

肚子说饿了,该吃饭了。

三、吃螃蟹的艺术

曲艺队人不多,吃饭没有统一安排,都是个人自由解决。各人有各人的口味,各人有各人的喜爱。几位北方人爱吃面食,除了下面条,自己做主食不方便,都是上街买些现成的;吃菜大都买了食材自己做,不但在经济上合算,味道上也可随心所欲。如果演出繁忙,或是当地有特色的美食,那大家都三三两两来一次小聚餐也是常有的事。

　　曲艺队巡回演出的足迹遍及大半个中国,北至山东、河南,南到广东、海南,东到浙江、福建,西到甘肃、青海,各种各样的特色美食十分丰富,数不胜数。从吃的角度上说,每到一地演出的同时,也就成了一次难得的美食巡礼。

　　说美食,从江苏谈起那自然是优先的选择了。扬州是淮扬菜的源起地之一,口味以咸鲜为主,烹饪讲究刀工、火候等各种技法,选用食材以河鲜、猪肉、家禽为主,出品讲究,色香味形俱备,不但受到老饕们的赞赏,而更为人民大众所喜爱。

　　维扬细点也是扬州美食的一个重要组成部分。扬州人特别讲究喝早茶,每天上午与家人,或与朋友去茶社泡上一壶当地最好的"魁龙珠"茶,来几笼各色面点,几乎是每天必备的生活内容;而下午许多茶客又喜欢去澡堂子泡泡澡,解除一天的疲乏,所谓"早上皮包水,晚上水包皮"。

　　曲艺队到了扬州,喝早茶,品美食自然成了大家最有兴趣的事。红旗剧场距享有盛名的富春茶社不远,第一个寻味而去的是师父。

　　师父对吃是又讲究又随意,既坚守自己的癖好,又敢于大胆尝新。用他的话来说,在吃上他是"精而不奢,杂而不滥"。他从 20 世纪 50 年代到"文革"时止,在南京生活了二十多年,到夫子庙喝茶吃早点已经成了生活中的一个重要部分。

　　夫子庙有几家名气很大的茶社,如奎光阁、新奇芳阁、永和园、六朝居等。新奇芳阁是一家以清真面点小吃而闻名遐迩的茶社,有近百年历史,堪称百年老店。店中特色小吃品种丰富,像什么鸭油酥烧饼、麻油素干丝、素什锦菜包、荠儿菜蒸饺、鸡丝面、春卷等。在南京夫子庙著名小吃"秦淮八绝"中,新奇芳阁的鸭油酥烧饼和麻油素干丝就占了两席。因此,师父自 50 年代起就是新奇芳阁的常客,跑堂伙计和他很熟悉,而许多茶客也是师父的听众。那时,师父在南京声名鹊起,许多老南京人把早上去新奇芳阁吃麻油素干丝、鸭油酥烧饼,下午去听张麻子(师父的艺名)的相声戏称为夫子庙"三麻"。

　　师父在场上使活时与搭档关立明还用此说"砸了一挂"。

甲:南京夫子庙最近流行"三麻"您知道吗?
乙:哪"三麻"呀?

甲：早上去新奇芳阁吃麻油素干丝，"一麻。"

乙：哦，那"二麻"呐？

甲：再吃几块鸭油酥烧饼。

乙：这里没"麻"啊？

甲：酥烧饼有光板的吗？

乙：对，上面全是芝麻。"二麻"了。

甲：下午来听我的相声，"三麻"。

乙：听相声哪儿来的"三麻"啊？

甲：我艺名不是叫"张麻子"嘛。

乙：哦，您也算？

甲：那当然了，"三麻"。

乙：听完相声，那晚上再打上几圈儿麻将呢？

甲：甭问，那就是"四麻"了。

乙：哎，那要是打麻将的那几位也是麻子呢？

甲：都是麻子？

乙：巧了。

甲：那、那就是"全麻"啦！

乙：要开刀啊！

师父用自嘲的语言，巧妙地将夫子庙小吃运用到自己的艺术创作中，可见他对所钟爱的美食是倾注了多么浓厚的情感。

来到扬州后，师父自然而然地将这份情感注入当地的美食之中。富春茶社在国庆路旁的一条小巷中，进入小巷不远，一座园林风格的茶社让人眼前豁然开朗，这里就是享有盛名的富春茶社。茶社内厅舍错列，曲径通幽。师父寻了一圈儿才找到供散客吃早点的地方，落座之后，并无服务员上前，仔细一观察，仍是国营餐馆老派作风：须自己先排队买票，交给服务员后再回到座位上等候。师父忙去买票，仔细一看水牌不由为难起来。这里的面点的品种很多，像什么三丁包子、素菜包子、肉丁包子、梅菜包子、翡翠烧卖、千层油糕、蒸饺等等。但都以笼售卖，每笼八只，个头还不小，肯定吃不完。当然，店家也提供了一笼八只含有八个品种的"杂色"包子供食客选择。说包子是笼统的称呼,实际上一笼"杂色"包子里只有三个包子,其他则是烧卖、油糕、蒸饺、麻团等品种,这样一来,只有这一种选择了。

师父点了一壶茶,一笼"杂色"包子,把票交给服务员后,便在座位上等候。谁知包子还没有上来,先来了一大家子在桌子一圈儿坐了下来,原来这里虽是接待散客,但却无三五人的雅座,全是八人、十人左右的大桌子,客人一多自然要拼桌。散客厅既是如此,高档的一些厅更是一副摆酒席的架子,除非是成群结队而来,零散客人来这里寻求雅致的品茗用餐的环境与感受是难以实现的了。"杂色"包子很快就上来了,师父一见就皱起眉头。他以一个资深食家的眼光一看,这笼里的至少有一半的点心在里面待的时间太长了,卖相不好,口感自然也差了许多。同桌的一家人谈兴愈浓,小孩子更是蹦蹦跳跳,一刻不停歇。师父匆匆吃了几个点心,结束了他期望已久的扬州早茶之行。

回到剧场,我正好从售票房出来,问候师父:"师父,您吃早点了吗?"

师父说:"我呀,刚从富春茶社回来。"

"味道好吗?

"你要不去可能会后悔。"

"那我一定去。"

师父又补了一句:"你要去了一定会后悔。"

"那我就别去啦!"

时隔三十二年后,我与妻子携泽宇、沐凡两个孙儿去扬州,牢记师父当年教训,没去富春,而去了名声不让富春的冶春,结果下场比师父还惨。在拥挤的人群中排队买票、找座位、拿餐具跟冲锋打仗一样,其气氛与饥馑年代相差无几。

最恼人,冶春的包子以五份为起售点,少了不卖。观其分量,我们四个人两份足矣,但不得不买了五份,谁叫你大老远地跑到这儿来了!包子来了,和富春大概是表兄弟,卖相和品质实在不敢恭维。吃了一半,另一半又不能浪费,用个塑料袋装回旅店,结果吃了一天的冷包子。古人云,烟花三月下扬州,我们是头昏肚胀离扬州。回到家中,深感师父的警示历三十余年而仍然有效,堪为传世箴言。

不是扬州有名望的茶社的面点不好，否则名声从何而来？但真正优质的东西对普通消费者来说只存在传闻之中，是很难见到的。如果您是达官贵人、记者明星、美食名嘴去了，那就截然不同了，他们所品尝到的，与《舌尖上的中国》所展现的相差无几。遗憾的是，由平民口碑传颂起来的平民食品，今天基本上已经与平民无缘了。

有感而发，回家后模仿扬州小调在网上发了一条微博：

扬州包子很有名，有家茶社叫冶春。一个人不要去冶春，两个人不要去冶春，三个人不要去冶春，四个人不要去冶春。冶春包子不零卖，要买必须买五份！乖乖龙的咚，哪怕你是小伢子，哪怕你是白发人，哪怕是主席来了也要买五份。这可不是北京的庆丰，这里是扬州名店叫冶春，撑得我肚子发胀头发昏，大家要小心。乖乖龙的咚，撑得我肚子发胀头发昏！

杭州的徒弟凯文跟帖说："师父，这么些年了，还跟包子犯葛呢？"他这里说的是 2011 年，李伯祥、杜国芝先生到杭州时我陪他们吃包子的趣事，以后再说。

从扬州向东，一路经泰州、姜堰、海安、如皋，再转回折向正北就到了东台。师父说东台的鱼汤面是别具特色的江苏美食。汤面汤汁乳白，清爽不腻，面条细而软滑，特别鲜美可口。所谓鱼汤面并非煮一锅鱼汤来下面条那么简单，鱼汤面与其他种类的面条的差别就在于汤。外地的面汤一般是清汤或是鸡汤、虾米汤、骨头汤等，而东台鱼汤面制作的主要原料是鳝鱼骨和鲫鱼。先将鳝鱼骨洗干净后入锅，用少量猪油煸透，再将炸酥了的鲫鱼与鳝鱼骨一同入锅用河水煮沸。待热汤滚沸后，再改以小火，慢慢熬煮，再用细筛过滤去残渣，汤汁雪白，滴点成珠，加入少许虾籽就可以做面汤了。

听师父这么一介绍，我不免食欲大动，在东台剧场装好台后，就陪师父去找鱼汤面了。出门一拐没有多远就到了正街，街两边有许多商店和小饭馆，少不了有卖鱼汤面的，就沿街走了过去。师父说，他听当地人说，鱼汤面汤的优劣与否关键在于店家用多少鳝鱼做原料，至少要五斤鳝鱼才能熬出一锅好汤。于是，我和师父就以此为准则来寻找最好的鱼汤面。

一路走过来,几乎家家都说他们的鱼汤面最正宗。

师父说:"干脆咱们找一家门脸大一些,干净一些的面馆得了。"

我说:"对,大馆子可能要好些。"

说话间就来到一家面馆门前,正好有位顾客出来,师父客气地问道:"请问这家鱼汤面好不好?"

那位点点头:"可以、可以"

师父不放心,"这汤是用五斤多鳝鱼熬的吗?"

他摇摇头,"这个要问老板了。"。

推门进去,人还不少。师父说:"就在这里吃了。"

刚刚落座,女服务员就过来问吃什么。这是家个体经营的餐馆,先吃后结账。

我说"鱼汤面。你们家汤浓不浓?"

女服务员看模样是当地农村出来打工的,说的是当地土话,没有明白我问话的意思。

师父伸出五个手指在她面前晃了晃,"是五斤鳝鱼熬的汤吗?"

女服务员望望我们,点点头转身而去。

师父说:"业海,今儿这面条儿我请客。"

"师父哎,怎么能让您请客啊,还是我来。"

"你别跟我争了,前天在如皋你都花了两回钱啦。"

我们俩正在客气着呢,女服务员用一个大托盘把面条端上来了。

她把托盘上的面条一碗一碗的端到我们桌上,又望了我们一眼说:"你们的面条。"

我和师父顿时傻呆了。

五大碗热气腾腾的鱼汤面摆在我们面前!

"服务员,我们两个人怎么上来五碗面啊?"我向正欲离去的女服务员问道。

女服务员指指师父,"他说要五碗的。"

"嘿!我什么时候说要五碗的呀?"师父感到莫名其妙。

女服务员很委屈,伸出五指,"你刚才不是摆手说要五碗的吗?"

师父一听这才知道她误会了,忙说:"得啦,得啦,五碗就五碗吧。"见女服

61

务员离开后,他找补了一句,"这鱼汤面幸好是五斤鳝鱼熬的,要是用十斤熬的,那就得上来十碗鱼汤面了!"

我们师徒俩根本吃不完,师父说,"咱俩先吃,待会儿你去剧场喊几位过来,这可不能浪费。"

我说:"师父,您先慢慢吃,我这就去喊人。"

我起身出门没有走多远,就看见张弘迎面走来,他也是出来吃饭的。我说:"正好,张爷买了五碗鱼汤面,你再喊几个人来帮忙给吃了。"

张弘一听师父请客自然高兴,转回剧场就去喊人,谁知他也没算明白,又喊来四个人,他只记住五碗面条了!

师父对张弘说:"你干脆回去把大家全请来,今天全队我请客。"

结果刘培枫不在,只喊来三个人。师父一点人数,起身又伸出五指对女服务员大声招呼说:"再来五碗!"

吃完面条,在回剧场的路上大家笑个不停。

师父说:"我倒霉就倒在这五斤鳝鱼上了。"

谁知一语成谶,三十二年后,因为一碗鳝鱼面引起了一场变故,使师父进入了他人生最后的五百六十天。

离开东台,到了大丰。大丰距黄海海滨很近,市场里海鲜很多,而且价格也不贵,现在大家较为熟悉的几种海鲜,如梭子蟹只有一元钱左右一斤,像什么毛蚶、皮皮虾之类更是便宜得令人难以置信。于是,大家每天都去菜场买了自己喜欢的海鲜,回来用水一煮,十分钟就得,再弄一碟酱油,就可以品尝海鲜大餐了。

师父是老饕,此等美味自然不能放过,每天逛菜场,烧小灶,乐此不疲。他经常买回来的是梭子蟹,散戏之后,一个人坐在房间的桌子前,吃得有滋有味。

要说吃蟹,当以湖泊淡水中的螃蟹为上品。唐代诗人皮日休曾写下一首《咏蟹》诗曰:"未游沧海早知名,有骨还从肉上生。莫道无心畏雷电,海龙王处也横行。"

师父最爱吃的就是湖蟹,即今天大家常说的大闸蟹,江苏本是鱼米之乡,阳澄湖、洪泽湖、高邮湖、邵伯湖、固城湖的螃蟹都享有盛名。那时,螃蟹的身价还没有现在这么高,大多是几毛钱一斤,最贵的单只半斤以上的,一斤也不过 9 毛钱。因为物美价廉，螃蟹就成了师父吃夜宵的首选，在江苏兴化演出时，师父曾创下一晚上吃六只螃蟹的纪录。

师父吃螃蟹，可以说是一种艺术。师父吃螃蟹对桌子的要求很讲究，一是不能摆放杂物，二是干净卫生，如果桌面有杂物，吃螃蟹时不便铺展，也不卫生。蒸螃蟹很有讲究，大火蒸半小时即可，师父在演员宿舍没有蒸螃蟹的条件，只能用水煮，他水放得很少，半闷半煮的样子，开锅时，水基本上没有多少了，使蟹的鲜味得到最大的保持。在蒸煮螃蟹的同时，师父开始准备沾料味碟，好醋必不可少，在江苏自然用镇江醋，镇江醋又分为香醋和陈醋两种，吃螃蟹大多用带点甜味的镇江香醋。另外一种必不可少的配料是生姜，生姜起暖，螃蟹性寒，姜可以暖胃，起到一定的保护作用。农历八九月份，嫩姜上市，嫩姜香而不辣，是吃螃蟹的绝配。师父把姜洗净，用随身携带的水果刀把生姜切成碎末儿放入醋里，最后再加入少许白糖，滴上几滴麻油就大功告成。师父说，麻油几滴就行，千万不能多，白糖只是起助鲜作用，一点点即可。

螃蟹上桌以后，第一步是揭开蟹壳，掰掉腹部尾盖。蟹壳揭开后先吸内中的汤汁，然后滴少许香醋，用筷子扫下壳内的皮膜倒入口中，此时蟹壳已经吃净，暂放一边；第二步是先摘去不能食用的"和尚头"，双手将蟹爪合拢抓紧，用力掰开蟹身，然后再卸下两边的蟹脚和两只壮硕的蟹钳，俗称大夹子，分蟹时用力要轻重有度，轻了掰不断，重了易掰碎；全部分解完成后就可以从容品尝美味了。

先是食用肚腹部的主体部分，这里是螃蟹最肥美的地方，不但蟹肉丰腴，雌蟹卵黄及雄蟹的膏冻都集中于此。其时师父已不饮度数高的烈酒，爱上了金奖白兰地。他吮吸一口膏黄，品咂一口美酒，陶然其中，其乐无穷。

品完膏黄，接下来就是食用腹中的蟹肉、蟹螯与蟹脚。如果说品食肚腹是高潮的话，那吃八脚与双螯就进入平缓的悠然状态。吃蟹脚与蟹螯须借助一些工具，旧时，文人雅士视食蟹为一种文化享受，为了食用方便，就有了各种小工具，锤、砧、钳、铲、匙、叉、刮、针称之为蟹八件，一般以铜或银制成，在江、浙、沪一带颇为流行。师父虽然吃蟹很文雅，但旅泊江湖，无须如此矫情，所用工具一根牙签便足够了。但要将蟹肉从中一一剔出也并非易事，他却异常有耐心，犹如绣花一样，有条不紊，循序渐进，一顿螃蟹吃一两个小时是常有的事。

整只螃蟹吃完了,但过程尚没有结束,他将剔完肉的碎骨用些许温水冲虑后再把水倒入尚未食完的姜醋碟中,一饮而尽;而碎骨被一一放入最早剥下的蟹壳中,再看桌上,竟然没有一片残渣!

师父吃蟹成了一种艺术!

我性子比较急,虽然也很喜爱吃蟹,但多是囫囵吞枣,匆匆忙忙,桌上一片狼藉,缺乏师父的那种耐心。师父说,我这样吃法属于"武吃",似他这样吃蟹叫"文吃"。"文吃"不但体现了生活的艺术,也熏陶了师父的性格气质。在几十年的交往相处中很少见到他急躁发火,手忙脚乱的情况,待人接物总是温文尔雅,和颜悦色,非常从容。我猜测这与师父吃螃蟹不无关系,虽然螃蟹一副张牙舞爪,横行霸道的模样。

苏北水系发达,河网密布。除了螃蟹,鱼虾龟鳖之类河鲜十分丰富,可谓鱼米之乡。甲鱼,当地俗称为老鳖,原是与河虾身价相当的水产品。当时不过五六毛钱一斤,后来东北马家军队员在奥运会夺取女子长跑金牌后,身价倍增,普通人家的餐桌上已很少见到甲鱼的身影了。在苏北演出时,由于季节原因,螃蟹要到秋季才能上市,而甲鱼却四季都能见到。虽然大家都爱吃,但宰杀甲鱼是一门技术活,十分费事,因此,很少有人问津。

师父对甲鱼情有独钟,他说,虽然甲鱼的味道比不上螃蟹鲜美,但在营养上却比螃蟹丰富得多,不但富含蛋白质,其胶质也很丰富,滋阴壮阳,是大补之物。每到一地,特别是乡村集镇演出时,师父都会去菜市场逛逛,因为那里的甲鱼不但便宜,而且十分鲜活,都是当天捕捉到的野生甲鱼,品质极好。这时师父就会和卖鱼的商量,请他们帮助宰杀,当地人很热情朴实,一般都会应允,甚至在宰杀后还帮忙洗净斩成小块后才交给师父。把甲鱼拎回来后,师父在宿舍里插上自己带的小电炉,将甲鱼放进小铝锅里,加入葱姜和水就炖上了。炖好以后,汤汁雪白,醇香味浓,师父尤爱甲鱼上盖四周的裙边,其次是四个脚爪,最后吃肉喝汤,十分过瘾。

有一次,散戏之后师父让我去他宿舍,我去了之后才知道师父炖了一只甲鱼,见我每天忙里忙外特别辛苦,让我去喝一碗甲鱼汤补补身子。我心里又是感激又是为难,感激的是师父对我的关心疼爱;为难的是我曾经一连吃了二十多天约有五六十斤的甲鱼,之后一见甲鱼就反胃!

1976年，唐山大地震之后，在滁州曾引起一片恐慌。一天夜里，广播大喇叭突然响起，说可能发生地震，让大家立即离开家到户外避险！我和妻子带着两个才六七岁的儿子慌忙逃到院子里。一夜惊慌，但地震未来，天亮之后大家仍不敢回到房屋里，纷纷在空地上搭建了抗震棚，这一住就是一个多月。大家此时面临一个很迫切的问题，就是菜市场上几乎没有蔬菜供应，大家一日三餐吃菜问题无法解决。幸好我在次日早晨飞奔到菜市场，抢了一个大冬瓜回来，第二天菜市场就关门歇业了。这个大冬瓜伴随我们过了十多天，天天烧冬瓜、煨冬瓜、炒冬瓜、炝冬瓜、冬瓜汤，不但孩子们不愿吃，大人也受不了。正在为每天吃菜的事犯愁，突然有一天，我在部队的一位好朋友老周从几十公里外的部队农场来看望我，他给我带来一麻袋大约有五六十斤的甲鱼！这下可是救了大急，虽然那时甲鱼只有几毛钱一斤，可是相对于每天菜金只有一两毛钱过日子的普通老百姓来说，除了年节或待客外，平时吃甲鱼还是一件很奢侈的事。于是我们家每天吃的菜肴顿时提升了档次，冬瓜换成了甲鱼，全家喜笑颜开，特别感谢老周的雪中送炭。这一麻袋甲鱼我们足足吃了二十多天，天天烧甲鱼、煨甲鱼、炒甲鱼、蒸甲鱼，甲鱼汤，到后来，两个儿子宁肯吃白饭也不愿吃甲鱼，我也吃得似乎后脊背越来越硬，自己都快变成甲鱼了！

自那以后，甲鱼从未进过我的家门。面对师父的好心，我不能直接拒接，只得谎称今天胃不好，只喝了一小碗汤，就谢过师父，匆匆离去。

师父带了只小电炉，就是一个底部带足的耐热陶盘，里边装有螺旋状的电热丝，通电后即可烧煮食物。虽然很方便，但很多剧场都禁止在宿舍里使用电炉，除了功率大，耗电多之外，也存在许多安全隐患。曲艺队规定，除了当时常见的小电热杯外，禁止使用电炉，以防引起纠纷和事故。大家做饭只能使用各种小酒精炉，炊具就是一个大搪瓷缸加一个长柄勺子，简单方便。我的小酒精炉只有一拳之盈，支架如火柴棍大小，可以拆卸，小巧方便。虽然小，也能堪当重任，在济南大观园演出时，我妻子文仙来看望我，就用这只小酒精炉炖了满满一大瓷缸红烧肉，香气扑鼻，引来大家争相品尝，最后只给我剩下三分之一。

师父到来之前，曲艺队已经巡回演出了半年多，大家都能遵守规定，不使用电炉。师父一来，打破了这个规矩，怎么办？思来想去，师父一辈子不容易，已是花甲之年，在外的生活全靠自己照顾自己，应该尽可能给予帮助。于是，我分别给大家说明情况,希望大家理解。好在大家都通情达理,对允许师父使用电炉的做法很谅解。同时,我也和师父说,请他在使用电炉时务必注意安全,最好不要被剧场发现,引起纷争。师父对我的安排很满意,他拍拍我的肩膀说:"业海你放心,绝对不会出事儿!"

俗话说,什么事儿都不能绝对,怕什么就来什么。有一次我们转点到了一个新剧场,大家刚刚把行李搬到后台,正在联系剧场工作人员配合我们装台。这时,师父已在舞台后边的宿舍里把电炉插上了。一会儿,剧场的电工因为要调整线路,便来到台上拉下了配电箱的总闸,转身到户外登上梯子接线去了。师父在电炉上正在煮东西,发现突然没电了,便来到台上看是怎么回事,一看配电箱里的总闸刀被拉下了,自言自语地说:"这是谁干的啊?"他没加思索,上去顺手就把闸刀给合上了!

"啊——!"外面的电工正在忙活着哪,一下子就被电流从梯子上打下来了!

听外面有人"啊"的一声惨叫,师父知道闯下大祸了,急忙逃回了宿舍,关上了房门。

门关上了,可事还没了。电工虽然没有被电死,但摔得不轻,大家七手八脚将他送到了医院,检查后幸无大碍,只是皮肉受伤,没有伤及筋骨。

后来追问到底是谁把电闸合上的?没人承认是自己干的,也没人见到是谁干的,自然也说不出张三李四。后来张弘似乎意识到了什么,让大家别再互相追问了,大家好像也明白了,也就不再说下去,不了了之。

自那之后,直到这个点演出结束,师父一直没有再使用电炉。

赣榆是江苏最北边的县城,东临海州湾,北与山东日照相邻。曲艺队在那里品尝了一次难得的美味,师父说,他也是平生第一次吃到了真正的大对虾。

每到一地,能有搭伙吃饭的地方最好,实在找不着地方才自己烧饭或上街买着吃。赣榆剧场帮我们联系到了县委县政府的食堂,这样每天中午和晚上都在那里搭伙,十分方便。

食堂的饭菜品种十分丰富,大家都很高兴。在食堂吃饭的第二天的中午,大家在饭桌上发现有人在吃一只很大的虾子,那虾子尾巴蜷曲后还有十多厘米长,红彤彤的特别诱人。客气一问,才知道这就是曾经听说过的大对虾。那人说,在赣榆,对虾养殖是近两年才引进的,产量还不高,因为价格高,当地人很少吃,主要是出口换外汇,县委食堂也不常有,偶尔卖一回。

师父一听顿时来了兴趣,让我找食堂联系联系,能不能给我们做一回大对虾。我正好身上还有几张晚上演出的招待票,就找到食堂的司务长,以表示感谢为名请他和几位炊事员去看戏。交谈之中,话题自然就转到大对虾上了,司务长一听当场就说没问题,问我们想吃多大的。我说,从来没有吃过,越大越好。司务长说尽量满足我们的要求。

当天晚上演出结束后,大家都知道了明天食堂要为我们做大对虾的事。第二天,大家都早早地来到了食堂,一看菜牌子上边没有写上大对虾,心里有些失望。司务长说,今天的大对虾是专门为我们做的,等大家人都到齐了马上就做,时间很快。

我平时喜欢烹饪,经常翻翻菜谱,有机会就试做一下,如果有机会更想到饭店的后场看一看,学习两手。听说现在就做大对虾,我马上跟着司务长到了厨房的灶台前。炊事员师傅昨天晚上都看了我们的演出,对我特别客气,一边做一边还不停地向我做讲解。

在操作台上,一大盆大对虾已经被抽去虾肠整理干净,粗看每只足有十七八厘米长,炊事员师傅说这还不是最大的,最大的一只有半斤左右,体长能有三十厘米。他在锅内放入几大勺猪油,约六七成油温时把虾放入炸了一会儿用漏勺捞出。锅内留有少许余油,放入葱姜炸香后再将葱姜拣出,将虾重新倒入锅内煸炒,一会儿红红的虾油泛出,加入一大勺鸡汤和盐、糖、料酒、味精,改小火再烧一会儿等汁水收少时就出锅了。师傅将虾分别盛入白瓷碟中,曲艺队每人一碟,每碟两只,收费1元。

师父坐在餐桌前,面对盘中红润油亮、鲜香诱人、体长硕大的一对大虾,久久不忍动筷子,嘴里不住说:"真漂亮!真漂亮!"

不光是师父,其他人也是惊叹不已,在这么相对偏僻的县城里竟然能品尝到如此美味,真是醉了!

赣榆之后的一个点就是连云港。连云港最早叫新海连市,市区在新浦和海州,市区东边靠海的地方才叫连云港,后来市名改为连云港,靠海的那一片现在已改名为连云区,外地人常常听不明白,闹不清哪里才是连云港。我们去演出的地方就在靠海的连云港,剧场距海边很近,只有几百米的距离,站在剧场外可以看见蔚蓝色的海水。

既然离海这么近,大家与大海来一次亲密接触最正常不过了。在剧场装好台后,大家就出门往海滩走去,看见在海边集聚着不少人,不知在干什么。走到近前一看,才知道原来是附近的渔民在兜售他们捕来的海产品,五花八门,最多的是梭子蟹,大小不一,十分鲜活。一问价格,大家都惊呆了,海鲜不论斤,论桶,5元钱一桶!

大家一看这么便宜,都动心想买一桶。可是两手空空,去哪里找桶呢?于是大家纷纷跑回剧场找装海鲜的容器。不多时,大家拿着各种各样的器皿回到了海滩。就数师父最绝,他随身带了一个线织的网袋,平日买水果很方便,这下用来买海鲜正合适。不多时,大家满载而归,在宿舍里忙了起来。晚餐一次吃不完,散戏后宵夜接着吃,大快朵颐,着实过了一把瘾。

谁知到了下半夜,麻烦来了,先是有人闹肚子,起来上厕所,刚刚蹲下又进来一位,没多长时间竟然有好几个人都出现了腹泻的情况,甭问,海鲜惹的祸!

万幸的是师父竟然安然无恙,让人称奇。也不知是别人做的海鲜不卫生,还是师父的肠胃功能好,别人稀里哗啦的时候,他仍纹丝不动,嘛事没有。

对于曲艺队来说,这仅仅是一系列麻烦事的开始,随着时间和地点的变化,大家遇到的各种意料之外的事接踵而至,最后竟然也是因为有人闹肚子,导致全队连夜仓皇而逃,狼狈不堪。

四、胜利大逃亡

走南闯北,各地的风情民俗、生活条件、经济状况千差万别。曲艺队在江苏、山东、安徽、河南这一区域演出时,经常面临各种未曾想到的情况,不断在"神仙老虎狗"的日子里变换轮回,倒也别有情趣。

师父在苏北沿海一带几乎天天过着神仙般的日子:刚脱离樊笼,天天自由自在;大家众星捧月,人人尊重有加;场上买卖火爆,场下大把钞票;餐餐有酒有菜,河鲜海味不断。

有次在宿舍里聊天儿,他突然问我说,"业海呀,咱们这曲艺队能干长吗?"

我说:"师父,怎么会干不长呢?您问这话的意是……?"

"我觉得这几个月的日子太美了，生怕明儿不让干了，我上哪儿再去找这样的日子？"

我扑哧一笑，"师父，您是让这十几年折腾够了，生怕再有一个什么变故。您放心，现在全中国都在谈改革，社会不会再回到以前那样儿了，只会越来越好。"

"难说，万一要再来一次'文化大革命'呢？"

"那也没关系，您就在曲艺队领头造反，我们推举您当造反派总司令。"

师父不由提高了嗓音，"我造反？我能造谁的反啊！"

"这一阵子您消灭了多少虾兵蟹将、甲鱼王八啊！"

师父哈哈大笑。

曲艺队的好日子是社会大背景下的缩影，可具体到每天每日可不一定都是好日子。各式各样的苦恼常常不期而至，如何应对成了考验人的一件事。

山东济阳，与省城济南隔黄河相望，相距不过三十多公里。曲艺队刚刚结束在济南的演出，就转点到了这个当时还属于德州地区的县城。当时县城人口不多，我们吃过午饭后到县城中心的十字路口去逛逛市容，可站在路口四顾，竟然没有一个行人，唯有一位摆地摊的老人在路口一角的路边上打盹儿。我转身进了路口边的百货公司，刚一进门，不大的店堂内空荡荡的也没有顾客，四周的营业员齐刷刷地将目光投向站在门口的我，让人心里发毛，忙又退了出来。回到剧场，大家琢磨这里不大好演，要做好思想准备。

傍晚时，到剧场票房一问，果不其然，只售出了一百多张票。没办法，有火地就有水地，没想到与济南这么近，却是水火两重天。

在济南大观园大众剧场我们连续演了一个星期，观众十分热情，上座也很好。师父是故地重游，精神焕发，尤其是在济南又收了当年挚友、相声大师孙少林的儿子孙小林为关门弟子，十分高兴。对师父来说，在济南可是收获颇丰，带着满腔喜悦离开了这座在心里常常怀念的城市。

2006 年，孙小林师弟开门收徒，我又陪师父来到济南，师父见到小林的母亲著名鼓曲表演艺术家刘艳霞，谈起他对济南的感情，溢于言表，此是后话。

济阳剧场白天售票不好，谁知到了晚上场内出乎意料地几乎坐满了观众,大家的情绪又高涨起来。我让刘培枫去票房看看究竟卖出去多少票,能不能撞个客满。不一会儿,刘培枫气呼呼地跑回来对我说,票只卖了不到五成,场内有一半都是剧场放进来的无票观众!

这是曲艺队从来没有遇到过的情况。以往剧场放无票观众进场看白戏的情况也有,但也就十个八个的,往往都是面子驳不过去的至爱亲朋,一次放进了这么多无票观众的事听都没有听说过,大家七嘴八舌,议论纷纷。

我带着刘培枫赶到检票口,外面的人黑乎乎一大片全向剧场里涌,有票的无票的全挤在一起,秩序混乱不堪。

找到经理,经理苦笑着说:"俺这里就这个乡风,喜欢看戏,不喜欢买票。"

嘿! 这是什么乡风!

我说:"我喜欢上饭馆吃饭,不喜欢给钱行吗?"

"你说得对呢,可是这让我有啥办法?"他指着不断向里挤的人群说。

"现在这个样子,这个戏我们没法演了。"我摇摇头说。

"可千万不能停演啊! 这还有一半买了票的哪。上次有一个剧团也是要停演,结果打起来了,还伤了人。"

不演也不行,演也不行,不买票照看戏,明天谁还来买票啊。我想了想,对经理说:"你看这样行不, 明天我们去两个人在检票口协助你们检票,好不好? "

"行。"

"另外,后天的票暂时别卖,看明天的情况再说。"

"行,你说咋办就咋办。"

第二天晚上我让队里两名高个子队员去检票口协助剧场工作, 同时也是监督他们随意放人。傍晚我去票房问了一下,情况和昨天差不多,四五成座。演出前半个小时开始检票,一开门就有人往里挤,费了好大劲才拦住。无票的往里硬挤,有票的观众却被堵在一旁进不来。我向经理建议,最好派两位同志到检票口外边去,让有票的观众把票举起来往里走,让没票的无法借机往里混。

经理二话没说,自己带着一个男职工就跑到门外,一边疏导一边喊:"有票的请把票拿在手上举起来,不要挤,一个一个顺着走!"

他这一喊还真见效,有票的观众齐都把手举过头顶走向检票口,排着队

70

往里进,混乱的情况暂时得到了控制。谁知没过一会儿,情况又变化了,有几个没有戏票的仍然向前硬挤,问他票呢?他们不是说票在前面人手里,就是说有事要找人。这几个人仗着人高马大,硬是挤进了检票口,我们两位同志上前正欲阻拦,被他们一把就推了过去,为了防止发生冲突,更是为了保护我们自身的安全,我让两位队员回后台去了。大家一听门前发生的情况,十分气愤。

师父说,"合着梁山好汉全挪到济阳来了,这么喜欢听相声,明儿干脆我们也入伙得啦。"

张弘:"咱们要一入伙,梁山好汉一百单八将就改成一百一十八将了。"

"账都不会算,咱们是十一个人,怎么是一百一十八将呢?少一位。"

"张爷,梁山上可不欢迎你去。"

"怎么啦?"

"您要去了,这头一把交椅是宋江坐啊,还是让给您坐啊?"

"我呀,什么椅子都不坐,我站着。"

"干吗站着啊?"

"说相声不得站着吗?"

"嘿!"

他俩到先使上活了!

当天混进来的无票观众仍然很多,我和大家一商量,为了防止出事,大家统一意见明天也就是最后一天干脆停演,不如休息休息。我和剧场经理一说,他也同意不演为好,他的压力比谁都大。我心里知道,大家不愿意再演还有一个原因,就是在这里吃得太差了。

剧场联系的吃饭地方是县委食堂,食堂很简陋,吃饭的人也不多。中午主食就一样馒头,菜也只有一样炒海带,没有米饭也没有荤菜。晚饭主食仍然是馒头,菜连炒海带也没有,换成咸菜疙瘩了,这咸菜是地地道道的"咸"菜,我和师父等几个人吃到嘴里咂摸了半天,愣没吃出来是什么原料腌制的,就一个字,咸!

大家让我和炊事员师傅说说, 能不能明天的晚饭给咱们单独加个菜,因为晚上要演出,体力要保证。我到厨房里去和炊事员师傅一说,他满口答应明天晚上给我们加个菜。第二天中午我又特意带上两张戏票送给了他。大家都知道晚上食堂要给我们加菜，还特意多带了两个碗，想多买一点回去当夜宵。谁知到了食堂，和昨天一样还是咸菜疙瘩。

我忙问大师傅，"师傅，您给我们加的菜呢？"

大师傅说："你等着，我这就给你们拿去。"他转身从里面端出一个盘子往大家的桌子上一放，笑容满面地说："你们说相声的加的菜来了，不收费咧。"

大家全傻了，加了一盘豆腐乳！

师父一脸苦笑，"这位在使《找堂会》呢！"

巡演以来，首次兵败济阳。

离开济阳，便到了滨州，那里是滨州地区的首府，各方面要比济阳好了许多。师父更关心当地是否有浴室，因为自打离开济南后他就没有泡过澡。到了剧场一问，当地只有地委招待所有一间浴室，而且不是天天营业，一个星期只开放一天，再仔细一了解，后天下午正好是营业的日子。师父和大家心想，好歹能泡上澡了，那就再多熬上两天吧。

洗澡能等，吃饭不能等。师父和咸菜疙瘩、炒海带、豆腐乳做了三天的伴儿，熬得够呛。我中午请师父去当地刚刚出现的个体餐饮群，找了一家比较干净的小饭馆吃饭。说小饭馆有点不准确，只是一圈儿用芦席围起来的小饭摊，里面放了一张小方桌，几条长板凳，老板在外面支个炉子烧菜，没有店招，没有菜单，没有服务员，里外就老板一人儿。

我和师父刚坐下，老板就客气地问师父："老先生，你们俩吃点啥？"

"你这儿有什么？"

"有鱼有肉。"

"有什么鱼？"

"咸带鱼。"

"肉呢？"

"猪肉。"

"是烧肉吗？"

"炒肉。"

"炒肉丝？"

"炒肉。"

"炒肉片？"

"炒肉。"

师父一皱眉说："怎么个炒肉啊？"

老板很认真说："就是炒肉。"

我忙说："师父，甭管了，咱就来一个炒肉吧。"

师父点点头"对，那就炒一个吧。"

我对老板说："一份炒肉，再来一碗鸡蛋汤，里面多加点蔬菜。"

"好咧！"老板转身忙活去了。

不一会儿工夫，一菜一汤就端上桌了。师父盯着那盘炒肉一看，再用筷子夹了夹，顿时笑了起来："业海，你瞧这肉切的，丝儿不是丝儿，片儿不是片儿，丁儿不是丁儿，连个配料也没有，单炒，可不是炒肉吗！"

我仔细一瞧可不是吗，那肉比丝儿粗，比片儿厚，比丁儿长，还连刀，用筷子一夹，一嘟噜一串儿！

虽然老板厨艺差点儿，好歹是盘荤腥，真材实料，师父吃得很香，比平日多吃了半碗米饭。

滨州上座不是很好，每天都是七八成，也能说得过去。

原来我计划自滨州再向东到东营一带转一圈儿，可是心里没底，不了解那里的地性，犹豫不决。

师父洗澡回来后对我说了一件事，让我决定要重新调整演出路线。

原来，他在路上看见有一家炸油条的店铺，心里很好奇，这里下午还有炸油条的，就进去看看，想来一碗豆浆配油条，垫补一下。进门一瞧，不但没有豆浆，除了油条什么都没有。这油条比常见的明显要短一些，也就一拃多长，只见伙计将炸好的油条全放在一个大竹匾中，晾凉以后再将油条五根一组摆好，然后上面横着再放一组，两组油条交叉成网格状摆放，一共摆了四组共计二十根油条，在上下分别垫上一张包装纸，然后用草绳扎好，上面还留了一个便于拎提的扣儿。一旁的案子上放了许多已经扎好的油条，一摞摞的很整齐。师父没明白这样做是什么意思，仔细一打听才知道这里炸的油条不是早点，而是供人走亲访友送礼用的点心！

用油条送礼，师父觉得这事儿很新鲜，回来就和大家说了。我听了之后脑

73

海里的反应是,这里的物质消费水平不高,要花三毛钱买一张戏票听场相声,对一般人来说是高消费了。为了保证演出收入,及时调整演出路线十分必要,于是我决定折向鲁南,经青州,淄博南下,再转向豫东和皖北。

原指望这一路线能改变上座不温不火的局面,除了在青州的益都剧场天天客满,而且意外与方荣翔先生领衔的山东省京剧团同台相处了几天外,其他的几个点都不甚理想。更没有想到的是,在豫东和皖北还遇到了大麻烦!

河南永城当时属于商丘地区,与安徽的淮北、涡阳接壤,观众的欣赏习惯和安徽差不多,对曲艺很喜爱。剧场的王经理是一位老经理,对剧场业务十分熟悉,工作很有经验,与方方面面的关系也不错。就在首场演出的当天早上九点多钟,王经理一脸焦虑地在早点摊上找到了我,让我马上去派出所去一趟。

去派出所?我有点摸不着头脑,忙问王经理:"您给派出所送票了吗?"

王经理说:"昨天就派人送去了,难道说嫌送少了?"

"那你再给我十张好票,我去看看是怎么回事。"

王经理心里也没有底,把身上仅有的看家票全给了我,嘱咐我有什么情况及时告诉他,有事再商量。

我到了派出所,很快就找到所领导办公室。所领导大约有四十七八岁,黑黑的脸上一脸严肃。

我恭恭敬敬地把几张戏票送了过去,他一言不发,看也不看,更别说用手接了,见状我只得很尴尬地将戏票放在了桌子上。

他不紧不慢地向我问道:"你们来咱这演出,报户口了吗?"

这句话还真把我给问住了,曲艺队在外演了快两年了,大大小小走了几十个地方,从大城市到乡镇,从来没有人来向我们说要报户口的事。我忙从手边的包里拿出滁州地区演出公司出具的介绍信和地区文化局发的演出证,递给了所长。

"领导同志,这是我们到外地演出的相关证件,您看一下。"

他把手一摆,"我不看这些,我只看你们的户口本。"

我说:"我们团有一百多人,是集体大户口本,没有办法带在身边。"

"这个是你们自己的事,如果没有户口本,你们今晚不能演出!"他的语气十分坚定。

"您看能不能今晚先演出,户口本明后天让单位派人从滁州送来行吗?"

"不行!"态度十分坚决。

"请问,凡是外地来永城出差的都要随身带着户口本吗?"我的犟劲一下子上来了。

"出差是出差,那和你们不一样。"

"我也是国家干部,和其他出差到这里的人只是工作内容不同,这有什么不一样呢?"我反问他。

"我还有事,你回去拿户口本吧,拿不来就别演了!"说着就起身要走。

我一看根本没有商量的余地,看样子一味低头是不行的,只有正面应对了。于是,我伸手又把桌上的票拿了回来。转身走出了办公室。我将票拿回时看到他脸上有一种异样的神情,事已至此,随他去吧。

回到剧场,王经理一听我把戏票又拿回来了,急得直跺脚,"曹团长,你咋能把票还拿回来呢?这整场票都卖出去了,晚上派出所要不让演可咋办?"

"王经理,我借你办公室的电话打一下。"

"中。"他忙将我带到他的办公室,我要了我们地委宣传部的电话,一会儿接通了,我把在永城遇到的情况向孙部长做了汇报,孙部长让我不要急,他马上和河南商丘地委联系,并让我直接去找当地宣传文化主管部门反映这个情况,求他们出面帮助解决。

上午时间已经不多了,我向经理借了一辆自行车直接到县委大院去了。找到了宣传部办公室,正好部领导都在。我自报家门,又把我们团的光荣历史简要的作了介绍,并递上光明日报的剪报。部领导一听都很感兴趣,我马上将从派出所拿回的戏票送了过去,请他们和县领导晚上去看戏,他们非常高兴,因为剧团送票一般都送到文化局,很少直接送到宣传部的,部领导表示他们一定去。见气氛很好,我顺势把因为没有户口本而被派出所要求停演的事向他们做了汇报,他们感到很诧异,竟然还有这样的事!

部领导说,这事他们了解一下,让我放心做好演出准备工作。

回到剧场,王经理问:"曹团长,事情咋样了?"

我怕他担心,信心十足地说:"没有问题,正常演出。"

王经理终于松了一口气。

晚上，剧场门前人头攒动，我让刘培枫在大门口看派出所来没来人，我自己在舞台大幕后面注视前排正中几个位置，看县委宣传部几位领导有没有来看戏。

开演前十分钟，几位领导同志都进场坐到了座位上。此时王经理到后台告诉我，今晚有一位副县长也来看戏了。我心里更加有底了。忙让人通知刘培枫回来，现在就是派出所来人我也不担心会被勒令停演了，他要真敢到剧场下令停演，我就敢上台向全场观众宣布被停演的原因，那后面的戏就该由他们唱了。

事后我才知道，我离开宣传部之后，他们就接到商丘地委宣传部的电话，了解我们要被停演的情况，指示要从支持改革的大局和豫皖两省的关系的角度来解决这个问题。

县委宣传部很快就把电话打到了公安局，万事皆休。

这事如果在今天可能不会发生，就是发生了也没什么，每个人都有身份证，怎么查都行。但基层一些权力单位利用手中的权力寻租，刁难群众的事在今天仍然屡见不鲜，党中央要求老虎苍蝇一起打十分英明，苍蝇多了，这个社会就不卫生了。

师父听到差点儿被禁止演出、我跑到政府部门找领导的事儿，着急地对我说，"业海啊，遇事一定要冷静，你把已经送出去的票又拿回来了，这事儿做得有点悬，真要顶上牛了，最后吃亏的还是咱们？"

师父说得有理，但那十多张好票是王经理仅有的保留票，如果不拿走，我去宣传部就没有抓手了，两难之中，只有这么办才可能有一点希望，如果留给那位执意要看户口本的所领导，怕是这一点希望也难以存留了。

在永城这段遭遇总算有惊无险，而回到安徽的一个突发事件，让全队陷入困境，几乎无法脱身，最终上演了一出胜利大逃亡！

阜阳是皖北重镇，也是著名的曲艺之乡，当地不但流行大鼓、评书、坠子、清音、淮词等多种曲艺形式，对北方的相声、快板和山东快书也非常追捧。当地的观众喜爱曲艺，懂得欣赏曲艺，场上活好使，效果特别好，上座自然节节高升，还加了日场。

上座好，大家的心情就好，闲情逸致之类的事也就多了起来。有许多观众和相声爱好者对师父的艺术十分欣赏，找到剧场宿舍拜望求教，来来往往，很是热闹。也有许多年轻的观众对团里的中青年演员也十分追捧，虽然不像今天那些追星族，在场内欢呼尖叫、到场外又哭又笑的那么疯狂，但其内心的热情与今天的"粉丝"相比毫不逊色。

这里重点介绍一位年轻的女观众，她是当地一家医院的护士，长得颇有风韵，几乎每天都来看我们的演出。有趣的是，似乎曲艺队每每发生出乎意料的事情都会由女护士引起，而这位女护士的出现，竟成了曲艺队全体演员面临困境的发轫。

在与曲艺队演员的互动过程中，这位女护士结识了队里的主要演员吴伶。吴伶是我的师弟，在师父拟定的十三位弟子中名列第五，很受师父喜爱。吴伶很善谈，老三届知青的底子使他知识很丰富，遇到各色各样的交流对象，他都能找到合适的话题，侃侃而谈。多次交往后，吴伶成了女护士心中的偶像，对他十分崇拜。

阜阳的七天的演出很快就结束了，下一个点是蒙城。临行时女护士从医院拿来十几支葡萄糖口服液，作为礼品送给了吴伶。虽然微不足道，但是在当时大家收入水平都不高的情况下，作为一位普通的护士能这样表示一下心意已经很不容易了。因为葡萄糖口服液的安瓿瓶玻璃很薄，特别易碎，吴伶就把这十几支安瓿瓶全放入了原先装奶粉的大玻璃瓶内，拧紧铁盖子，装进随身的手提箱中。

一路颠簸，汽车开到剧场门前时已经快到中午了。大家匆匆把行李和演出设备搬进后台，因为早晨起得较早，大家的肚子都饿了，决定先去吃午饭，吃完饭后再装台。天气较热，大家也懒得跑远，正好剧场对面有一家饭馆，品种也很丰富，大家都走进去坐了下来。吴伶在把行李放到后台的时候，就把那个装奶粉的大玻璃瓶拿了出来带到了饭店，坐下来一查看，可能是路上颠簸的缘故，瓶内的葡萄糖口服液被撞碎了两瓶。吴伶忙拧开瓶盖，将没有碎的安瓿瓶全拿了出来，本想把瓶底中的碎玻璃和溢出的口服液一起倒掉，但想想不能浪费，就往瓶内倒入一些温开水晃了晃，把葡萄糖口服液稀释后，小心翼翼地对着瓶口全喝了下去。

大家各取所需吃完午饭后都回到了剧场开始装台。由于分工明确,大家都是轻车熟路,只用了一个多小时就完成了装台工作。大家洗洗后正准备回宿舍休息,吴伶突然喊肚子痛,表情很是痛苦,撒腿就往厕所跑,短短半个小时他就拉了三回!

我一看不对劲,估计是中午在饭店吃的东西不卫生引起的腹泻。师父在一旁说,他也觉得肚子好像有点不舒服,顿时大家都在议论中午吃的东西。因为晚上还要演出,吴伶有两场活,万一再拉到台上那可怎么办?我立即让一位队员陪他去医院请医生医治一下,先把腹泻止住,再开些药带回来,让大家都吃一些,做些预防。

我转身又对师父说:"师父,您是不是也一同去医院,请医生看看有没有事儿?"

师父说:"我这会儿好像又没事儿了,想先休息会儿,就不去医院了。"

张弘在一旁笑着说道:"张爷,您怕是被吴伶吓得带沟里去了吧?"

师父摇摇头,"那怎么会呢?"

吴伶去医院后,大家都回到宿舍休息,蓄精养锐,准备晚上的演出。过了一个多小时,陪吴伶去医院的那位同志匆匆把我叫醒,神情十分紧张地说:"坏了!吴伶被医院扣下来,住进隔离病房啦!"

"为什么?"我心中一惊,大家也都被惊醒。

"医生怀疑他得了二号病。"

"二号病?什么是二号病?"有人摸不着头脑。

"就是霍乱!"

啊!大家都惊呆了!

霍乱和鼠疫均属于甲类急性传染病,重症者常因治疗不及时而导致死亡。为防止引起群众恐慌,在此类传染病流行区域常将鼠疫称为一号病,霍乱称为二号病。最近,蒙城一带发现了一些二号病病例,正处于流行期,恰好让我们赶上了。

一听吴伶可能得了二号病,师父肚子又痛了起来,把大家吓得不轻,有人主张马上去医院。

"千万不能去,一去肯定会跟吴伶一样被隔离起来,那今天晚上我们就歇菜了。"张弘说。

大家这时都看着我，我说："弘先生说得对，一去就回不来了。"

"那张爷的病怎么办呢？"大家很着急。

师父自己也不愿意去医院，还来了个现挂，"吴伶已经是二号病，我再一去成四号病了！"

我对师父说："您先回房休息，我马上去给您找药。"

"哎。"

我从自己的行李箱中拿出一个药瓶，从里面倒出几片黄色的药片用纸包好，让张弘给师父送去。

我嘱咐他，"你跟张爷说，这是好药，一次吃三片，特别有效，让他多喝开水。我马上去医院看吴伶病情怎么样，晚上能不能坚持演出。"

张弘说："你放心去，张爷这儿有我。"

到了医院，隔离病房不让外人进去，也拒绝患者家属探望。天下事难不倒相声演员，我顺着病房外面转了一圈儿，逐一从每个病房窗户外面向房内窥探，果然，在第三间病房内看到了吴伶！

吴伶一看到我，自是喜出望外。他说他服了药又吊了一瓶药水后，现在已经好多了，就是身上没劲儿。但医生说最少要隔离观察三天才能让出院。

三天！一天我们也过不去。曲艺队11个人，一个萝卜一个坑，少一个人台上立马乱套，很难调剂，勉强把活凑齐，演出质量也必然下降。

吴伶说，"我已经想好了，这里的窗户没有栏杆，天黑以后我翻窗户出去，不会耽误演出。"

"演完了你还回这里吗？"

吴伶摆摆手，"我仔细回忆了一下，问题可能就出在我中午喝的奶粉瓶中的葡萄糖口服液上。天气热，瓶内温度一高，口服液就成了细菌繁殖的培养液，结果拉了痢疾，这里的医生非怀疑我是什么二号病，真是活见大头鬼了！"

我一听，顿时心情放松了许多，嘱咐吴伶晚上翻窗时小心一点，千万不能再出意外。

离开医院，我又回到剧场，刚一进门，刘培枫就告诉我一个坏消息，刚才县防疫站来了两个人，通知大家都不要出门，一会儿要来人给大家抽血，还要化验大小便。如果有问题，全队都要隔离！

"你答应他们了吗？"一听这话，我的血顿时往头上涌。

"我说团长现在不在，团里的演员都在睡觉，晚上又要演出，请他们明天早上再来。"

"好！处理得相当好！他们现在人呢？"

"全到对面饭店去了，因为我们中午在那里吃的饭，防疫站怀疑那里的饭菜有问题，在那里把卖的食品全部取了样，在化验结果出来之前，让他们暂时停止营业。"

"你通知大家马上到后台开会，有大事要商量。"

"好。"

大家都想了解吴伶究竟是什么情况，现在听说有大事要商量，以为吴伶真的得了二号病，一个个脸色沉重，没有了往日的轻松和欢快。

"现在的情况是这样的，吴伶已经没事了，他自己说可能是中午吃饭前喝的那瓶葡萄糖口服液有了问题，打针吃药之后，肚子已经不拉了。"

张弘说："不拉不就没事儿了吗？"

"吴伶肚子是没事儿了，可曲艺队的事儿可大了。"

大家不由一愣，不知有什么大事儿。

刘培枫把防疫站来人，要求大家明天早上全都到防疫站抽血化验大小便的事儿向大家说了一遍。

"我们也不拉肚子，好好的干吗还要去做什么化验呢？"大家十分不解。

刘培枫说，"人家防疫站的同志说了，二号病潜伏期短的几个小时，长的三、五天，现在没事儿不代表就没有得病，不但要化验，说不定还要隔离呢！"

一听还有可能被隔离，大家有些惊慌。

师父大声说："我吃了业海给的药，效果特别好，现在什么事儿都没有。"

有人问我："曹团长什么好药让我们也吃一点。"

我没有接这个话茬儿，我心里早知道，师父应该没事儿，正如张弘所说他被吴伶带沟里去了，他精神上受到吴伶发病的影响而身体有感觉，也可能是胃病之类的肚子不舒服。其实我给他吃的并不是什么特效药，而是普通的维生素C，因为平日蔬菜吃得少，是文仙特意让我带上一瓶补充营养，没想到这会儿派上了用场。

张奎和吴伶一场活,问我:"吴伶没事儿,怎么还不回来呢?"

"没事儿也要继续观察三天。"

"那晚上演出怎么办?"这是张奎最为关心的。

"天一黑他就翻窗户出来,他的活又在后面,时间上没有问题。"

师父问:"那明天早上怎么办?我们去不去防疫站?"

大家纷纷表示不能去,万一要让我们去医院,不但戏演不成了,还有被交叉感染的危险。"

"那就困在这里啦!"师父加重了语气。

"所以我请大家来商量,如果大家没有意见,我们今天演完之后就连夜撤离,尽快离开这里。"

"那剧场这里怎么办?经理说明天的票已经卖了一百多张啦!"刘培枫有点着急。

"经理那里我去说,你现在重要的任务是去运输公司落实包车的事,贵一点都可以,一定要保证今晚上十二点准时把车开到剧场。"

"原来定的下个点是怀远,包车就包到怀远了?"刘培枫问道。

"不能到怀远,离蒙城太近,万一明天早上防疫站发现我们逃走了,打电话让怀远再把我们扣起来怎么办?"

"那包车去哪里呢?"

我毫不犹豫地说:"回家!"

大家顿时欢呼起来!

我嘱咐大家,今晚演完就走的事别和任何人说,防止走漏风声,惹来麻烦。

刘培枫走后,我随即去找经理说今晚演出后就离开这里的事。我之所以敢做出这个决定,而不怕剧场方面为了经济利益不同意提前结束合同,是因为我和这里的经理有一点工作上的友谊。剧场经理是一位业余曲艺作者,曾创作并发表过许多好作品,除了相互有所神交外,1978年,我曾被借到安徽人民出版社帮忙看了几个月的曲艺稿子,这样就有了更为直接的接触。找到经理一说,经理也感到突然。我分析了这事情可能发生的变化与其中的利害,特别强调,如果我们滞留在这里,剧场方面必然也会有所拖累。经理也觉得我分析的有道理,同意我们今晚连夜离开这里,其他的事由他来善后。

一切依计划那样进行,刘培枫回来说,大客车他已包好了,而且还和司机见了面,送给他两包安徽当时最好的渡江牌香烟,司机再三保证准时到达剧场,不会延误。

晚上演出一切正常,开演后不久,吴伶就回来了。演出到一半时,经理让我去票房把账结了,我十分感谢他,再三表示,后会有期。

演出结束后,大家迅即投入到拆台的工作中,午夜十二点整,大客车准时停在了剧场门前,大家没一会儿就把行李装上车,见大家坐好后司机关上了车门,缓缓发动了汽车,没多大工夫就驶上了公路,朝滁州方向飞驰而去!

一路上大家议论这件事,从午饭后装台到此时拆台,中间仅相隔不到十个小时。这十个小时的波澜起伏全是那两瓶口服液惹的祸,还连累了那家倒霉的饭店被关了门。

张弘说:"幸好张爷没有拉肚子,要是赶巧也拉肚子的话,那没准儿就困在蒙城喽!"

师父说:"你们放心,我一般不会有事儿。"

"一般不会有事儿,那要是'二般'呢?"

"哪儿来的'二般'啊!"

谁知不到一年,演到河南郸城时,他的胃就被切掉了一小半。师父感叹不已,"我啊,早晚得挨这一刀。"

五、早晚得挨一刀

曲艺队在蒙城被困,连夜仓皇出逃的事看起来是偶发事件,实际上从在连云港发生的集体腹泻时,已经给我们敲响了警钟,可是并未引起大家的警觉,这才不断发生因为忽略饮食卫生而引起了种种意外的事。最严重的结果就是师父在演出途中发生了胃穿孔,送到医院抢救被切除了小半个胃!

人一生中最大的敌人就是自己,面对种种诱惑时,心里的理智和欲望就相互搏斗起来。理智战胜欲望,欲望就会得到克制;欲望战胜理智,理智就会丧失。国人尤其在吃的方面饱含着深厚的感情,欲望浓烈,伴随一生。每每在美食的诱惑面前难以自持,放纵自己,久而久之,隐患形成,最终不得不吞下自己采摘的苦果!

您瞧,接受惩罚还是吃!

曲艺队各位均是凡夫俗子,正处中青年,大多数人都留有饥馑年代的深刻记忆,如今收入丰裕,自然抑制不住心中的欲望,难免胡吃海塞,一副馋相。

在阜阳演出时,当地有一种特色食品,名叫枕头馍,又称之为阜阳大馍、大卷子馍。2007 年,在第二届全国少儿曲艺大赛中,安徽一档儿童男女相声《枕头馍变奏曲》获得一等奖,这可能是相声与枕头馍首次结缘。枕头馍形状有点像今天的抱枕,约有四五十厘米长,二十厘米宽,重达三四斤,最大的甚至有七八斤,乃至十来斤,如小枕头一般大小,堪称馍中之王。枕头馍不是用笼屉蒸出来的,而是用铁锅以文火蒸制而成。馍底焦脆金黄,厚达半寸;撕开了一看,色泽洁白,一层层的如同圆白菜似的片片相包。吃在口中,湿润柔韧,既耐嚼而又松软,馍底焦香酥脆如同锅巴,难得的是能存数日之久,不霉不硬。相传古代士兵出征打仗时,每人用布袋装一个大馍,饿的时候掰两层解饥,晚上睡觉时又用来做枕头,能吃能用,从此流传至今。

张弘是北方人,对面食情有独钟,虽然吃过各种各样的面制食品,但阜阳的枕头馍却是第一次见到,感到很新鲜,那天逛街之后,他就背了一个枕头馍回来了。

大家一见都围过来看新奇,有人问:这么大个儿你吃得完吗?"

"吃得完就不稀奇了,这玩意儿得慢慢吃,还得变着花样吃,吃不完还能当枕头。"。

"个头儿再大也是馒头,还能有什么花样?"

"瞧见了没有",张弘又拿出一包切好的酱牛肉,他撕下两片大馍,夹了一片牛肉,往嘴里一放吃了一口。

"你这是西安的肉夹馍。"

"我这是阜阳的馍夹肉。"

"我来弄一片尝尝你这个馍夹肉。"

"尝大馍可以,这酱牛肉可不行。"

"没有肉还叫什么馍夹肉啊?"

没一会儿工夫,枕头馍就被大家分吃了一半。

晚上睡觉时他真的把那半个枕头馍放在了枕边,谁知睡到半夜就听到耳边有响动,他猛然一起身,只见一个黑影迅疾一闪就消失了!坏了,他知道可能把老鼠招来了,忙打开灯一看,馍边果然有些许碎屑。

第二天早上,大家一听说张弘的半拉枕头馍被老鼠咬了,都在奚落他。

"早分给大家吃了不就没事儿了吗?"

"现在倒好,全扔掉了。"

张弘说,"这外面撕掉,里面应该还能吃吧?"

"这还能吃吗?谁知道老鼠在上面撒没撒尿?"

"万幸啊,这老鼠幸亏不喜欢吃馍夹肉。"师父在一旁慢悠悠地说。

"张爷,您怎么知道它不爱吃馍夹肉呢?"

"要是喜欢的话,早就把张弘的鼻子给咬下来了。"

大家齐都笑了起来。

张弘一脸苦笑,"张爷,您就别再拿我开涮啦!"

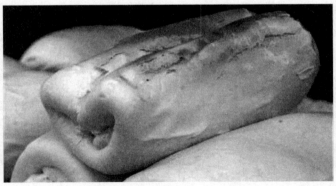

阜阳枕头馍

淮北阜阳一带盛行一种羊肉包子,具有馅嫩带汤、味美醇鲜、毫无膻气的特点,尤其是包子蒸熟时散发出一股混合麻油、五香粉和羊肉的香味,满街飘香。曲艺队里几乎人人爱吃羊肉,但对羊肉包子却很少见到,听到当地人一介绍,几个年轻人便结队上街寻味。找到一家羊肉包子店以后,一人便来了一笼,果然别具一格,十分好吃。

师父对包子是一往情深,全国各地的有特色的包子他曾品尝过不少。撒开扬州包子不说,像天津狗不理、开封第一楼、杭州知味观、上海的南翔小笼、苏州的生煎馒头、南京刘长兴、永和园的小笼包饺、鸡鸣汤包、西安的贾三灌汤包这些享有盛名的包子,都是令人难忘的美味。虽然各具特色,但他们都是以猪肉为主要馅料。师父还经常去南京安乐园、马祥兴等清真馆子品尝那里的牛肉汤包,却从来没有吃过羊肉馅带汤的包子。听大家回来一夸赞,便产生了浓厚的兴趣,要尝尝这里的羊肉汤包。

第二天上午,问清包子店的方向后,便兴冲冲地赶了过去。上午吃包子的人很多,等了好一会儿才轮到师父,可能是饿了的缘故,也可能是羊肉包子合师父的口味,他竟然一气儿吃了两笼!

出了包子店,师父觉得肚子有点胀,意识到可能吃多了,走到半路看到有扛着长竿儿卖冰糖葫芦的,就上前买了一串儿,一边走一边吃回到了剧场。

大家一见师父在吃冰糖葫芦,感到有点新鲜,师父不好意思地说:"一不留神儿,羊肉包子吃多了,来点儿山楂消消食。"

刘培枫说:"煳锅巴消食效果最好。"

师父说:"这上哪儿弄煳锅巴呢?"

"我来想办法帮您弄。"刘培枫向来是一位热心人。

快中午时,刘培枫果然弄回来一袋焦黄偏黑色的锅巴,师父十分高兴,不住的感谢,立马拿了一块干嚼起来。

刘培枫提过一瓶开水,"张爷,我帮您用水泡几块,吃起来就不干了。"

"那太好了。"师父又吃下一碗开水泡锅巴,没放盐,又咬了几口咸菜。到了下午,没觉得好转,反而越来越不舒服。有人建议说水果助消化,应该多吃点水果。

师父平日爱吃香蕉,正好昨天买了几只没吃完,忙又吃了一只大香蕉。谁知吃下香蕉,胃里更难受了!

一看师父表情不对,有人忙去找我,说师父可能吃多了,胃不舒服,让我快去看看。我一听,立马去剧场对面一家药店买了一瓶健胃消食片,匆匆来到师父的宿舍。

师父一见我来了,忙对我说:"业海呀,我早上吃了两笼羊肉包子,恐怕有点多,就吃了一串儿冰糖葫芦想缓解一下消消食,为了效果快,之后又吃了一碗锅巴帮助消化，紧接着又吃了一根香蕉，可现在胃里越来越难受，这可怎么办呢？

我从药瓶中倒出一把消食片伸到师父嘴边，"办法就一个字，吃。"

"啊！还吃啊？"

师父一生走南闯北，什么都吃过，什么都爱吃，早年间就落下了胃病的病根。想想也是，师父幼年失去双亲，童年拜师学艺，青年闯荡江湖，中年漂泊甫定，老年身陷囹圄，晚年形影孤单，与亲人悲欢离合，变化起伏，这一生中安稳的日子屈指可数，唯一不变的是一日三餐，终须面对。到了曲艺队后，经济上虽无压力，但巡回演出流动性很大，一日三餐很难保证准时，冷热软硬更是难以如愿调适。生活的不规律和饮食的偏好，成了师父日后胃病加重的主要根源。

师父爱吃甜食，身边常常备些糕点，没事儿往嘴里扔两块儿。年轻时在北方生活，对京味糕点十分喜爱，谈起大八件、小八件如数家珍。后来在南方生活年头儿久了，对南方的糕点也青睐有加。像苏州的枣泥大麻饼、松仁桂花糕、南京冠生园的核桃酥、小苏州的月饼、绿豆糕，都是他爱吃的东西。曲艺队头一两年的活动范围在苏北、鲁南、豫东和皖北一带，这些地方糕点制作没有江南一带那么精细，但真材实料，也有自己的特色。

有一次，在皖北一县城演出时，师父去街上寻找有无合适的糕点，想买些回来当夜宵。走到半道儿有点内急，就又忙着找厕所。正在街巷中乱转悠呐，一转身，看见一家小糕点铺，忙上前向老板打招呼："您好！"

老板一上午没有开张，这会儿见有人进来，忙上前问道："你要买啥？"

"哪儿有厕所？老板。"

原来是找厕所的，老板心里很不高兴，反问一句，"你到那儿买啥啊？"

师父更不高兴了，心说这人怎么这样说话呢？他用手指着摊子上一堆沾满糖霜的大头酥说，"就买这个。"

"那儿没有，俺这儿有。"

"您这儿改厕所啦？"

老板自知刚才说话不妥，"对不起，老同志，俺刚才说走嘴了。厕所就在前面，拐弯儿就到。"

86

"那谢谢了。"师父急忙离去。不一会，完事儿之后他又回到糕点铺，老板心里一嘀咕，他怎么又来了？

师父对老板说："给我称一斤牛角蜜。"

老板一愣，"哪儿来的牛角蜜啊？"

师父指着铁盘上一堆儿个儿很大的羊角蜜说："这不是牛角蜜吗？"

老板一笑，"老同志你说错啦，这是羊角蜜，不是牛角蜜。"

师父用手一比画，"羊角蜜只有这么点儿大，你这么大个儿的只能是牛角蜜了。"

老板挠挠头，"这位老同还真会说笑话。对，俺这牛角蜜还不是黄牛的，都是水牛的，一个比一个大。"

"老板，做手艺可不能图省事，一省事味儿就走样了。"

"老同志说得好，下次俺一定把羊角蜜做得像小绵羊似的，保你满意。"

"羊角蜜都跟小绵羊似的，我有那么大的嘴吗？"

老板不好意思地笑了，马上拿起一杆秤给师父秤了一斤羊角蜜。

"你这秤的秤星怎么这么密啊？"

"俺这是祖上留下来的老秤，一斤十六两，特别准。老同志你放心俺保证不会短斤少两。"

师父没想到这里还有使用老秤的，便向老板问道："既然是祖传的老秤，您知道为什么是一斤十六两吗？"

老板摇摇头，"俺不知道。"

"俗话说，只有公平交易，才能天下太平。天、下、太、平这四个字写起来正好十六划，所以一斤就定为十六两。如果你秤不准，少了二两，如同平字少了两点儿，就成了天下太干啦！"

"嘿！老同志你真有学问，是省里哪个大学的吧？"

"我不是大学的，我是走学的。"师父跟他开了句玩笑。

"走学？"老板一头雾水。

"就是走到哪儿学到哪儿。"

"老同志你说得太对了，俺向你学习！"

师父美滋滋地拎着羊角蜜回到了剧场。

走一路,吃一路。皖北和豫东接壤的界首、临泉、沈丘、郸城、鹿邑、项城、周口一带民风相近,饮食风味总体上属于所谓的侉食,但各地又有自己的特色。师父的饮食口味始终在南北之间转来转去,面食吃多了就想吃米饭,天天吃米饭他又想吃面食。在河南一县城演出时,搭伙的食堂一日三餐全是馒头,菜也简单,荤素一锅烩,半汤半水勾上芡汁,没有别的选择。几顿一吃,大家有点受不了,想请食堂师傅给我们做一顿米饭。于是,我又上演固定保留节目,带上戏票去食堂找炊事员师傅。

我送上几张戏票,又递上一支香烟,客气地对食堂师傅说:"师傅,今天能不能给我们做点饭吃呢?"

食堂师傅听了不由一愣,"啥?你们不是天天在俺这里吃饭吗?"

我忙解释,"我说的是大米饭。"

"噫——你说要吃米?中!今天就给你们做。"

到了午饭时,大家都早早地到了食堂,等着吃思念已久的香喷喷的大米饭。售饭窗口一打开,没等大家把饭盒递进去,食堂师傅大声对我们说,"每人一盆,每盆四两。"原来这里的米饭与南方煮一锅饭不同,是一盆盆单独蒸好的。大家每人都买了一盆,围坐在桌上吃了起来。

蒸饭的是一个白色的搪瓷盆,奇怪的是米饭的颜色不是白色的而是黄黄的,米饭似乎很硬,用筷子挑米饭却挑不动,再用力猛一戳,居然戳了一个洞,从洞内冒出一股米汤水来!挑开上面硬硬的表皮,下面是米是米,水是水,大家看傻了眼。

师父掂掂手中的筷子,对大家说:"各位别傻愣着了,这叫一饭三吃,上面是锅巴,中间是米汤,底下是稠粥。难得一见,吃吧,吃吧。"

后来才明白,这里很少单独做米饭,所以方法也特别:先将大米倒入水中烧开,再将米捞出分别放入瓷盆中,重新再加水,放入大蒸笼内,和馒头一同蒸出来的。馒头中的碱水形成蒸气便落在米饭中,表面就结成了一层黄色的硬皮,而下面由于没有水的流动,米与水难以交融,便成了这个奇怪的样子。自那以后,没有人再提请食堂为我们做米饭的事儿了。

师父这一阵子,除了在阜阳那碗锅巴,他就没有吃过米食,越没有就越想。

那天在临泉县城的街边上,他突然发现有一位中年男子在卖糯米粽子,顿时来了兴趣,本想买几个过过瘾,走近一瞧却又皱起了眉头,这里卖粽子的方式很特别。江南在路边卖粽子的传统方式,一般用个木桶装煮好的粽子,上面铺上棉垫再盖上木盖便于保温。如有人要来买时,便从桶中取出热乎乎的粽子,剥开粽叶,放入碟中,再撒上白糖,递上竹叉,顾客便可以享用了。

临泉街边卖粽子多用竹篮盛粽子,时间稍长一点粽子就凉了,最不可思议的是竟然预先将粽子剥好,再用一根长长的竹签插上粽子,另一端插到竹篮沿上,一排能插上三四个,全然不顾路边风沙阵阵,尘土飞扬。这白糖还没沾上哪,先沾上飞来的"灰糖"了!

师父上前问卖粽子的:"您干吗先把粽叶全剥了呀?"

"方便,有人来买拿了就走。"

"不能现买现剥吗?"

"那耽误事儿。"

"这街上的灰尘沙土不就全粘到粽子上了吗?"

"没事儿,俺这粽子不黏,粘不了多少灰。"

"那也不卫生啊!"

"俗话说,不干不净,吃了没病。卖不完的都是俺吃了,老同志,你看俺身体多好。"边说边用拳头在自己的胸口上咚咚捶了两下。

师父一时没找到词儿。

类似这样的食品卫生状况几乎处处都有,天天都能遇到。

有一天,张弘和肖和生相约上街去吃饭,想改善一下生活,经不住路边一个小饭铺老板的吆喝,便走了进去坐了下来。

"两位老板想吃啥?"饭铺老板很客气。

"你这里有什么啊?"张弘问。

"吃啥有啥。"老板脱口而出。

张弘和肖和生对视了一下,心说,这老板的口气也太大了。

肖和生提了一口气儿,"我想吃蒸羊羔儿、蒸熊掌、蒸鹿尾儿、烧花鸭、烧雏鸡、烧子鹅、炉猪、炉鸭、酱鸡、腊肉、松花、小肚儿、晾肉、香肠、什锦苏盘儿、熏鸡白肚儿、清蒸八宝猪、江米酿鸭子、罐儿野鸡、罐儿鹌鹑、卤什件儿、卤子鹅、卤虾、烩虾、炝虾仁儿,山鸡、兔脯、菜蟒银鱼、清蒸哈什蚂!你这都有吗?"

老板两眼发愣，"你这说的啥？俺都没听懂。"

"得，白忙活了！"张弘还给垫上一句。

张弘起身向后面的小厨房里望了一眼，不大的架子上只有几种常见的蔬菜，一边墙上还挂了一条颜色已经发暗的猪肉，上面还粘有十几个像花椒一样的小黑点儿。他对肖和生说："这老板可能会做川菜，腌肉都用花椒。"

肖和生偏爱川菜，如今已在四川成都安家落户。一听说有用花椒腌的肉，起身就进了厨房，还没来得及仔细看，只听到嗡的一声，肉上的十几粒"花椒"全飞掉了！原来上面落的全是苍蝇！

"弘先生，您这是什么眼神儿？要再有几只屎壳郎，没准儿您又当成五香豆啦！"

肖和生和张弘演出剧照

两人转身就走，老老实实回剧场下面条去了。

1984年秋，结束了在皖北几地的演出之后，就进入了豫东的郸城。郸城县城不大，票也卖得不错，谁知刚到这里师父的胃病终于突发了！追溯前源，实际上前十几天前在临泉、界首、沈丘一带演出时，师父的饮食习惯和偏好就引导自己一步步走向危险的临界点。

郸城与临泉、界首、沈丘相距很近，那一带的牛羊肉很有特色，用牛羊肉加工的美食品种很多，对师父最有吸引力的是胡辣汤和熟牛羊肉。胡辣汤是河南名吃，在豫东一带和周边地区十分流行。淮阳一带做的胡辣汤最为地道，先用羊骨加十多种中药熬成汤底，然后入面筋水用小火熬成糊，里面还加了熟牛羊肉、面筋、粉条、黄花和各种调料，味道又辣又酸，入口香滑绵润，深受大众喜爱。

师父在这几地的早餐都是去街上喝胡辣汤或是羊肉汤，一碗不够再来一碗。又不能只喝稀的，还得配些干的，不外是烧饼、油条、油旋儿。油旋儿也是那一带有名的小吃，面粉加水、盐、葱做成螺旋状的饼坯，先煎后烤，成品金黄诱人，葱香扑鼻，外酥里嫩，非常好吃。师父一尝就放不下了，一气儿能吃下三四个。当地街上还有推独轮车卖煮好的熟牛羊肉的，用一把特制的大片刀把肉切成很薄的肉片，有人买去夹入刚出炉的烧饼中，吃起来风味独特，也有人买回去做下酒菜。

每天晚上演出结束后，师父按习惯要吃点儿夜宵，喝点儿白兰地酒，牛肉就成了他最好的选择。俗话说，酒怕牛肉饭怕鱼，不知不觉就吃了很多，一时难以消化。时间一长，师父的胃终于承受不住了，疼痛明显加剧，由于没有预料到会有多么严重，只要一有缓解，又重回原来的生活节奏，放松了对饮食的选择与节制，终于酿成了大祸。

那一天中午时分，师父胃部的疼痛加剧，脸色发白，手脚发凉，额角渗出了冷汗。吴伶和大家一看不对，马上找来一架板车，把他送到了当地的医院。医生根据症状，怀疑师父是胃穿孔，通知做好手术准备，因为胃穿孔手术须在六至八小时内进行，超过了，病人的死亡概率将大幅提高。不一会儿，各项化验指标结果都出来了，应当是胃即将或已出现穿孔，立即将师父推进了手术室。

手术进行得很顺利，师父的胃被切除了三分之一，医生说如果再迟几个小时，胃穿孔后胃里的食物残渣和胃液进入腹腔将会引起腹膜炎和中毒性休克，如抢救不及时极易导致死亡。

躺在病床上，师父虽然身体很衰弱，但精神状态很好，曲艺队的同志们轮流在病房里值班，陪伴师父。

医生到病床前告诉师父，"张老师，你这个手术做得很好，各项指标都很正常，胃切了三分之一。"

师父连声说："谢谢，谢谢！"，跟着又找补了一句："切下来的够一盘炒肚片儿吗？"

病房内的人全乐了。

医生嘱咐他，病愈之后，饮食上一定要注意，切忌暴饮暴食，不能吃得过饱，以减轻胃里的压力和负担，一定要管住嘴。

师父叹了一口气，"唉，胃有病，这嘴也跟着受连累啊。"

得知师父在医院开刀，地区文化局派了一辆面包车将歌舞团韦邦杰书记等几位同志送到河南，向他表示慰问，并由团里支付了医院的全部费用。

师父十分感激。是啊,病榻旁围绕在他身边的一群人,虽不是亲人却胜似亲人,他心里怎么能不激动呢?

十几天后,师父出院后便匆匆赶到新的演出地点,不顾大家的劝阻,执意要求当晚就参加演出。因为刀口还没痊愈,为了保暖,便在腰上绑了一个热水袋就上台了。当报幕员向观众介绍,团里年逾花甲的相声表演艺术家,十几天前胃部动了大手术,刚刚出院就赶来为大家演出时,场内掌声雷动。师父在掌声中缓缓上场,拱手致意,极具大家风范,观众的掌声更加热烈,经久不息。

师父回到曲艺队后,生活内容与以前相比有了明显的变化。出院时医生再三向他强调:不能喝酒,不能喝带气儿的饮料,不能喝浓茶,不能喝咖啡;还要注意硬的不能吃,油炸的不能吃,烫的不能吃,冷的不能吃,甜的不能吃,肥的不能吃。

师父心里暗想,什么都不能吃,我可怎么活啊!

师父遭此一难,虽事发突然,但毕竟有前因后果,也是可以预料的事。而有时队里遇到的一些事,往往毫无征兆,令人猝不及防。

1986 年,曲艺队巡演到南方。结束了在湖南道县的演出后便进入了广西,第一站是桂林市下辖的全州县。在全州的演出十分火爆,几场戏票一抢而光,剧场方面很高兴,第二天便在饭店宴请全队同志。

宴会很丰盛,许多当地的特色菜让很少到南方的我们大开眼界。剧场的领导十分热情,敬酒布菜,你来我往,气氛和谐。吃到高潮时,酒席的主菜上来了,只见服务员端上一个用不锈钢圆形盘罩盖着的大瓷盘放到了桌子正中,大家翘首以待,不知里面是什么珍馐美味。女报幕员周晓红更是充满了好奇,身体微微前倾,将注意力集中在这个大瓷盘上。只见服务员伸手把不锈钢盘罩一揭,一团白气飘散开来,大家定睛一看,全都惊呆了!

盘中摆放的竟然是一条全身布满黑色花纹昂首盘绕的大蛇!

只听得"啊!"的一声,周晓红当场就晕了过去,倒在了桌子旁边。大家忙成一团,又喊又掐,周晓红才醒了过来。剧场的领导哭笑不得,十分尴尬。再三道歉并解释说,这是他们当地的风俗,招待贵宾一定要上一条清蒸的整蛇,而且是不剥皮的。吃的时候,请贵宾用餐刀亲手将蛇皮划开。

这时,剧场领导将一把餐刀递到了师父的手上,请师父将蛇皮划开。只见师父的手微微颤抖,餐刀碰在瓷盘边上当当直响,大家哄的一声全笑开了!

吴伶打趣说:"师父这是要唱京韵大鼓,在这儿掂鼓条子哪!"

师父说:"这段儿叫《关黄对刀》。"

吴伶说:"我听着是,吓得乱敲。"

"都这样了,你就凑合着听吧。"

六、六十大寿

师父生日的时间点很巧,正赶上年节更替的时候。"民国十一年的腊月,我出生在北京留学路板章胡同(民国十一年,应该换算为 1922 年,但是正因为是农历腊月的生日, 在通用公历之后, 以公历标准我的出生年份已经是 1923 年。因此,在我的履历上出生年份常有差异,有时被写为 1922 年,有时被写为 1923 年,皆因农历腊月生日之故)。"(《张永熙自传》第 7 页,团结出版社)所以, 每逢师父整寿的时候,时间上也有前有后,一个生日过上两三次的情况也有过, 那主要是由于为师父操办祝寿的群体不同而出现的有趣情况。好在过生日是喜庆事,好事不嫌多,师父也乐意这样,师娘也高兴,大伙儿聚在一起热热闹闹,让师父开心。

1982 年 12 月中旬,曲艺队巡回演出到了江苏沛县,我就操办起为师父过寿的事。按农历年头推算,师父六十岁寿诞应在 1983 年 2 月左右,之所以说左右,是因为师父曾亲口对我说过,他自己也不知道生日具体的日期,只是知道腊月末临近春节的一天。因为阴历与阳历有时相差天数太多,后来师父索性在阳历十二月底就过起了生日, 如果到了农历腊月有人再为师父过生日,师父就再过一次,再加上做整寿各地风俗不一,有的提前一年,即逢九过寿;有的逢整数才过。这就是师父一个生日能过好几次的原因。

这一次按阳历给师父过六十大寿也还有其他几方面的原因。一是下一个点丰县,滁州地委领导要来看望曲艺队,全队重心都放在这个工作方面,没有合适的时间;二是元旦后十天本轮巡回演出就结束,再次出发相聚已是春节之后了;三是当年收入丰厚,师父和大家都心情特好,此时给师父过寿正逢其时。从另外一个角度来看,师父的五十寿诞正逢"文革"期间,平常日子都过得提心吊胆,哪里有心情过生日,搞不好还能惹来许多麻烦。如今适逢六十大寿，人生已过一个甲子，理应好好操办一下。

我和大家一商量，大家都欣然同意。时间就定在十二月十五日，那天农历正好是冬月初一，也是个正日子。我嘱咐大家要保密，到时给师父一个惊喜。另外，寿宴的费用由队里安排，不要大家随礼，那天大家要穿整洁一些，集体照一张合影。

我让刘培枫去找一家当地最好的饭店，十五号中午订一桌酒席，标准要高一些，要有当地的特色菜，主食要上长寿面条。还要在饭店附近找一家照相馆，先照相后吃饭。

十五号上午，我特意去师父那里通知他十点钟去照相馆集体合影，师父问："干吗照合影啊？"

我说："这不快过元旦了嘛，一年就要过去了，集体合影做个纪念。"

师父说："可不是嘛，眨眼工夫，我们爷儿俩在一起演出都半年多了，时间过得真快啊！"

"师父，这半年多，我这里里外外的事儿太多，没能多照顾您，您可别见气儿。"

"嘿，你这说什么哪，这有吃有喝有钱赚，还要怎么着。业海，你对师父怎么样，师父这儿明亮着哪！"他捂着胸口说。

"不说了，您倒饬倒饬，咱这就准备出门。"

"哎。"

师父六十寿辰与曲艺队集体合影

大家一路上有说有笑，到照相馆照下了师父到曲艺队后留下的第一张合影。

照完相，刘培枫就领着大家去饭店。到饭店坐下之后，师父说："今天怎么回事儿？谁请客呀？"

张弘笑着说："沾您的光，曹团长请客。"

"沾我的光？我有什么光让你们沾呀？"

我说："师父，今年是您六十大寿，大家都想借机会热闹一下，给您祝寿啊！"

师父颇感突然，有点喜出望外，"这、这时间还没到吧？"

吴伶说："早到晚到都要到，早过迟过都要过，俗话说，选日子不如撞日子，今天是初一，日子正好。"

张弘说："张爷这是结婚哪，还是过寿啊？"

吴伶说："反正都是喜事儿。"

我起身举起酒杯对大家说："来！在这个大喜的日子里，我们共同举杯，祝张爷福如东海，寿比南山！"

大家一饮而尽。

此时，师父没有坐下，站在桌前动情地说："我说两句。这半年多，跟大家日日夜夜在一起，我感到了十分的幸福与温暖，在这里我感觉不到丝毫的歧视，没有功利、算计和争斗；只有大家对我的尊重、关心、照顾和体贴，在这里就像在家里一样，让我的心里充满了阳光和希望！和大家在一起我感觉到越来越年轻，争取多活几年，多过几年这样的好日子！"

张弘说："祝您再活六十年！"

"那我就成妖精啦！"

大家全乐了！

饭店师傅手艺不错，每道菜都有地方特色，很合大家的口味。这时，女服务员端上一盘菜，盘中的几坨肉块色泽酱红，香味扑鼻，十分诱人。她向大家介绍："这是咱们沛县有名的鼋汁狗肉，相传是西汉大将军樊哙所创，1958年，国家主席刘少奇曾经品尝过咱们这里的狗肉。"

大家一听很是兴奋，再一看，这狗肉竟然是整块的，没有切开。服务员笑着说:"吃鼋汁狗肉不兴用刀,要用手撕,才是正宗吃法。"

女报幕员周晓红说,"这么办,我刚刚洗的手,我来为大家撕开吧。"

正当大家忙着在分狗肉的时候,我注意到师父似乎神情很平淡。这时,周晓红把撕下的头一块狗肉放到了师父面前的碟子中,"张爷,这一块最好。"

师父客气地说:"你们吃吧,我不吃这个。"

张弘一愣,"张爷,到了沛县怎么能不吃狗肉呢?"

"今儿个不是我过生日嘛。"

哎哟!我猛然想起师父是属狗的!1922年是狗年,六十年一个甲子,这又是狗年没错儿。

我挠挠头,"师父,这个怪我太疏忽了,您瞧这事儿……"

"没关系,你们吃啊。"

刘培枫认真地说:"您过生日,我们怎么能吃您呐。"

师父说:"嘿,这小子,我属狗可不是狗哇。"

"对,再说我们吃的这狗是沛县的,不是北京的。"张弘砸了一挂。

"你们得谢我,不是队里为我过生日,你们能吃得这么丰盛吗?"

"我们还真得谢谢您,幸亏您是属狗的,您要是属猪的,今儿咱们进饭馆都没法儿点菜了。"张弘说。

肖和生说:"那就点儿牛羊肉。"

"要是张爷又属牛或者属羊呢?"

"那、那就到庙里去吃斋啦!"

包间里一片欢乐!

中午师父高兴,大家轮流向他敬酒,比往日多喝了几杯,回到宿舍后就休息了。下午我买了两斤香蕉去送给师父,推开房门见他仍在睡梦中,我把香蕉轻轻放在桌上,见桌边有一张照片,仔细一看原来是师娘的。是啊,师父从洪泽湖回到南京后只在家里待了两天就走了,如今离家半年多了,他怎么能不思念远在南京的亲人呢!

"归梦已随芳草绿,先到江南。"此刻的他,该是在梦里与师娘相聚了吧。

曲艺队在巡回演出的途中,队里同志之间相处的一直很融洽。无论是乘车、装车、卸车、装台、拆台，还是住宿、吃饭，都能互相帮助，互相关心，争争吵吵的事极少发生。这也可能是在外巡回演出长达多年而队伍不散的原因之一吧。同志间的感情是做好工作的润滑剂，然而友情并不能替代一切，更无法替代的是每个人的亲情。

曲艺队每年出外巡回演出两次，每次长达半年之久。思乡之情，油然而生。有人吃夜宵时一不小心多喝了点酒，常抑制不住自己的感情，暗自伤心。面对这种情况，我决定每位队员的家属每年可以来队探亲一次，往返旅费由队里报销。这个安排，深受大家的欢迎。

1984 年 5 月在颍州演出时，适逢马宝璐先生五十六岁寿辰，其夫人、女儿、外孙女都从南京来颍州参加队里为他举办的寿宴，全家人在一起，谈笑风生，其乐融融。

马宝璐先生五十六寿辰留影

前前后后，许多队员的家属都来过队里，短的三五天，长的七八天，队里不时洋溢着欢乐的气氛。而有几位光棍队员对此不免眼馋，充满羡慕。

第一位是潘龙浩，当时他二十多岁，尚未结婚。他是合肥市曲艺团的相声演员，功底扎实，台风端正，后拜夏万福先生为师，曲艺队创办初期他曾在队里工作过一个阶段。俗话说，千里姻缘一线牵，天上掉包子的事儿竟然落在了他的头上。在江苏高邮演出的时候，他在剧场票房帮助卖票，巧遇了一名女护士，一来二去，两人最终结为夫妇，生活十分美满，至今已儿孙满堂。

您瞧，曲艺队每逢大事总少不了女护士。

第二位是余文光。余文光是杨宝璋的徒弟,师爷是陶湘九先生。他说学逗唱俱佳,擅长柳活儿,台风火暴,1983 年秋,曲艺队演出到了开封,见面后,我很想拉他一把,就邀请他加入了曲艺队。他时运不济,命途多舛,"文革"中屡遭磨难,妻子去世,留有一双儿女,四十岁时仍是孤身一人。

随队演出没有几个月,好运就落在了他的头上。

功劳要归属于刘培枫。在安徽阜南演出时,刘培枫打前站住进了一家旅馆,第二天上午正准备出门,对面房间走出一位三十多岁、相貌姣好的女子。刘培枫在外打前站,见人自来熟,那女子也随和,两人就在楼道中聊了起来。原来那女子也姓刘,是河南人,她丈夫英年早逝,两人也无子女,为了谋生,她一人在外做点儿小生意,跑来跑去,很是辛苦。

刘培枫一听,心里突然涌出一个念头:余文光也是中年丧偶,孤身一人,和刘姓女子年龄相仿,而且都是河南老乡,如果两个人能走到一起,也是两全其美的大好事。

刘培枫对那女子说:"我们团里有位男演员,年龄刚刚四十岁,爱人也去世了,有一儿一女。你要有这个想法,我安排你们见个面。"

女子有点羞怯,"那,他人在哪儿呢?"

"我是提前来阜南打前站的,他和大队人马中午就到。这么办,晚上我带你到剧场去看戏,台上表演相声学小孩子哭的那个演员名字叫余文光,就是我说的这个人。你先看看满不满意。"

"中。"

吃完晚饭,刘姓女子跟随刘培枫进了剧场。刘培枫让她自已找个座位先坐下来看戏,散戏以后在过道边等他。

安排好女子后,刘培枫又到后台找到余文光,"余文光,剧场经理刚才说了,今晚要你上学小孩子哭那个段子。"

余文光一愣,"他怎么会知道我有那个段子?"

刘培枫反应很快,"人家到上个点看过演出了。"

余文光点点头,"行,今晚就上这块活。"说来也怪,那天余文光在台上发挥特别好,不断赢得观众的掌声,还返了场。

他还不知道,台下有一位女子正在以特别的目光注视着他。

演出结束之后，刘培枫来到过道，见那女子已经在那儿等候。刘培枫只问了三个字："怎么样？"

女子只回答了一个字："中。"

"光你说中还不中，我马上把他带来，你俩见个面。"

女人还是一个字，"中。"

"他要也说中，你俩就中；他要说不中，你俩就不中了，你看这样中不中？"

"中。"

刘培枫急忙跑到后台，把余文光拉到一边，很认真地对他说："余文光，告诉你一件大好事。"

"什么事儿？还躲躲闪闪的。"

"我帮你介绍一位大姑娘，人已经带来了，你过去看看。"

余文光把嘴一撇，"你拿我开什么玩笑？哪有什么大姑娘啊？"

"不骗你，不过她也是结过婚的，没有生过孩子，不算大姑娘，也该算二姑娘吧。"

"真的？"

"人就在外面等着呐。你去不去？"

"我去。"

余文光跟刘培枫一起来到过道，果然见一个身材曼妙、面容姣好的年轻女子站在那儿，面带微笑地看着他。

余文光当时眼都直了，目不转睛，人傻在了那里。

刘培枫一看余文光这模样，就知道事情成了，转身就走开了。第二天一早，他就离开阜南去了下一个点，等再次见到余文光时，他们俩已经结为夫妻。

师父打趣说："文光啊，你这结婚的速度比上活还快啊！"

"张爷，我这是旧活，溜两遍就成。"

旁边的几位全喷（大笑）了！

他俩结婚了，可有一个人却耿耿于怀，谁呢？刘培枫。原因很简单，他们没有谢媒。新娘一进房，媒人扔过墙，按民间习俗，为人介绍再婚，对方必须要谢媒，否则对媒人不利。这两位偏偏忘记了这事儿。后来刘培枫把遇到的种种不顺的事全归结于他们没有谢媒。

相声演员余文光

俩人结婚后在开封安了家，女的对余文光的两个孩子视若己出，一家人生活和美。2015 年 2 月，余文光因病在开封去世，算来两人已相互陪伴共同生活了三十多年，留下了一段佳话。

第三位是张弘。当时他已经四十七八岁了，早年的婚姻状况他没说，大家也没多问，此时仍是孤身一人。曲艺队在滁州休整时，他相中了一家日杂商店的女营业员，对方也是四十多岁，早年丧偶，一直单身。他把底儿摸清了之后，就屁颠颠地跑来找我，请我从中撮合这件事。君子有成人之美，这事不能推却。

但我对他说："我只能做一件事，想办法让你们能见面认识一下，别的我就不管了。说实在的，这保媒拉纤的活儿我真是没干过，你看行不行？"

张弘千恩万谢地答应了。

我托了一圈儿人，终于向女营业员递上了话。我不认识她，她可认识我，听说男方是地区歌舞团的演员，同意见一次面。但见面的方式与一般男女约会不同：让张弘在约好的时间里去她商店里买东西，由她来接待，双方的身份就是顾客与营业员的关系，见面之后再说下一步的事儿。

我一想，这方式也不错，张弘看上了女方，女方是否看上张弘还是个问号，这样见面双方都很自然，也留有余地，免去了许多繁文缛节和不必要的尴尬。

回来和张弘一说，他也认为这样见面很好，对我连连称谢。

约定见面的时间是在上午九点，八点钟张弘就来找我，让我暂借给他100 元钱。

我问他："你要 100 元钱干吗呀？"

张弘说："去她商店里买东西啊。"

"你身上没钱了？"

"有，还有 100 多块呐。"说着从衣兜里掏出一沓儿钱给我看。

"这不够了吗。她那里是日杂商店，又不卖金银珠宝，要那么多钱干吗呀？"

"这不是做做样子吗，付款的时候我掏出厚厚一沓儿钱，她一看不就明白咱是个有钱人了吗。"

"哦，想显摆显摆？"

"钱多点儿显得气派，一百块钱回来就还给你。"

"行行。"那时，100元面值的纸币还没有面市，我一掏，身上只有七十多元钱，我把七张十元的全给了他，"只有70，反正是做做样子，少几张也无所谓。"

张弘接过钱，兴冲冲地奔日杂商店去了。

踩着九点整，张弘进了日杂商店，一看那位女营业员果然在那儿，心里十分高兴，还带有一点儿激动，不由得说话提高了嗓音："买东西。"

女营业员不紧不慢地走到柜台前，"你买什么？"

张弘一下愣住了，因为他也不知道要买什么东西。进门儿只顾看人了，也没注意商店里卖什么东西。

"我买……"他一边搭腔，一边往商店里踅摸看有什么东西。日杂商店五花八门什么东西都有，他心里想，太贵的不能买，用不着的不能买。一眼就瞧见地上堆着几把扫帚，这花不了多少钱，忙就对她说："我、我买扫帚。"

女营业员转身拿了一把扫帚放在柜台上："1毛5分钱。"

"好、好。"张弘从衣兜里掏出那厚厚的一沓钱放在了柜台上不紧不慢地找零钱。女营业员收完钱什么话也没有说，只是站在那儿没走。

张弘心想，不能这样干站着，得找两句话说，一时又找不到词儿，他指着那把扫帚问她："这扫帚是新的吗？"

您瞧他这话问的，有卖旧扫帚的嘛？

女营业员看了他一眼，反问道："你看呢？"

他自问自答："我看是新的。"这不废话嘛！

女营业员没有搭茬儿。

为了掩饰自己窘态，他又说："这，扫帚新，再买一把吧。"

女营业员翻眼望了他一眼，又拿了一把扫帚放到了柜台上，收了款后就转身离开柜台坐在一旁打毛衣去了。

前后也就三四分钟,张弘知道这次见面已经结束,挟着两条扫帚回到了团里。

我一见他那模样儿,估计不太顺利,就调侃儿他说:"您这是要唱《空城计》扮老军哪,扛着扫帚就回来了。"

"《空城计》唱不了,估计要唱《霸王别姬》。"

"她说什么了吗?"

"什么也没说。"

"那你说什么了?"

张弘将过程说了一遍。

"唉!你一个说相声的怎么找不着词儿呢?"

"谁知道呢。"

"你不能见景生情,当场现挂吗?"

"现挂?再不走我就挂在那儿了。"

"别着急,看明天人家怎么回话。"

张弘从兜里掏出七十元钱交给我"喏,这钱还给你。这扫帚你也拿一把。"

"我家里不缺扫帚,你自个儿留着用吧。"

"我用不了两把,这一把就算我谢媒了。"

嗨!有用扫帚谢媒的吗!

第二天,中间人的回话就来了,对方没有看上他。不满意的地方主要有三点:一是对他长相不满意,特别是太阳穴边上有一个蚕豆大的黑痣,太难看;二是不会过日子,上街买把扫帚竟然带着一大把钱,一看就是个乱花钱的人;最可气的,竟然借着买扫帚,讥讽她是扫帚星!

张弘大喊冤枉,"我什么时候说她是扫帚星了?她肯定是听错啦,我说的是这扫帚新,再买一把,她怎么理解成我喊她扫帚星呢?我再缺心眼儿,也不会这么说这个话啊!"

"你也是,干吗还要再买一把扫帚呢?"

"这不是没话找话吗。"

"算了,关键是没有看中你这个人,其他都是借口,以后机会有的是,缘分说来就来。古人说,天涯何处无芳草啊。"

102

"我啊,就怕缘分来了我连草都嚼不动了。"

"你啊,别那么悲观。"

"再说,我脸上这个大黑痣那是胎里带的,我自个儿看着也不舒服,别说是女人了。"

"那不一定,猪八戒比你丑多了,盘丝洞还有一帮女妖精缠着他呐。"

"唉!我倒想当猪八戒,可哪儿去找女妖精啊!"

没几个月时间,我们巡回演出到了江苏灌南。那天我走到街上路过县中医院,见医院门口墙上贴有一宣传单,内容是医院周达春医生研制成功一种专门除痣祛斑的特效药——五妙水仙膏,欢迎患者去就诊。我一见大喜过望,立即进去找周医生咨询。周医生很热情,知道患者是演员,强调除痣以后几天不能化装,他这会儿正好有空,让我马上把患者带来。我急忙回到剧场,和张弘一说,他半信半疑,觉得自己的黑痣太大,又长在太阳穴旁,可能不大好治。他在街边曾经遇到许多"戳黑"(点痣)的,一看那么大,都直摇头,不敢揽这个活儿。

我不由分说,拉了他就走。进了诊室周医生一看,说没有问题,他还治过比这个还大的呢,虽然部位特殊,只要细心也无大碍,不过可能有点痛,要忍耐一下。

我看张弘的表情有点紧张,马上逗了一哏:"周医生您放心,他不会哭,更不会咬人。"

治疗过程很简单,周医生先让张弘坐在椅子上,然后从药柜中拿出一瓶黑色的稀稀的药膏,用棉签沾上药膏沿着黑痣的边沿一遍又一遍地进行涂抹。旁边有两位助手扶住张弘的手臂和身体,防止他下意识的避让和晃动,以免药膏伤及正常的皮肤。

可能疼痛得厉害,只见张弘一会儿咬牙一会儿闭眼,不住地变换表情,额头上沁出了细细的汗珠。

大约过了二十分钟,周医生用棉签在黑痣上轻轻一拨,蚕豆大的黑痣便从面部脱落,咚的一声掉在了地板上!

周医生再三嘱咐注意患处卫生,防止感染,又开了几片消炎药,总共收取了五元诊疗费。我送给他几张晚上演出的戏票,再三感谢之后便陪着张弘回到了剧场。大伙儿听说张弘的黑痣被拿掉了,齐都过来观看。

师父问:"那颗痣落在地板上,把人家地板砸坏了吗?"

我说:"地板还好,就是把周围的人吓了一跳。"

张弘咧着嘴说:"你们师徒俩也太夸张啦!"

说归说,笑归笑,困扰张弘四十几年的黑痣终于被除掉了。张弘后来对人说,是曹业海改变了他的面貌。

自从没了这颗黑痣,张弘很快就走了桃花运,半年之后,他经人介绍,结识了蚌埠一位年龄相仿的王姓女子,王女士对张弘一见钟情,都是过来人,两人很快就办了手续,住到了一起。

曲艺队到蚌埠时,张弘把王女士向大家做了介绍。王女士身材丰满,与张弘相比一个顶俩。我偷偷问张弘:"万一你们俩闹矛盾,你打得过这位女妖精吗?"

"实在打不过我就去找我师父。"

"你师父是谁啊?"

"赵心敏啊!"

"我还以为是唐僧哪!"

"有我这么瘦的猪八戒吗?"

甭管胖瘦,猪八戒终于将媳妇背回家了。

七、师父不见了

年年难演年年演,处处无家处处家。这是当年艺术表演团体演员流动生活的真实写照。

曲艺队常年在外巡回演出,各地剧场的住宿条件优劣不一,差别很大。在山东淄博一剧场演出时,演员宿舍不但自成院落,房舍整洁,还有一间配备了热水锅炉的男女浴室,专门供演员使用,条件相当舒适,大家住进去后都不想走。有的地方剧场的演员宿舍破破烂烂,室内几乎无人打扫,桌上还有上一个剧团吃剩下的食物,发出腐烂的味道,令人作呕,地上更是垃圾四散无处下脚。还有的应该属于危房了,屋顶透亮,墙洞透风,赶上冬季或是雨天,根本无法住人,室外杂草丛生,虫鼠乱窜,仿佛聊斋中描述的景象。面临种种困难,演员们只能到什么山唱什么歌，走乡随乡了。

即使条件再差，对曲艺队来说，因为人少，什么问题都容易解决。哪怕剧场没有宿舍，舞台的地板也能当作临时的宿舍，用幕布一挡，男女演员就各占一边，互不干扰。如果不想睡地板，用两条长椅子一拼，就是一张两边带护栏的睡床。还有的把几只灯光箱子连在一起，也好睡人。

那年夏天，在江苏一个县城剧场演出，剧场的演员宿舍门向朝西，后墙也没有窗户，白天太阳晒了一天，晚上房内暑气未消，像蒸笼一样，根本无法入住。除了女演员外，大多数人都到舞台上支床搭铺。剧场内高大宽敞，阳光不易晒透，比较荫凉，夏天睡台板十分方便，一张凉席一铺，就可以躺下入睡了。

人的睡姿五花八门，有的平躺，有的侧身，有的俯卧，有的打滚儿，有的托腮，有的蹬腿，有的伸足，有的屈膝，有的垂目，有的微闭，有的安详恬静，恍若入定，有的鼾声如雷，惊天动地，有人磨牙，有人梦呓，有人呼气，有人放屁，千姿百态，不一而足。

我年轻时睡觉好翻身，从入睡起到起床，尤其是入睡阶段，如同烙饼一样，不断地翻过来翻过去，最出格的不是左右翻，而是前后翻，睡的时候头在东脚在西，早上醒来一看，头在西脚朝东了！

有人问："你这么睡觉不累吗？"

我说："根本没感觉，谁知道累不累呢。"

那天，我睡在舞台边的竹席上，上半夜还好，下半夜就翻到地板上了，睡了一夜竟浑然不知。第二天早晨醒来才发现身上沾满了灰尘。

师父一瞧禁不住乐了，"好嘛，你瞧你这身上沾的全是灰，都成了大个儿的驴打滚了！"

师父睡觉的特点是打呼噜，他可不是一般的打呼噜，那动静可以用"山崩地裂，不同凡响"八个字来形容。动静之大，分贝之高自不用说，光那声音就有不同的组合，变化异常。鼾声初起，音调有高有低，节奏忽快忽慢，突然一阵啸声，如警笛刺耳，急促逼人，继而似寒风过隙，飕飕尖利，阵阵来袭。稍倾，一串儿嘟噜平稳过渡，迅即一阵沉雷，滚滚而来，轰轰隆隆，霹雳火爆，声震屋宇，气势如虹，几波过后，高潮处戛然而止，毫无声息。原以为至此销声匿迹，谁料第二波鼾声又起！往往同屋者，闻声丧胆，抱被仓皇而逃，另觅睡处去了。

105

张弘曾多次与师父同屋,感受良深,称此鼾声为"江南第一雷"!

师父不但知道自己打呼噜的声音非比寻常,威力巨大,而且还亲耳听过自己的鼾声。那是在江苏沭阳,就是曾经一天连演四场的那个地方。到达沭阳后的当天,队里负责灯光音响工作的夏尚柱用一台刚刚买来的便携录音机,在师父的宿舍里录下了一段鼾声。

第二天,夏尚柱见大家都在便打开录音机,对大家说:"现在请大家欣赏张爷刚刚录的新段子,特别精彩。"

师父一愣,心说我什么时候录新段子了?

听到录音机里传师父震耳欲聋的打鼾声时,大家哄的一下笑开了!

师父自己也觉着可乐,一边听还一边评论:"嘿,这段儿还带和声呐!"

张弘对夏尚柱说:"你可得注意,别把这录音机给震坏了哦!"

师父知道自己打呼噜动静大,这次他在台上搭铺的时候选了一个远离大家的位置,距铺几米远中间有一条厚重的幕布,正好内外隔开,声音相对就小了许多。铺也简单,两张长条靠椅相对一放就成,椅面都是木条拼的,留有缝隙,透气凉快,师父连席子也没铺,躺下就睡,十分惬意。

第二天一清早,我想邀师父出去吃早点,掀起幕布向长椅上一看,嗯?师父不见了!

我以为师父一大早就出去了,忙走到后台门口,见门上铁销并未打开,肯定没出去。忙去化妆室、卫生间,在后台找了一圈儿,也没见师父的人影!又下到观众席来回看了一遍,仍然没找到师父。我心里顿时咯噔了一下,真奇了怪啦,师父哪儿去了?

我这上下一折腾,台上几位都醒了,问我在这干吗哪?

我说:"师父不见了!"

大家一听都不信,一个大活人怎么能不见了呢?

我把幕布一掀,椅子上果然没有师父。大家慌忙起来寻找,四下看了一圈儿,还是没找到。大家坐在地铺上分析师父究竟去哪里了?

有人问:"张爷是不是昨天夜里根本就没在台上睡,出去了?"

我的心一下悬了起来。

"不可能,我夜里上卫生间,清清楚楚听到他打呼噜的,绝对不会出去的。"

我顿时松了一口气。

张弘不合时宜地说了一句："没准儿碰上狐狸精啦？"

不但没有人笑，也没人接他的话茬儿。大家相对无言，静默地坐在地上不知如何是好。

"呼——"这时，幕布后突然传来师父的鼾声，虽然不高，但很清晰，大家又惊又喜，师父还在那儿！我忙起身跑过去掀开幕布，椅子上仍然没有师父，循声一看，喝！师父在椅子下面的地上躺着呐！

原来师父为了起夜方便，就把两张长椅的一头拉开了一个空档，便于上下。谁知半夜从这空档里滑到了地上，迷迷糊糊地又接着睡了。我远远地只看椅子上面，没想到人在椅子下面呢，闹了一场虚惊。

师父后来打趣说："要不是我这呼噜，没准儿你们就去派出所报案了，那可就热闹喽。"

这一次，是师父被动地被不见了。师父刚到曲艺队不久，在如皋演出时他真真切切地与大家失联了半天，说起其中缘由，百味杂陈，令人感叹。

一路巡演，虽然火爆，但有的演出公司和剧场不放心，在签正式合同之前还要去正在演出的地方看戏，心里有底了，再签合同定下演出时间、场次、票价、车费分担、招待票等具体细节。每逢来人看戏，队里还要招待来人吃一顿饭，一是为了签合同，二是社会现状使然，尽量拉近双方的关系。当然，也有的剧场方面很热情，反过来请我们吃饭也是常有的事。最恼人的是有极个别的地方，演出公司或是剧场的实权人物，利用手中的公共资源谋取私利，公开索贿，如果不满足他们的要求，那就百般刁难，甚至以种种理由不安排演出。

1987年，刘培枫到某地演出公司联系安排演出的事。事先已经与负责人电话联系过，对方确定了时间让刘培枫前往面谈。刘培枫带着介绍信和各种证件、宣传资料，乘车风尘仆仆赶到了那里，到办公室一问，负责人在家里没有来上班。问清了地址后又匆匆到了这位负责人的家，进门一看，这位负责人正在和几个女人围坐在一起打麻将。

刘培枫上前客气了一下。

负责人看了他一下，继续打牌，一边摸牌一边问刘培枫："就你一个人来的吗？"

刘培枫笑着说："就我一个人来的。"

负责人说："四个老头来了吗？"

刘培枫忙解释说："我们团没有四个老头儿，只有两个老头儿。"

负责人说："两个老头？"

刘培枫说："一个叫张永熙，一个叫马宝璐，都是全国有名的相声演员。特别是张永熙，和侯宝林齐名，号称北侯南张。"

负责人瞟了他一眼："真没有四个老头？"

刘培枫想了一下，"对了，和张永熙老师合作过的还有刘宝瑞、关立明，人称相声界的刘关张，如果加上马宝璐，刘关张马，那就有四个老头了。"

"好了，好了，下午到办公室再说吧。"负责人不耐烦地摆摆手。

刘培枫下午提前来到负责人办公室，在门前恰巧遇见一位也是来联系演出的外地剧团的同行，两人就十分亲切地交谈了起来。很快话题就说到了找负责人签订合同的事。

刘培枫问那位同行："他问我四个老头来了没有，我们团根本没有四个老头儿，这是怎么回事呢？"

同行笑了起来，"这个你都不明白呀，这是找你伸手要钱呐，刚刚发行的一百元钱的票子上面不印着四位领袖像嘛，就是这四个老头儿！"

刘培枫恍然大悟，原来是这样啊！刘培枫回到队里将情况详细一说，大家议论纷纷。

师父说："人家要的是'毛刘朱周'，你别说是'刘关张马，'就是'梅尚程荀'去了也得碰一溜儿跟斗。"

曲艺队到了如皋的第二天，几位外地演出公司和剧场的经理就赶到了如皋看戏。我让刘培枫在附近一家饭店订了座，中午安排他们吃顿饭，并请师父一同前去作陪。在餐桌上气氛很好，谈及演出安排的事也很顺利，几位经理对师父也都十分客气，推崇备至。而师父这样的场面见过的太多了，不卑不亢，彬彬有礼，吃菜饮酒也只点到而止，十分文静。

领头的那位经理喝多了，在酒桌上夸夸其谈，炫耀起自己的光荣历史，说到自己曾经是个工宣队长，当年如何了得时，师父突然站了起来！

师父说："实在抱歉，我晚上有演出，下午要休息，就不能多陪大家了。"

我忙让刘培枫送师父回去，师父摆摆手，"你们在这儿陪几位经理吧，我自己回去就行了。"说罢向大家拱拱手转身走出了房门。

师父走后不久，饭局也就结束了，将几位经理送到住处门口我也回到了剧场。到了宿舍后我向师父的房间看了一眼，房门还是锁着的，师父并没有回来。我也没有多想，便进了自己的房内休息，等醒来后已经是下午三点多钟了。简单洗漱后出门一看，师父仍然没有回来，我心里有点儿嘀咕，师父究竟去了哪儿呢？

一直到吃完晚饭，大家都陆续回到宿舍后依然没有见到师父。我的心里有点儿急了，忙问大家看到张爷了没有，大家都说没有看见他，也不知道他去了哪里。

他会去哪里呢？如皋县城并不大，应该不会走远。这时有人说："张爷会不会去水绘园玩儿去了？"

这句话提醒了我，我向剧场里的人问清路线后，忙出门向水绘园方向沿路寻找过去。

如皋水绘园在县城东北，是中国古代园林中颇有特色的一座名园，园内不设垣壁，碧水环绕，亭台楼阁，点缀在烟波绿树之中，环境幽美。明末清初江南才子冒辟疆携南京秦淮名妓董小宛自金陵回到如皋后，水绘园就成为夫妻两人的栖隐之地。

师父会不会去水绘园游玩去了呢？听剧场人说，园子不大，个把小时就可以逛完了，如果去了，怎么一下午还不回来呢？我带着心中的疑问沿路寻找过去。大约走了十几分钟，果然发现了师父的身影！我急忙迎了上去，师父看我一脸焦急，知道自己回来晚了，脸上浮出了歉意、

我一问，师父还没有吃饭，为了不让队里的同志着急，就在路边买了几块烧饼，和师父一道赶回了剧场。大家一见师父回来了，悬着的心终于落了地。

我陪师父回到宿舍，给他沏了一杯茶。师父让我坐下，一边吃烧饼，一边说出了他这半天的心情和去处。这是师父第一次对我说起他在"文革"中的遭遇，他瘦削的身躯中积存的屈辱、怨愤、悲怆、忧伤太多了。"文革"虽然结束，他已伤痕累累，内心深处仍有一个巨大的阴影，尤其是看到一些曾经伤害过

他的人又若无其事地在他面前晃悠时，他心中的愤懑又能向谁倾诉呢？

当酒桌上那位经理说到自己曾是工宣队时，师父内心情感的闸门一下被打开了！他一刻也不能待在那里了，出了饭店之后便去了水绘园，在水绘园幽静的环境中，师父的心情渐渐平复了下来。

是啊，每个人心中都有一个隐秘的地方，打开记忆的闸门，让心情不受任何羁绊地自由放飞也是一种纾解。

触景生情，当师父流连在冒辟疆和董小宛曾经恩爱缠绵的水绘园中时，心里又会引起哪些连想呢？这些都永远深藏在师父的心中了。

说起"文革"中的工宣队，经历过那段历史的人，尤其是文艺界的人都会有一段难忘的记忆。

那时我在县文工团当演员。"文革"后期工宣队进驻了我们剧团，来的人不多，只有一男一女两个人。两个人年龄都不太大，也只有二十七八岁的样子，与剧团的演员差不了几岁。工宣队是捧了尚方宝剑来的，两个人有点儿趾高气扬，走路说话一副颐指气使的样子。演员们也一个个小心翼翼地，生怕出了什么差错，让工宣队抓住把柄，给自己带来麻烦。谁知道怕也不行，工宣队就是来整人的，天天在会上都要敲打几句，虽然没有公开点名，但大家人人自危，精神上压力很大。

时间一长，大家也看出了一点"奥妙"。原来那个男工宣队员在工厂里就是一个不安心工作的混混儿，借着抽调工宣队员的机会，厂里把他推了出去，落得清静。到了剧团以后，好比黄鼠狼进了鸡窝，十分兴奋，他虽然家中有老婆，可是面对一帮子年轻漂亮的女演员，仍然难以把持自己。为了在女演员面前显示自己的身份和权力，经常当着全体演员的面，变着法子训斥辱骂男演员，谁稍有不满，挨批判不说，还要写书面检讨，非把你折腾够了才算完。对他的这种恶行，在那种政治大气候下大家也是敢怒而不敢言。

有次团里派我去苏州采购文场响器。那天我从苏州回来后，拿出一包当时市场上还很少见的带过滤嘴的香烟分发给身边几个好友尝尝新。恰巧这个男工宣队员走了过来，见我们在吸一种他没见过的香烟，便露出平时很少见到的笑脸和我打招呼，那意思是再明白不过了，他也想抽一根儿。我仗着自己是团里的艺术骨干,又是男演员队队长,平时就和他若即若离,很看不起他的为人和言行,便装作没有听见,转起身来就走。

见我在众人面前故意不理他,他又气又恼,大喊一声:"你给我站住!"

我知道躲不过了,回过身来问他:"有什么事啊?"

"哼,我知道你看不起我,不要以为就你聪明。我虽然没有上过什么学,实话告诉你,我可看过《三国志》,你少跟我玩儿心眼儿"

我笑了笑,"那我也实话告诉你,我可看过《东周列国志》,比三国多了十几个国呢。

他陡然提高了嗓门,"告诉你,我们工宣队是党派来的,你反对我就是反党!"

"你能代表党吗?"

"我当然能代表党!"

"那你知道我能代表谁吗?"

"你能代表谁?"

"我代表人民。"

"你凭什么代表人民?"

"你能代表党,我就能代表人民。"

"你代表人民又能把我怎么样?"

我提高了嗓音,一字一句很严肃地对他说:"伟大的革命导师弗拉基米尔·伊里奇·乌里扬诺夫·康斯坦丁彼德诺维奇·列宁同志教导我们说,'党是人民的儿子。'你是我儿子,你知道了吗?"

旁边的人忍不住 的一阵大笑。

他脸色变得很难看,气急败坏地指着我:"你……你……"半天说不出话来。

事后他跑到县革委会政工组告我的状。谁知那时省宣传部门正要调我去省里工作,县里不想放,正在劝说我留下来,对他的告状根本不以为然。他想借上级的手来整我的图谋自然就落空了。

我的几个朋友笑着问我:"你从哪儿知道列宁那么长的名字的啊?"

我说:"是在南京时,师父教的。"

"你师父还知道这个？"

"那当然了，相声演员的肚子，杂货铺子嘛。我师父不但知道列宁的全名，而且还知道达赖喇嘛的封号呢。"

"就是西藏的达赖喇嘛？"

"没错儿。"

"达赖喇嘛还有封号？"

"清朝顺治皇帝给封的。全称是：西天大善自在佛所领天下释教普通瓦赤喇怛喇达赖喇嘛。"

"这么长啊！"

"肺活量小你可说不下来。"

"你再说一遍。"

"我……你累傻小子哪！"

曲艺队在苏北演出途中，滁州歌舞团韦邦杰书记领着我妻子文仙赶到了兴化。韦书记来队一是看望大家，二是找我谈入党的事，要把我的入党申请书带回去。

我之所以一直没有将入党申请书寄回去，是心中还有些顾虑没有消除，那就是我写的这一封入党申请书将来会不会被别有用心的人断章取义。我之所以有这个想法，是因为在"文革"中见到的事情太多了。

我这辈子一共写过三封入党申请书，除了这一封，其他两封都是应邀为别人写的。一位没怎么上过学，一拿笔脑袋就疼；还有一位倒是念过几年书，可是不知道这入党申请书该怎么写，于是就找到了我。

我说："要让我写段快板、对口词儿那没问题，这入党申请书我可写不好。"

他说："你别谦虚，你怎么写也比我写得好，拜托了！"

没有办法，那就写吧。我用了一个晚上就帮他写好了这封自以为写得很不错的入党申请书，第二天就交给了他。谁知他一看对结尾几句不满意。

我问他："这个结尾哪里不好啊？"

"你只写为共产主义事业贡献力量这句话不行。"

"这个结尾不很好吗？"

他摇摇头，"太没有力度了。"

"那你说应该怎么写？"

"就写我愿为伟大的共产主义事业献出自已宝贵的生命，直至流尽最后一滴血！"

我一听深感诧愕，上个月发工资，他说少了一元钱，和会计吵了半天，这会儿却说他要流尽最后一滴血，连命都不要了，这也太假啦！

我的入党申请书应该写出自己的心里话，写真话实话，不写那些连自已都不相信的假话空话。由于在"文革"中看到的丑陋现象太多了，我在入党申请书中特意写了自己当时的看法和心路历程。文仙看了之后，提出一个问题：如果有人不看上下文，故意择出中间这一段儿来陷害你那该怎么办？

她的担心不是没有道理，"文革"中就有人利用权力或职务上的便利，干过篡改档案、加黑材料的事，当事人自己还蒙在鼓里，不知道有人已经暗中做了手脚。而这些人头顶着党员的光环，一副正人君子的模样，想想都可怕。虽然"文革"已经结束了，坏人却永远不会绝迹，社会上不光有老虎和苍蝇，还有藏于暗处的蛇蝎，也许就在你的身边待着呢。

为了不让别有用心的人钻空子，我想了一个好办法，把入党申请书的全部文字写到一张纸上，让人无法增减和删改。我去文具店买了一张大纸，竖着裁了一条约二十厘米宽，一米多长的长纸，工工整整地把入党申请书抄写上去。

写好之后，第一个见到这张纸的是师父。

当我把长长的入党申请书送到师父面前请他过目时，师父有点儿不明白，"你这是什么？"

"入党申请书。"

师父两手把长纸上下一展，"我还以为是秦香莲递给包公的状子哪！"

"这内容您给看看有什么不合适的地方。"

师父忙把纸交回给我，连连摆手说："你要是攒弄块活，我给你看看，这个我可看不了，你自个儿慢慢琢磨吧。"

第二天，韦书记召集全队同志开了一个会，征求大家对我的看法和意见，特别是批评意见。结果干坐了十几分钟，大家全都是徐庶进曹营，一言不发。这也是，我就坐在当面，又领大伙儿治杵（赚钱），傻子也不会批评我，别说一帮说相声的了。

这时,师父说话了:"我来说两句。我对业海早就有意见了,闷在心里一直没有说,今天,趁书记在这里,我要把这个意见全说出来,批评批评他,让他好好改正。"

大家一听师父的口气很严肃,不知道他要说什么事情,气氛一下就凝重起来。

韦书记微笑着点点头,"好,那就请张老师说两句。"

我拿好本子和笔准备做记录。

师父提高了嗓音:"业海太不像话了!"

我的心一拎,大家全凝神看着师父,不知他要说什么。

"哪能这样抽烟呢?一天要两包,多伤身体啊!你对自己的健康不负责,就是对工作的不负责,这里里外外那么多事情,队里的工作怎么能离开你呢?"

张弘捂住嘴差点儿要喷,有人低头在偷笑,我硬是绷住了,脸上纹丝不动,很认真地听着。

"希望今后一定要改正。其实对一个演员来说,抽烟很不利于对嗓子的保护,一个演员没有好嗓子那哪儿成啊!"

我点点头,表示赞同。

"我提这个意见是有根据的,你看看你的两个手指头,被烟熏的都快成巧克力了!"

大家终于憋不住,连韦书记在内全笑了。

散会以后,张弘对师父说:"张爷,您可不兴这样批评人啊,这哪儿是批评,我怎么听着像表扬啊。"

"嘿,你自己不发言,散了会你的话又来了。你说句掏心窝子的话,业海这穴领得怎么样?"

"没话说。"

"这不结啦!"

八、艺交方荣翔

相声与京剧虽然分属不同的艺术种类,但两者中的共性很多,在艺术交

114

流中相互借鉴,汲取营养,不但丰富了艺术本身,更增进了演员之间的友谊。

相声中涉及京剧的段子很多,舞台上除了观众耳熟能详的《黄鹤楼》《洪羊洞》《铡美案》《戏剧杂谈》《关公战秦琼》等段子外,还有许多深受观众喜爱的段子,如《大戏魔》《戏迷药方》《战马超》《玉堂春》《四大名旦》《捉放曹》《戏剧与方言》等等,曲目非常丰富。相声演员中老一辈儿对京剧十分熟谙者比比皆是,王树田、罗荣寿、侯宝林、孙少林、高笑临、郭宝珊、刘文亨、李伯祥、侯耀文、董铁良等等一长串儿名字数不胜数;年轻一代里更是有许多佼佼者。而京剧演员在舞台上、电视里客串儿一段相声也是屡见不鲜。

师父自幼在北京就对京剧艺术特别喜爱,我师爷赵少舫天生一副好嗓子,柳活非常好,除了单弦、大鼓外,对京剧也十分精通,这为师父学习京剧艺术打下了坚实的基础。除了唱、念、做之外,师父还跟随他的师爷吴善抚先生学习操京胡,跟京剧名家小盛春、马富禄等学习身段与表演,较为全面地接触了京剧艺术的方方面面,并把这些巧妙地融合到相声中,使他自己最擅长的柳活有了十分鲜明的艺术风格,逐渐形成了台风儒雅、说唱俱佳、语音甜美、表演细腻的艺术特色。

1983 年 5 月,曲艺队依照合同确定的日期到了山东益都(现名为青州市),益都是胶济铁路线上的一个重镇,交通便利,市面繁荣。之前在广饶、桓台一带演出的情况不是很好,所以大家对益都的演出抱着很大的希望。我们是上午到达益都的,车子在剧场门前停下后,大家就开始卸车。

正在忙着呢,有人指着剧场大门对我说:"曹团长,你快看!"

我转过身来仔细一看,剧场大门前挂着一条标语:"热烈欢迎山东省京剧团来我剧场演出!"咦?明明是我们在这里演出,怎么会有山东省京剧团的标语呢?我急忙走到门前的宣传橱窗一看,里面一半贴着京剧团的演出剧照,一半贴着我们相声晚会的宣传材料和照片,原来是山东省京剧团昨天就在这里演出了,只不过他们只演日场。我急忙进去找到了剧场经理,问他这到底是怎么回事儿。

经理不紧不慢地说:"你们定的演出合同俺们并没有违反呀,晚上你们正常演出,该演几天就演几天。可是俺这场子白天不能闲着,也得想办法增加一点儿收入是不是?再说,俺们省京也很少来这里演出,这回方荣翔先生难得来益都,俺能推走吗?"

"我们是小团,他们是大团,你这样安排把我们放在一起唱对台戏,明显我们要吃亏,这不是害我们吗?我们十几个人和人家几十个人硬撞,肯定把我们撞得一溜儿跟斗。"

"曹团长,你别急,京剧是京剧,相声是相声,你俩又不是一回事,你怕啥呢?你看这样行不行,别管这里演出咋样,俺帮你在周边集镇再安排两个日场行不行?"

事已至此,争也无用,暂且只能这样了,如果晚场不行,只有用加日场补,只是人要多吃点辛苦。因为山东省京剧团已经装好了舞台灯光,经过剧场协调我们就不用装台了,一切就用他们的,这倒省了不少事儿。

刚吃过午饭,天就下起了大雨,这真是越渴越吃盐,不顺心的事情一桩接一桩,心说,今晚肯定泡汤了!

师父见我一脸愁容,知道是为与山东省京剧团撞到一起的事,偏偏又赶上天公不作美,下起了雨。就劝慰我说:"别急了,花无百日红,有火点儿就有水点儿。他们演他们的京剧,我们说我们的相声。万一咱们栽倒这儿了,也不丢人,就算在这儿放几天假,听几天戏,休息休息。"

我笑了笑说:"那就听天由命了。山东省京剧团拍的电影《奇袭白虎团》我看过,方荣翔演的王团长唱的那段儿'趁夜晚出奇兵突破防线'真好。"

"我看了门口的戏单,明天《大探二》,后天《铡美案》,大后天《将相和》。这回可有机会过过戏瘾啦!"

听师父这么一说,我的情绪也松了下来,"也是,不花钱,白听三天名角儿的戏,这事儿可哪儿找去。"

说也奇怪,下午四点多钟雨说停就停,剧场售票窗前来买票的人渐渐多了起来,临开演时竟然全部客满!不但剧场的人感到意外,连山东省京剧团的人也觉得不可思议,一千几百人的园子居然在三个小时内将票全部卖光,很是少见。我们自己也觉得老天爷真帮忙,让我们在这儿挣足了面子。

当天晚上大家心情一扫萎靡,个个劲头儿十足,早早地便来到后台化妆。现在小剧场内说相声很少有化妆的,那时一是沿袭当时的欣赏习惯;二是舞台上灯光强,如果不化妆脸上一片惨白很不好看。说化妆也很简单,也就抹抹腮红,描描眉毛,再涂点儿口红就行了,用剧团的行话说,化个粉妆。

后台里还住着一些山东省京剧团的人,一看我们每个人手里拿着街上只卖五分钱一个的小圆镜子在化装,忍不住都笑了。化好了以后,往那一站,有人笑得更厉害了。这也难怪,曲艺队除了一些在剧团工作过的同志掌握了一些化妆技巧外,有些人也就随意抹几下就完事儿。

那天晚上,张弘来得晚了点,因为和我在前面还有一场活,就三下五除二,几分钟就得。他两边的腮红也没抹匀,一边一个红团儿堆在脸上,老远一瞧,跟日本飞机似的,人家看了能不笑吗!

每天的活单儿是提前派好的,已经形成了相对固定的组合,连翻头的小段儿也是固定的,不能随便使,防止前边的刨了后边的活,影响整场效果。那天演出前,师父突然找到我,他要改活!

我有点诧异,"您要改什么活呢?"

"今晚我上《戏剧杂谈》"

我顿时明白师父的用意了,他就是要来一次班门弄斧,和专业的京剧团比试比试。

那天晚上师父十分用心,劲头儿十足,在台上一投手一迈步都十分讲究,每一句学唱都能起尖儿(掌声),不但台下笑声掌声不断,连围在舞台两侧看演出的京剧团的演员也都连连叫好。那天师父返场还来了个再回头,又分别学唱了评剧和越剧,都十分精彩。

师父下台后,京剧团的演员们十分热情,主动给师父让座,送上茶水,并向师父举起大拇哥儿。

师父微笑致意,连说:"见笑见笑。"

第二天早上,我师弟李金鹏正在剧场的院子里遛弯儿,看见迎面走来一位头戴旧帽、面色红润、精神矍铄、年约五十七八岁的老头儿。

老头儿说话特别客气:"请问张永熙先生住在哪个屋?"

李金鹏仔细一看,原来是方荣翔,忙把他领到了师父住的房间门口,"师父,方老板看您来啦!"

师父出门一看,果然是方荣翔先生,十分惊喜,忙请他进屋,让座倒茶。

方荣翔见到师父,双手挑起大拇哥儿,连声说:"佩服!佩服!"

师父说："方老板，您这是干吗呀？您太夸奖了。"

"张先生，我可是真心佩服您。"

"方老板，您可是个名角儿，大名鼎鼎，如雷贯耳，这回来山东能现场听到您的戏，我可真有耳福，太难得了！"

"张先生，您可过奖了，我们那是绷着脸儿在台上唱，不乐；您在台上一唱，就把观众逗乐了，不容易。"

方荣翔接着说："您的《戏剧杂谈》里说我们京剧里的东西说得真好，手眼身法步，怎么来怎么去，分析得十分透彻，不但让观众一听就明白，而且可乐，真是太好了！说真格的，我们一些干这行的，都不一定有您说得这么明白。"

师父笑着说："我那只是记问之学，学点皮毛，真要唱我可唱不了。"

"昨天听您在台上唱的几段儿，大小嗓儿全有，您这嗓子一听就知道是专门练过的。"

师父笑着说："那是年轻时在北京熏的。"

方荣翔："张先生您是北京哪儿的人？"

师父："我家就在珠市口西南角的板章胡同。"

方荣翔很是惊喜，"我家就住在广安门大街，我在虎坊桥小学上过两年学，这离您家可没有多远啊。"

"哎呀，那可太近啦，没准儿咱俩小时候还在哪儿相遇过呐！"

两人哈哈笑了起来。

俩人越聊越投机，话题越来越宽泛，从北京的小吃到戏曲典故，无所不谈。最后，方荣翔让师父教他一个相声小段儿。师父便给他说了一段《增和桥》。

方荣翔说："今晚我还想听一遍您的《戏剧杂谈》。"

师父说："行，今儿晚上我不换活儿，还上这段儿。方老板，我看门口海报上写着您明天的戏码儿是《铡美案》。"

"没错儿，全本的。"

"那我可来着了！"

"这儿演完后，下半年我们团要去东北。张先生，咱俩有缘呀，能和您认识我心里很高兴。"

118

"方老板,今儿个我能听到您的戏可是太荣幸了,但愿后会有期。"

"好!好!"

当天晚上,方荣翔和山东省京剧团的演员们全来了,台上台下坐满了人。师父也是铆足了劲,包袱一个比一个响,说到戏台上骑马那段儿还特意来了个现挂。

甲:舞台上不但人走道儿迈方步,

乙:噢。

甲:连马走道儿都迈方步。

乙:马还迈方步?

甲:不能把真马拉上台来呀!

乙:那用什么来代表呢?

甲:一条马鞭子。

乙:噢,马鞭子。

甲:没上马之前那样儿走,上马以后还是那样走。

乙:怎么走?

甲:你看:(韵白)家院,带马。

乙:哎。

甲:到这儿接鞭、攀鞍、纫镫、骗腿儿、骑上,再瞧这马。

乙:走。

甲:还那样。

乙:可不还那样嘛。

甲:这马走起来是不紧不慢,迈着方步。

乙:对。

甲:要是方荣翔方老板骑上这马,

乙:怎么样?

甲:他也得这样儿!

这个包袱响炸了,台上台下跟开了锅似的,掌声雷动。

在益都短短几天时间,大家与山东省京剧团相处的十分愉快。曲艺队很快就结束了在益都的演出,临行那天,京剧团的演员们主动帮助我们抬箱子、搬行李,特别的热情,留下了令人难忘的印象。

1984年12月,传来方荣翔先生因心脏病严重而住院的消息,师父得知后很为他担忧,感叹地说:"他可是个国宝级的艺术家啊!"

师父的艺术生涯中,特别注重和其他舞台艺术的交流,每到一地,都利用可能的机会向当地的艺术家学习,以丰富自己的艺术积累。

20世纪50年代,师父和侯宝林先生在上海联袂演出时为了满足当地观众的欣赏口味,两人特地去找到了有名的越剧演员戚雅仙学习越剧唱腔。戚雅仙年轻时就名扬沪上,1950年曾拍过越剧艺术影片《石榴红》。其唱腔韵味深厚,缠绵委婉,极富特色,深受观众欢迎。戚雅仙那年刚二十多岁,慕名而来的访客甚多,一般难以得见。师父和侯宝林先生那时刚刚三十出头,才华横溢,气宇轩昂,在上海演出时受到热捧,报纸上连篇报道,南张北侯一说,由此而来。戚雅仙很热情地接待了他们,得知他们想学习越剧,就分别教了两人两段越剧唱腔。师父的嗓音和发声与戚派唱腔有许多近似之处,一唱起来颇有几分神韵,戚雅仙十分高兴,教得分外认真。

后来,他们又拜访了另一位越剧名花旦金采凤,师父又登门求教,学了越剧《碧玉簪》里的名段儿"谯楼打罢二更鼓"。

两人到苏州演出时又爱上了评弹。苏州评弹可谓是江南第一大曲种,曲调委婉缠绵,韵味醇美,盛行于苏、沪、杭一带,名家辈出,流派纷呈。到了苏州,他们向评弹一代宗师徐云志先生学习,徐调唱腔委婉,节奏舒缓,人称糯米腔,十分难学。又向上海来苏州演出的评弹名家蒋月泉学习蒋调唱腔。侯宝林先生后来在活里唱的一段苏州评弹《林冲发配》中的一句"无端发配沧州城",就是蒋月泉先生所教。

后来,师父把所学来的越剧、评弹和自己擅长的京剧串在一起,编创了一块新的柳活《京评越》,演出效果很好,最后成为自己的保留段子。

1985年春,师父与曲艺队到了陕西西安,前后在西安市内五一、五四等几个剧场及周边演了一个半月。其间,遇到了著名的豫剧表演艺术家马金凤领衔的洛阳市豫剧团,师父虽已六十多岁了,仍然利用这次难得的学习机会,拜访了马金凤。

马金凤与师父同年,两人虽然从未谋面,但一见如故,谈得十分投机。马金凤最初成名于与河南接壤的安徽界首,当师父说起曾两次去那一带演出时,马金凤更是兴致勃勃。

师父怀念起在那一带吃过的美食,"河南好呀,好吃的东西太多,很合我的口味,我在开封相国寺演出时,一天三顿全在小吃摊上打发了。在豫东一带,我迷上了那里的熟牛肉,还有油旋儿、胡辣汤,可把我撑坏了。"

马金凤忍不住笑了,"胃撑大了。"

师父摇摇头,"胃撑小了。"

"咦?咋还撑小了呢?"

"胃穿孔,被切掉了一小半。"

"哎呀!俺可不像你,俺从来吃东西不乱吃,怕坏了嗓子。每顿饭只吃六七成饱,吃多了唱不出来。"

师父点头连连称是。

两人说完闲话,师父提出想向她学习几句豫剧唱腔。

马金凤很干脆,"中,就教你一段俺最拿手的《穆桂英挂帅》的几句唱。"

说着她就站起身来唱了四句:"辕门外三声炮如同雷震,天波府里走出来了保国臣。头戴金冠压双鬓,当年的铁甲我又披上了身。"

师父学了一遍又一遍,就是差了那么点儿味道。

马金凤说:"哎呀,张老师,看来你河南的饭食还是吃得太少了,味道不够呢。"

师父哈哈大笑,"再吃下去,我那半个胃也没啦!"

师父喜爱学习,敢于不耻下问,迎难而上,只有一个目的,丰富自己的段子,让观众更满意。

有一次,师父就和他最早的学生,也就是我后来的大师兄梁尚义联手创作了一个反映理发行业的段子《我这也是干革命》。为此,师父特地去了南京一家理发店体验生活,一连几天在店里观察、学习,找出了许多行业特点,琢磨出新的包袱。

甲：您会洗头吗？

乙：谁不会洗头啊。

甲：洗头有学问。

乙：那有什么学问啊？

甲：像理发店洗头顾客头痒不痒，不用问，双手一趟就知道了。你一抓，如果顾客的头往上顶，说明这位头痒，嫌你抓轻了，往上凑合。

乙：抓得舒服。

甲：如果你一使劲他往回缩了，那就不痒。

乙：为什么？

甲：他疼啊！

"文革"中期，师父被从学习班里解放出来，不久，上面就交给他一个任务，创作演出一段歌颂南京长江大桥的相声。师父就和大师兄梁尚义住到了大桥管理处招待所，投入到紧张的创作工作中。

梁尚义大师兄笔头子很快，写的东西很有文采。每每师门中举行各种活动请他讲话时，他都会念几句诗句作为结束语，用以助兴。两人深入第一线和建设大桥的工人、技术人员学习交流，取得了许多宝贵的创作素材。反复商讨，几经研究，拟定了一个框架，师父出了许多点子，由尚义师兄执笔完成了后来在南京观众中获得赞誉的新相声《赞大桥》。

这个段子表演起来有点儿难度。为了表现国际友人对南京长江大桥的夸赞，要求逗哏演员学说几个国家的语言。为了攻克这一难关，师父专门去了外语学院，分别向各语种的老师求教，对于较为复杂的语言，师父用汉字标注切音的方法，反复练习，直到熟练自如。

比学几国外语更难的是，最后的底是一段非洲舞。这非洲舞与京剧身段可是毫不相干的两码事儿，师父要想掌握其中的技巧，而且要学得惟妙惟肖，其难度可想而知。好在歌舞团青年演员里会跳非洲舞的很多，学起来很方便，虽然师父当时已经年过半百，但学起来有模有样儿。师父在舞台上表演这段非洲舞时有正有歪，灵动中带有几分笨拙，取得了出色的艺术效果。

师父常常说孔子的一句名言："三人行必有我师。"他一生的艺术经历，是对"活到老,学到老"这六个字最好的诠释。

九、称谓只是一个符号

师父对海报中的宣传用语不是特别在意,虽然曲艺队交给剧场方面的宣传材料均写为著名相声演员张永熙,而有些地方在实际制作海报时,往往随意加了许多头衔。诸如著名相声表演艺术家、相声大师、笑话大王等等。

有一次,某地剧场在海报中介绍师父是南方侯宝林,师父很为不快。他找到负责前站事务的刘培枫,对他说:"我就是我,干吗还要借别人的腕儿呢?还有,让剧场别再写什么大师、大王之类的词儿,大师,谁能担得起啊!大王就更不像话了,混世魔王、称王称霸、占山为王、王八羔子,有一个好词儿吗?"

刘培枫解释说:"张爷,您可别生气,我马上让他们改,就写相声名家好不好?"

"那当然好,名家名家,我有名字有家,这多好呀!"

刘培枫笑着说:"我也有名字有家啊。

"你琴书唱得那么好,得过许多奖,当然可以称为名家了。其实,称谓只是一个符号,关键还要看观众认不认可你,人家买票看的是艺术,不是名字;如果艺术不行,用名字来吓唬观众,结果名头越大,摔得越重。最后不是大王,是死亡了。"

师父这句话把刘培枫说乐了。

在江苏建湖剧场演出时,我就遇到一件因为称谓而闹笑话的事。

曲艺队对外用过滁州地区曲艺团、滁州艺术团说唱团的团名,后来到广东一带演出时为了适应那里的潮流,又恢复原名为滁州歌舞团。我当时的真正职务是团里的业务股长兼曲艺队长,一年后才提拔为副团长。既然对外称为团,所以无论对内对外大家都

刘培枫演唱安徽琴书

称呼我为曹团长,喊的时间一长也就习惯了。

到建湖正赶上下雪,影响了上座。剧场的经理姓岳,岳经理为此事也很着急。那天,他带着剧场负责票务的同志来找我碰头商量对策,他一进门就大声喊:"曹团!曹团!"

队里的同志一听都哈哈大笑。

我问他:"岳经理,您怎么喊我曹团啊?"

他不以为然地笑了笑,"曹团,你别误会,我们江苏这一带称呼对方都把职务最后一个字省略,你要是科长,就喊你曹科,你要是当了局长,就喊你曹局,你现在是团长,自然喊你曹团了。"

"噢,原来是这样。"

"这样喊显得亲切,要把长字带上就俗气了。"

"你们这里都这样称呼对方吗?"

"都这样的,最后一个字都不喊。"

"岳经理,那我从现在起就喊你'岳经'了!"

房间里的人哗的一声全笑开了!

岳经理苦笑了一下,"曹团,你怎么喊我这个呢?"

"你不是说最后一个字都不喊吗,'岳经'。"

大家又笑了起来。

岳经理连连拱手,"你们说相声的嘴太厉害了,我说不过你们,我还是喊你曹团长好了,你千万不要当众再喊我那个了!"

又是一阵哄笑。

谁知岳经理一句打比方的话,两年后竟然成了事实:1983年底,组织上经过考察决定任命我为滁州地区文化局副局长,真的从"曹团"变成了"曹局"。

一辈子从没有想过当官,只想着能说好相声就不错了,而且从性格上来说,自己只适合从事艺术专业,而不适合做行政工作。但时代大潮来了,每个人的位置必然会随着奔腾不息的潮流而不断地变动着。当时党中央提出了新时期党的干部队伍建设必须'四化'的总标准。"四化"指革命化、年轻化、知识化和专业化。我正赶上了这一新形势带来的变化。

后来我才知道,省委及地委考察组看了我的材料后,认为我积极投入文艺体制改革并取得显著成绩,符合革命化的要求;年龄还不到四十岁,符合年轻化的要求;在相声专业上我自幼学艺,曾获得省里和文化部的奖励,也符合专业化的要求;唯一有欠缺的就是知识化,我没有大学学历和文凭,只是一个初中生。正在研究待定时,看到了我多年来在报纸杂志上和出版社发表出版的几十万字的文艺作品,一致认为已经符合知识化的要求,于是,我被推上了地区文化行政机关的领导岗位。

职务一经公布,社会上议论纷纷:有人认为这是改革带来的新气象,只要有能力就能上;有人从思维惯性出发,认为一个打快板儿说相声的居然也能够当局长?有人撇嘴说,肯定送礼走后门了,不然怎么能升为副处级干部呢?

其实我自己都觉得委屈,要是不从政,我继续从事我的专业,发展下去能有多大名声且不说,最起码经济收入要比当局长强了不知多少倍。

离队之前,师父和我谈心。

"业海啊,师父真心不想让你走,有你在身边,师父心里踏实。但领导上提拔你也是一件好事情,咱们说相声的能当上文化局长也不容易。要论能耐,说相声的一个赛似一个,可社会上有许多人就是看不起咱们,当然了,说相声的有时候嘴太损,这也怨不了别人。你要抓住这个机会,认认真真做点事,让社会上那些对咱们有偏见的人看看!"

"师父,您说的这些我心里明白,其实,我心里特别留恋我亲手创建的这个曲艺队,我也舍不得都干了二十多年的相声就这么扔了。"

"先去吧,先去干一阵再说,如果实在不行就再回来。如果有时间,每天溜溜活,功不能丢。最后,师父再嘱咐你两点:一是性子不能急,二是千万别发火。记住了?"

我点点头。

"还有,烟一定要少抽,抽多了伤身体。"

我点点头。

此时,师父突然抓住了我的双手,两眼露出依依不舍的目光,我鼻子一酸,眼泪禁不住流了下来……

元旦前,我从河南离开曲艺队,回到了滁州。人回来了,心还在队里,好在局里打电话方便,几乎每隔两三天就打一次电话和队里联系。我走了之后,把领队的重任交给了师弟吴伶,一年多以后,我以地区文化局副局长的身份同时兼任歌舞团支部书记和团长职务,任命他和赵彬为歌舞团副团长。

这时,地委宣传部副部长孙智林同志到文化局当局长,他对我很器重,也许是为了锻炼我,除了让我分管十几个下属单位外,几乎将局里的大小事都交给我处理。除了在工作上要尽快适应之外,许多未曾考虑过的事也让我有点儿无所适从。

首先是说话,在曲艺队一帮说相声的天天在一起,相互"砸挂"是家常便饭,偶然过火了也没事儿。可机关里不一样,人与人之间首先有个上下级的关系,加上年龄、性格、背景不一样,根本不可能有曲艺队那样的氛围。

有一次开全局干部大会,孙局长在会上提出,全局的同志都要练字。说如果文化局的人连字都写不好那就说不过去了。他在讲话中很自然地夸赞了我,因为我自幼就练过毛笔字,钢笔字写出来自然好看。

这时,有一位科长发言说道:"孙局长提的要求太好了!我平时就喜爱练毛笔字,可是办公室里就我一个人练,总觉着气氛很冷清。就好比冬天在房间里只放上一只煤炉,明显热气不足;要放上两只煤炉,就暖和多了;如果放上三只煤炉,那就热气腾腾了。"

我不由自主地接他的语气来了一句:"如果要放上四只煤炉呢……那就煤气中毒了!"

嘎的一个大雷子,顿时大家笑成了一团。那位科长尴尬不已。孙局长直摇头。

散会之后,孙局长让我留下来,"人家规规矩矩地在发言,你为什么要说出四个煤炉这番话呢?"

我自知不对,忙解释说:"相声中有一种技巧叫'三翻四抖',他前三只煤炉已经铺平垫稳了,这第四句话非抖开包袱不可,祖师爷说过,见包袱不翻那是罪过。"

孙局长气得嘴直抖,"你现在是相声演员还是文化局长?"

我无言以对。师父说得对,说相声的倒霉就倒在这张嘴上。

其实,什么也不说也会有事。机关里的一切似乎都是严肃的、一本正经

126

的。地区文化局的办公室就在行政公署大院里,与行署领导人的办公室隔院相望,和十几家单位都在一座楼里。我每天上下班都从不少单位门前经过,与行署领导人相遇也是常有的事。

上班没有多长时间,孙局长把我叫到他的办公室对我说:"业海,你能不能把你的衣服换一换,以后不要穿这样的衣服来上班。"

我当时穿的是一件米黄色的猎装,所谓猎装,也就是在双肩和四个衣服口袋上缀有一道装饰性的布条,后衣襟中间开个衩而已。孙局长见我没理解他的意思,便解释说:"大院里有人议论,说你在机关里穿奇装异服影响不好。"

我心中很不理解,"这件衣服没有什么呀,剧团里穿这样衣服的人也不是我一个。"

孙局长劝导我说:"机关里的人和文艺单位的人审美角度是不一样的,还是换一件衣服吧。另外,你的头发也不要留得太长了。"

下班回到歌舞团院内的家后,我让文仙给给我找一件老气一点的衣服,结果不是样式不行就是季节不对,最后花了18元钱在商店里买了一套蓝色的中山装。又忙到理发店剪了一个短短的发型。第二天早上,我穿着新买的衣服,手里提着公文包去上班。刚走出家门,团里的人见了我一个个抿着嘴笑。

我问:"你们笑什么?"

"曹局长,你知道你这身打扮和造型像什么吗?

"像什么?"

"刚刚释放的国民党战犯!"

我到文化局上班没有几个月,突然接到曲艺队从河南息县打来的电话,说张弘裂穴(离开不干)了!

我忙问究竟怎么回事?回答是嫌分的钱太多了!

这话都有些让人听不懂,只有嫌钱少了闹着要走人的,怎么还有嫌钱多要走人的呢?

张弘是我专程去蚌埠请来的,他对我开出的条件和待遇都很满意,我还特意让全队的人尊称他为张先生或弘先生,平常有什么事都很重视他的意见,怎么我才离开曲艺队几个月的时间,他就要裂穴呢?

后来仔细一了解,原来张弘看分红的钱越来越多,心里有点儿担心将来政策变了,来个秋后算账,不如趁早一走了之。

当他流露出要离队的意思时,有人就劝导他:"弘先生,你也想的太多了。现在改革开放,政策只会越来越好,不可能再回到'文革'那时候了。"

张弘摇摇头,"那很难说。"

"再说,上面有曹局长,你还怕什么呢?"

"曹业海?头一个要倒霉的就是他。将来风向一变,他哭都没地方哭去。"

张弘过去和我闲聊时曾经说过,干买卖搭穴的人一般有五部曲:打进来,站住脚,犯葛,闹臭,走人。这回,他除了没有闹臭,其他四步都一一身体力行了。

不过,我总觉着张弘的离开应该还有一些别的缘故。随着时间的过去,我从许多同志的谈话中终于摸清了其中一些真实的原因。

师父没有来曲艺队之前,张弘只为我一人量活,师父来了之后,他同时为我和师父两个人量活。张弘和我一场活的时候,使的活都是死纲死口,台词固定。而和师父一场活的时候,师父台上变化较多,量活难免有洒汤漏水的地方。下台以后,师父有时会说他几句。时间一长,心里就产生了芥蒂。

有一次,为了一件琐事大家说了他几句,他心里觉得很不舒服,晚上吃夜宵喝了几杯酒后就发了几句牢骚。意思是说曲艺队里好几位是师父的徒子徒孙,都是张家门儿的,曲艺队是张家班,自己在队里始终是个外人。

师父与曲艺队里的三名徒弟合影

128

其实他这是个误解,队里当时只有我和我的徒弟赵彬加上吴伶、张奎是师父门下的人,我离开之后,只剩下三位,算上师父只占全队的三分之一,哪能称得上是张家班呢?

但概念一旦形成,想短时间内改变也难,不愉快的心情始终难以消除,最后他选择了离开。后来得知,他回到蚌埠后到一家单位干了一段时间的门卫。一年后又瞒着我参加了滁州歌舞团的另一支演出队在外巡回演出。演到湖北襄樊时我要去那里检查工作,等我到了队里后,张弘却不见了,一问才得知没等我到襄樊他先离开了。

队里人劝他留下,张弘摆摆手,"你们不知道曹业海的脾气,见了面他能把我给吃喽!"

其实他自己心里有亏欠。要辞穴也行,提前个十天半个月让队里有个准备,好重新找人替代。而他却是当天通知当天就走,让人措手不及。当天晚上,师父一人上台使了个单儿。

张弘之前就干过一次类似的事。1982 年在全椒农村演出时,还有几分钟就该上场了,他没有任何原因突然不愿上了,结果我一个人上去使了个单口。谁知道两年后同样的病他又犯了。

买卖道儿讲究的是人可以无情,绝不可无义。若无情又无义,依何安身立命?

救场如救火,我立马乘车赶到南京浦口去请马宝璐先生。

马宝璐先生 1928 年生于河南,师承陶湘九先生。1953 年自部队复员到南京,后长期与任文利搭档,深受南京观众的喜爱,享有盛誉。马先生台风洒脱,语言

曹业海表演单口相声剧照

洗练,善于表演,模仿人物惟妙惟肖。我当年在夫子庙听相声时对他表演的《恋爱漫谈》印象十分深刻,他的"丢(怪样子)"每次都能要下满堂彩。1956年,他与高笑林先生组建了南京市群鸣相声队,分别为正副队长;1958 年,高

笑临先生去了安徽合肥,师父接任队长,马宝璐先生仍为副队长;南京市曲艺团成立后,两人合作多年,直到1969年底曲艺团被解散。1979年,马宝璐先生又与一些志同道合者组建了南京浦口曲艺团,在南京首演时曾轰动一时,只可惜因为种种原因只活动了半年多该团就被撤销。

我找到马先生时,他正赋闲在家,十分寂寞。我把来意一说,他很乐意。在这之前,他就听说我在滁州拉了一帮人干得很火,后来又把师父接过去的事儿,这会儿我以文化局长的身份专程来邀请他,他十分高兴,执意留我在他家吃午饭。吃饭时,马先生谈笑风生,神采飞扬,说了许多往年旧事。饭后我送给他一张我四十岁时拍的全身照片以作纪念,他很高兴地收下了。

三年后,马先生在南京病故,我去浦口他家里看望马师母时,见这张照片被挂在墙上的相框中,心里不由一阵心酸,谁能料到短短三年,马先生五十九岁就英年早逝。人生如此无常,让亲者情何以堪!

马先生很快就赶到了河南,算来师父与他有十多年没有见面了,两人见面之后似乎有说不完

作者赠给马先生的照片

的话。当天晚上,当报幕员向观众介绍完师父和马先生后,马先生率先出场。他一头银发,风度优雅,刚露面就赢得观众一片掌声。

后来剧场有人问:"你们从哪里找来这么一位归国华侨来说相声?"

刘培枫开玩笑说,"这位马先生是从相国回来的。"

"相国?俺咋没听说过这个国家呢?"

"离你们这里没有多远。"

"那在哪个洲?"

"中州。"

"咋还有中州呢？"

"这相国它不是国家。"

"那是啥？"

"是一个寺，开封相国寺。"

"哎呀，还是俺河南的啊！"

张永熙与马宝璐演出剧照

十、依然青春

曲艺队不断地在变化着，社会的变化更快。

改革开放不但解放了人的思想，而且开阔了人的眼界，许多新生事物闯入了老百姓的生活之中，在不断满足人们精神文化需求的同时，也在逐渐改变人们的审美情趣和欣赏习惯。

首当其冲的是电视，这一新媒介吸引了广大群众特别是青年观众的目光。那时由于受经济条件的制约，能拥有一台电视尤其是彩色电视的家庭很少。当时一台二十英寸彩电要两千多元，相当于普通工人两三年的工资，而且即使有条件也很难购买到。于是，很多剧场看到了这个商机，购置了电视机在剧场内播电视节目，曾经轰动一时的美国电视剧《加里森敢死队》不但迷倒了许多年轻人，老年观众也被深深吸引。后来，香港录像带大举进入内地，更掀起了一股武打片热，如《陈真》《霍元甲》等等。

1983年秋，曲艺队在河南演出时，就遇到这样的情况，明明早就订了演出合同,因为剧场要放录像就要我们调整演出时间:原来七点半开演,硬要我们提前到六点半或者推迟到九点开演,让出时间放香港录像《霍元甲》。而无论是提前还是推后,对我们的上座都会有很大的影响。面临这样的情况,我想出了一个方案,我们相声大会和《霍元甲》合在一起,两张票变为一张票,先演相声后放录像;相声票每张降五分钱,演出时间缩短到九十分钟。然后按售出总票数,各自分成。剧场也很乐意这样做。大家笑着说,我们和霍元甲同台还真难得。借助《霍元甲》带来的效应,结果场场客满,不但收入没有减少,而且大家还跟着看了几天录像。

曲艺队逐渐壮大,演出范围也跳出了周边省份跨向边远省区,先是西进陕西、甘肃、青海,继而大步向南,经湖北、湖南到达广西、海南、广东,又折向福建、浙江,最后回到安徽,整个在中国转了大半个圈儿!

华南沿海地区得改革开放之先声,在文艺舞台上,传统的东西受到外来文化的冲击很大。曲艺队为了适应这一变化,在演出中增加了部分现代舞蹈节目,配上电声乐器和架子鼓,很受当地青年观众的欢迎。相声节目也作了适当的改进:一是段子的内容紧密贴近生活,增加了新的表演形式,如舞蹈相声、吉他相声等;二是在服装上除了使传统活仍穿大褂外,摒弃较为严肃的中山装,一律改为西装,为此,队里为每个队员在南京量身定制了合身的西服,配上领带,穿上以后特别精神,舞台上焕然一新。

张京铭与吴伶表演的舞蹈相声

队里特别为师父和马宝璐先生做了一套白色的西服,配上红、蓝两种颜

色的领带,在台上十分抢眼。师父在活
上也作了调整,柳活均以当代人耳熟
能详的黄梅戏、现代歌曲等为主,加大
表演成分,在沿海几个省份演出时受
到广大观众的欢迎。入乡随俗,与时俱
进,师父始终能适应社会发生的变化,
保持着年轻的心态,人虽已夕暮,心依
然青春。这对一个年过花甲,从旧社会
过来的艺人来说是十分难得的。

　　师父和大家穿上西服后一片新面
貌。与此同时,我穿西服在机关里却引起
了非议,正在面对各方责难的同时,一件
大事又改变了情势,令人啼笑皆非。

　　1987 年秋,内地逐渐开放,人们的
衣着打扮也越来越丰富多彩。我原本

张永熙与马宝璐在南方演出时的剧照

有一套咖啡色的西服,是过四十岁生日时在南京做的,平常很少穿。那天,终
于忍不住穿上西装去局里上班了。果然是一滴凉水落进了热油锅,有领导直
接打电话给孙局长,提出了严肃的批评。说一个共产党的干部穿西服打领带
像个什么样子!孙局长接完电话就把我喊到他的办公室,转述了领导的意见。

　　我向孙局长辩解说:"不能仅凭衣着和发型来判断一个人的政治信仰和
品行素质吧。琅琊山庙里的和尚一个个穿粗布衣、剃光头、吃素食,十分朴
素,可是他们都不是共产党,都信仰释迦牟尼。我穿西服上班并没有耽误工
作,也没有影响别人,更没有背叛马克思主义,因为马克思他老人家也是穿
西服的。"

　　孙局长笑而不答。

　　过了没几天,孙局长又把我喊去了,说:"地委办公室让你马上到他们那
里去一下。"

　　我心里一愣:"他们找我有什么事情呢?"

　　孙局长面色凝重:"好像还是为穿西装的事。你去了不要和人家吵,更不

要说什么琅琊山和尚穿衣剃头的话，人家说什么你听着就是了。"

我心里七上八下地到了地委办公室，进门一看吓了一跳：几位主要领导都在，这个事情看来不小。几位领导见了我一个个眉开眼笑，和蔼可亲。这让我丈二和尚摸不着头脑，一时不知所措，心里有点儿发毛，等坐定了才知道为了什么事情。

原来他们也都置办了西服，可是都不会打领带！于是便想到了我，让我去教他们打领带，我一颗悬着的心终于落了地。领导们都很聪明，很快就学会了，为了感谢我，还送给我一包好香烟。我忙赶回文化局向孙局长汇报情况，省得他一直为我担心。

孙局长听完这戏剧性的一幕，点上一支我带回的好烟，慢条斯理地说了一句话："早知今日，何必当初。"

在河南和霍元甲同台那是一句戏言，到广东演出时，出乎意料地竟然和裸体舞同台演出，让曲艺队经历了一场考验！

1987年上半年，曲艺队巡回演出从深圳到了粤东一带，那里的民风与内地有很大的差异。尤其是在基层乡镇，剧场管理很不规范，个别地方为了挣钱完全将党纪国法抛到脑后，为所欲为，令人不齿。

出事的这座剧场离海边不远，当地居民比较富裕，按理说社会秩序应当很好，但到了一看，并非我们所想象的那样。街头烂仔聚集闹事，大功率摩托车横冲直撞，给人一种很不安全的感觉。

演出当天，刘培枫提前到了剧场，经理说戏票已经全部售出了，他心里十分高兴。可是，离演出只有两个小时了，全队人马还没有到，不由又担心起来。这时，赵彬匆匆赶到了剧场，说队里的车辆被当地的公安民警拦在了镇外，剧场经理忙和刘培枫赶了过去。

原来当地走私现象比较严重，为了打击防范这些违法犯罪行为，在一些重点区域设卡拦截检查，禁止外人进出。曲艺队不知这里的特殊情况，糊里糊涂就闯了进来。剧场经理出面交涉后，曲艺队的车辆终于被放行。

晚上演出一切正常，快结束时，剧场的人领了几个年轻的女子进到后台，通知演出结束后别关灯，他要讲几句话。谁也不知道他们要干什么，最后一个节目演完后就把话筒给了他，谁知他拎过一台录音机把播放键一按，话筒往喇叭口一放,全场就响起了怪声怪气的外国音乐。随着音乐的响起,台边的几名年轻的女子突然甩掉身上的外衣,上身只有一件宽松的蝙蝠衫,下体一丝不挂,跳上了舞台!随着音乐她们在台上不时地掀起上衣,露出赤裸的身体,做出下流的动作。台下的观众一阵阵喊叫,一片疯狂。

曲艺队的人都吓傻了,谁都不知道竟然会发生这样的事。急忙找到经理诘问他这是怎么回事?

剧场经理十分淡定,"有什么大惊小怪的啦!我们这里很开放的啦!"

"我们这是正正规规的剧团,这样做会严重影响我们的声誉的。"

"你们的演出已经结束啦,和你们不相干的啦!"

还没有交涉完,台上的裸体舞已经跳完了。

第二天,安徽省文化厅领导的电话就打到了滁州,说广东省委宣传部向我们省委宣传部打电话说,有人反映,滁州歌舞团曲艺队在广东演出时跳裸体舞,希望我们严肃查处。厅领导要求我立即查明情况,马上到合肥去向省厅汇报。

我立即打电话给广东方面的演出公司,问清了曲艺队此时的演出地点和剧场的电话号码。和队里联系上了之后,听吴伶把详细情况一说,我才放下心来。此前我担心如果真是曲艺队干了这个事,我应负多大的责任暂且不说,曲艺队肯定要倒大霉,说不定就被解散了,曲艺队一解散,师父就失去了这块立足的宝地。现在心里有了底,我到了省厅就好说话了。

到了合肥之后,我向省厅和艺术处的领导详细汇报了事情的经过,省厅领导也为之释然。

最后我说了一句:"仔细想想,这事根本就不可能:一帮说相声的,上台跳裸体舞?他们敢跳,谁敢看啊?"

省厅领导们扑哧一下都笑了。

其实在广东农村演出时遇到的不可思议的事不仅仅只有这一件。一次意外事件让曲艺队被围困在剧场不能离开,结果当地政府出动了二十多名武警、几辆警车将全队救出,又上演了一出真正的胜利大逃亡。

事情的起因很简单。晚上演出时,队里两名女演员去上厕所,发现有人在偷窥,哭着跑回了后台。队里两名年轻的男演员抄起后台扫地的大扫帚就冲出去将偷窥的两个小青年打跑了。

十几分钟后剧场经理急匆匆来到后台，找到吴伶说："你们闯了祸了，现在人被你们打伤，已经住院了！你们打的两个人都有来头的啦，惹不起啊！"

仔细一问，其中一个是当地政法部门领导的儿子。吴伶急忙和经理赶到医院，两人实际上并无大碍，医院让吴伶先交几千元费用，明知他们相互串通，也只能花钱消灾。原以为此事已经了结，谁知更大的麻烦还在后面。

第二天一早，刘培枫先去了下一个演出点，谁知快中午了全队还没有到，电话也打不通，就又乘车赶了回去，到了剧场一看，门前堵了几十个人，一个个表情愤怒在大喊叫骂。原来这里家族势力相当大，有人一鼓动，就一哄而上。

刘培枫一看这阵势，知道这事情又闹大了，急忙跑到镇委会找到了镇委书记。把昨天晚上发生的事情向书记详细做了汇报，又取出演出证和宣传资料向他介绍曲艺队和歌舞团的历史。书记很有政治眼光，再加上事情是由流氓行为引起，当即表示这事他负责来处理，绝对保证全队人员的人身安全。他立即拿起电话与县里有关部门联系，请求派人来帮助曲艺队安全离开。

没有半个小时，几辆警用摩托开道，两辆警车鸣着警笛紧随其后，车上近二十名武警一个个全副武装，开到了剧场门前。车上的警察用喇叭向堵在门前的群众喊话，让他们立即让开道路，不得阻拦剧团的人离开！这一阵势果然具有震慑力，人群慢慢让开了路，曲艺队才得以从剧场中走出。警察让女演员全部上警车，团里的车辆紧跟着开道的摩托车一路向镇外走去。

谁知刚开了两三公里，突然发现从路旁的村庄和田野里围上来上百名村民，有老有少，有的手持棍棒，有的拿着扁担和菜刀，一个个神情激愤，很快就把路堵上了，叫喊着要把剧团扣下来！

曲艺队的人全吓坏了，警察对这里的情况十分了解，对这种场面司空见惯。警车停下来后，十几名手持武器的武警跳下车来，迅速分两边排开，不让村民靠近我们的车辆。带队的警官用电喇叭向村民发出警告，谁敢聚众闹事就抓谁。又劝导不明真相的群众不要被人利用，要知法守法，不能做违法犯罪的事，一番劝导之后，围上来的村民终于让开了道路，在警车和武装警察的护送下，曲艺队终于逃了出来！

师父一生屡遭磨难，在曲艺队巡回演出的五年中也经历了许许多多意料

136

之外的事。回顾以往,他感慨地说了四句打油诗:

天南海北四方走,
轮回神仙老虎狗。
多少人后伤心事,
一醉千秋泪为酒。

除了众多意外、历经千辛万苦之外,师父更多的是收获了成就与辉煌。

在西安五四、五一两个剧场连演一个半月客满,观众在散场后久久不愿散去,师父在热烈的掌声中又重新上场;在青海为少儿基金会义演,受到当地领导的高度赞扬;南国首演相声,热度空前,三进海南岛;香港观众驱车从港岛到沙头角听相声,连呼过瘾;进汕头大学为大学生表演文哏相声,说文解字,咏诗答对,赢来阵阵喝彩;胃切除手术后十七天带伤登台,敬业精神令人钦佩;到部队慰问,深入到炊事班为战士们单独表演,行为可嘉;为解决临时出现的难题,破天荒主动要求开场;提携新人,为后辈曹原量活把场……

许许多多令人难忘的场景,勾勒出一位历经坎坷的老相声表演艺术家的立体形象:面对艺术,执着中充满虔诚;面对磨难,坚忍中透着刚毅;面对同行,微笑中显露谦和;面对晚辈,关爱中饱含深情。

师父令人尊敬的形象永远铭刻在我的心中。

从 1983 年春到 1987 年底,五年时间,师父跟随曲艺队在全国十六个省(市)演出了两千余场,创下了相声演员连续巡回演出时间最长的纪录。为记录历史,师父足迹所至按省份统计如下:

安徽 滁州、来安、全椒、天长、定远、凤阳、明光、蚌埠、怀远、凤台、颍上、利辛、太和、临泉、界首、亳州、阜阳、淮北、蒙城、阜南、三里、萧县;

江苏 扬州、金湖、盱眙、淮安、淮阴、清浦、江都、真武、宝应、高邮、三垛、兴化、大冈、东台、三仓、新街、南阳、新丰、方强、三隆、盐西、大邹、六垛、夹川、海安、如皋、泰兴、姜堰、泰州、大丰、射阳、建湖、上冈、龙冈、安丰、阜宁、益林、响水、涟水、灌云、连云港、新浦、灌南、陈港、双港、大有、陈良、赣榆、东海、泗阳、泗洪、宿迁、睢宁、邳州、徐州、铜山、沛县、丰县、新沂、沭阳;

山东　济宁、嘉祥、巨野、菏泽、单县、鄄城、郓城、邹城、汶上、东平、兖州、藤县、枣庄、峄城、济南、济阳、滨州、惠民、博兴、广饶、桓台、益都、临淄、淄川、博山、临朐、沂水；

河南　永城、夏邑、商丘、睢阳、开封、柘城、鹿邑、太康、淮阳、周口、商水、西华、项城、沈丘、郸城、临颍、漯河、郏县、郾城、平顶山、鲁山、舞阳、西平、上蔡、遂平、确山、驻马店、平舆、汝南、正阳、明港、平桥、息县、光山、商城、潢川、固始、淮滨、扶沟、许昌、襄城、方城、社旗、唐河、新野、邓县、淅川、西峡、内乡、镇平、南阳；

陕西　渭南、咸阳、铜川、西安、宝鸡、略阳、汉中、城固、洋县、佛坪、宁陕、石泉、汉阴、安康、旬阳、三阳、平利；

甘肃　天水、甘谷、兰州、临夏、和政、广和、康乐、临洮、陇西、漳县、岷县、宕昌、武山；

青海　海东、西宁、大通、平安、化隆、循化；

湖北　竹溪、竹山、房县、十堰、丹江口、老河口、谷城、保康、南漳、襄樊、宜城、枣阳、随州、安陆、应山、广水、大悟、花园、孝感、横店、新川、阳逻、李集、三店、黄陂、武汉、鄂州、蔡甸、汉川、天门、应城、垌场、京山、钟祥、荆州、沙市、潜江、沔阳、洪湖、监利、公安、石首；

湖南　华容、南县、澧县、常德、沅江、益阳、桃江、宁乡、湘乡、双峰、衡阳、耒阳、邵东、零陵、冷水滩、双牌、道县；

广西　全州、兴安、灵川、桂林、柳州、南宁、钦州、合浦、北海、公馆、玉林、贵港、桂平、平南、梧州、北流、陆川、

广东　廉江、安铺、遂溪、湛江、海康、徐闻、电白、黄坡、阳江、恩平、新兴、肇庆、江门、台山、开平、珠海、中山、乐从、佛山、广州、太平、淡水、惠东、海丰、汕尾、陆丰、甲西、汕头、揭阳、普宁、陈店、峡山、贵屿、新溪、澄海、汕头大学、浮洋、鸥汀、钱东、意西、潮州、苏南、店市、东里、古巷、庵埠、潮阳、殿溪、炮台、渔湖、锡场、白塔、龙湖、饶平、井洲、盐鸿、溪南、达濠、沙陇、西胪、谷饶、麒麟、棉湖、里湖、仙城、桥柱、司马、胪岗、海门、靖海、惠来、隆江、占陇、和平：

海南　海口、文昌、琼海、万宁、三亚、保亭、通什、乐东、东方、昌江、铁矿、澄迈、琼山、屯昌、临高、福山、

138

深圳 南头、蛇口、罗湖、沙头角；

福建 诏安、东山、西埔、漳浦、海澄、龙海、平和、漳州、龙岩、连城、永安、三明、明溪、将乐、沙县、尤溪、南平、古田、闽清、福州、长乐、金峰、尚干、江口、涵江、莆田、惠安、泉州、石狮、安海、仙游、马巷、厦门、同安、南安、安溪、永春、诗山、梅山、永泰、福清、连江、宁德、霞浦；

浙江 苍南、龙岗、敖江、瑞安、温州、龙游、衢州、常山、江山；

江西 上饶。

1987年底，在结束了在南方的巡回演出后，师父主动提出他明年就不再跟队演出了。我把这事向孙局长做了汇报，孙局长认为师父在曲艺队工作期间，不但为团里的改革做了贡献，而且培养了许多青年曲艺人才，团里应当对他的退休生活给予妥善的安排。为此，他亲自拟了一个文件发给歌舞团，要求团里参照相关工资标准给师父按月发放退休金，并在住房和医疗费用上给予相应的安排。

元旦过后，当我赶到南京把文件交到师父的手里时，他先是感到很意外，继而十分激动。他很动情地说："业海啊，师父没教给你多少东西，可你为师父做得太多太多了，我和你师娘心里都很感激，永远都不会忘的。"

我说："师父您可别这样说，作为您的徒弟，这些都是应该做的。关于住房的事，您和师娘商量一下看是不是去滁州生活，如果去的话我在团里给您安排住房。"

师父和师娘当时就说他们还是留在南京生活方便，就不去滁州了，让我向文化局和歌舞团的领导转达他的谢意。

我说："我一定把您的话转告给孙局长，至于团里的领导就别谢了。"

师父师娘不解此意。

"我不就是团里的领导嘛！"

俩人全乐了！

第三章　师门记事

一、一张说明书

1984 年 2 月 11 日,滁州歌舞团大礼堂内喜气洋洋,从合肥、南京、济南来了许多文化艺术界的客人,由中国曲艺家协会安徽分会与滁州地区文化局联合主办的"张永熙先生舞台生活五十五周年纪念"活动就在这里举行。

师父和师娘身穿毛呢大衣,脸上挂满了笑容,不停地与客人及领导说话交流;师娘站在师父的身边,脸上充满了幸福感,虽然乘车出门对严重晕车的师娘来说是一种煎熬,但她执意要陪同师父出席。她心里特别感激安徽有关方面的领导,因为这是师父出事之后,第一次由官方出面为师父正式举办的纪念活动,其意义非比寻常。

从南京师父家回来后,我就萌生了要为师父举办一次规模较大、形式隆重的活动,以此展示师父的新面貌的念头。原来是想办一场谢师会,但这毕竟是门里的事,影响范围有限,且不具有指标意义。师父的中国曲艺家协会会员身份是在安徽登记的。我当时是安徽曲协的常务理事,与省曲协刘秘书长联系后,他很支持在滁州办一次纪念师父舞台艺术五十五周年的活动。我向孙局长汇报后,他也同意由地区文化局出面与省曲协联合主办这次活动。

活动主要有三个内容:一是正式的纪念大会,由主办单位领导和来宾讲话,师父有一个正式的发言;二是办一场张派相声艺术十三位传人的谢师会,正式明确师徒关系的名分;三是由师父和十三位徒弟在滁州剧院举办三场纪念演出。

一切方案定下来后,我就投入到紧张的筹备工作中。定下时间,安排场地,拟定客人名单,印制师帖、演出说明书,在《安徽日报》登演出广告,联系媒体作报道。除了这些事务性工作外,还要为领导起草一份重要的讲话稿,更重要的是我要为师父的艺术经历与成就写一篇总结性的文字,印制在纪念汇报

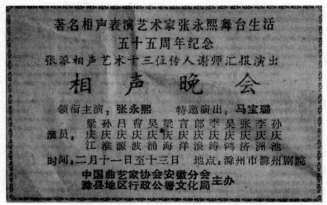

演出的说明书上。

登载在《安徽日报》上的演出广告

我那时正值不惑之年,精力旺盛,文思如泉,只用一个晚上就完成了这篇文字,得到师父的肯定和相关领导的认可。

全文如下:

相声艺术,源远流长,在争芳斗艳的文艺百花园中,更以其独有的风韵发出奇彩异香。

著名相声表演艺术家张永熙先生从事相声艺术已五十余年,名驰大江南北,誉盛曲坛内外。

张永熙先生九岁学艺,他积极投身于社会主义文艺事业。一九五一年曾参加中国人民志愿军慰问团。一九五八年在参加第一届全国曲艺会演时受到周恩来、董必武等国家领导人接见并合影。曾任南京市曲艺团团长、南京市人大代表,荣获过江苏省先进工作者称号。

张永熙先生年过花甲,壮心不已,一九八二年应邀来皖传艺,为繁荣安徽曲艺事业贡献余热。现为滁州歌舞曲艺团艺术指导。

张永熙先生继承了相声艺术的精髓,发扬了自己的艺术特长。在艺术实践中勇于创新、勤于学习,不断从时代精神和各种艺术中吸取营养,充实丰富自己的上演节目,形成了自己特有的表演风格:说学逗唱,无一不精;状物言人,细致入微;语言甜美隽永,台风洒脱大方。张永熙先生用自己的高超技艺,

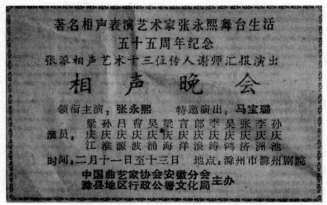
登载在《安徽日报》上的演出广告

141

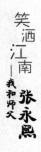

影响了一代观众,为相声艺术在南方的扎根发展做出了杰出的贡献。

更有意义者,张永熙先生自在南方定居后,采用收徒授艺、办班讲学等教学形式,培养出为数众多的一批专业、业余相声演员,桃李满天下,使相声艺术在大江南北的繁荣有了更加坚实的基础。

张永熙先生门下正式传人十三位弟子,长期活跃在苏、鲁、皖等地。他们在继承张派相声艺术的基础上,博采众长,融会提炼,不断创新,艺术上颇有建树,其中不乏佼佼者。

值此张永熙先生舞台艺术生活五十五周年之际,十三位传人聚集一堂,众彩荟萃,各呈所长,以谢师情,是为纪念。

除了正文外,还将十三位弟子作了简介,附印了节目单。

这张谢师汇报演出说明书是用铜版纸套红印制的,在当时算是很高档的了,每天演出前向观众免费发放。

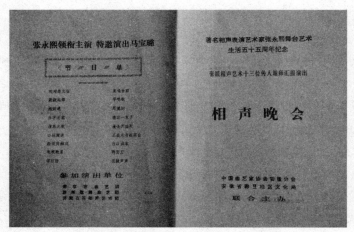

谢师汇报演出相声晚会说明书

师父对这张说明书十分满意,师父在病逝后,我在他的遗物中发现了几十张保管很好的这张演出说明书,睹物思往,让人唏嘘不已。

当时参加谢师会,由师父赐给艺名的有:梁尚义(梁庆江)、孙玉亭(孙庆淮)、吕少明(吕庆源)、曹业海(曹庆波)、吴伶(吴庆涌)、梁军(梁庆海)、言人(言庆洋)、郎贵文(郎庆浪)、李国先(李庆涛)、吴治中(吴庆鸿)、张奎

(张庆济)、李金鹏(李庆洲)、孙小林(孙庆池)共十三位弟子,师父指派我为掌门弟子。

师父定下的辈分用字为"永庆升平春常在",共七个字,我们这代即为庆字辈。师父还选了二十个艺名用字:"江淮源波涌,海洋浪涛鸿,济洲池深润,浩瀚汇洁清。"这二十个字有一个共同的特点,偏旁都是三点水。说相声的都想火,台上要火,腕儿要火,出门要火穴大转。后来师兄弟们打趣说,我们这艺名一水儿到底,要想火门儿都没有。

有次在梁尚义、李国先两位师兄弟收徒的摆知活动上,我和国先即兴编说了一个小段儿:

甲:您的艺名好哇,里边有水,李庆涛。

乙:对,这是师父给起的。

甲:记住了,您可千万别打牌。

乙:为什么呢?

甲:庆涛(掏)、庆涛(掏),你净往外掏钱了!

乙:老输。

甲:尚义大师兄的艺名也好,梁庆江。

乙:都是水字边。

甲:他打麻将没事儿,不能下象棋。

乙:为什么呢?

甲:庆江(将)、庆江(将),净被人将。

乙:赢不了!

甲:师父的名字好哇,永熙。

乙:什么意思呢?

甲:永熙(稀)、永熙(稀),永远喝稀的。

乙:谁说的?

甲:师父都喝稀的了,这徒弟们可都得喝水喽!

乙:嗨!

谢师会简朴而又隆重,师父坚持不要徒弟们行传统的跪拜大礼,在各界领导和来宾的见证下十三位弟子一字排开向师父师娘行三鞠躬礼,师父将师帖一一发放到弟子手中,然后由师父和领导分别讲话。最后,师父师娘和十三位弟子合影留念。

谢师会上师父师娘与弟子们合影

为了补上没向师父叩瓢儿(磕头)的遗憾,二十四年后,我在南京开心茶馆收徒的时候,我领着妻子文仙在台上向师父师娘磕了三个头,了却了这个心愿。

开完谢师会后,我陪师父师娘和各位师兄弟游览了滁州的名胜琅琊山和醉翁亭。虽然山间寒风阵阵,溪边残雪未融,师父一路谈笑风生,兴致勃勃,仿佛又年轻了许多。

滁州剧院一共演了三场,正赶上腊月二十三小年前后,上座特好。南京人民广播电台得知消息后,立即派出记者赶到滁州,对全场节目录音,回南京向广大听众播放,南京广播电视报也对活动作了报道。师父说,"南京的观众没有忘了我啊!"

马宝璐先生作为特邀嘉宾参加了这场谢师汇报演出,他和师父出场时,台下响起了热烈的掌声。

吃饭的时候,马先生问我,"业海,滁州地方不大,怎么点儿挺正。"

我说:"1980年天津曲艺团第一次到滁州演出,就是在这个园子。他们干的是花场,领衔的是小彩舞,老太太一上场就是碰头好,弦儿一起,鼓条子一掂,还没张嘴,台下就起尖儿了。老太太一激动,第二天晚上上的是《击鼓骂曹》,中间一段大过门和三分钟的击鼓,那真是掌声雷动,经久不息。她也纳闷儿,滁州这地方的观众对曲艺的喜爱超过了好多大码头,还真出乎她的预料。"

"那这是怎么回事呢?"

"自打 20 世纪 60 年代初期,我就忙着到处组织业余的曲艺活动,文化馆、站经常有曲艺演出,不但有相声、快板、三句半、对口词,而且还有琴书、大鼓,都是跟唱片学的。那时候老百姓几乎没有别的文化活动,只要有人敢上台张嘴,台下就有人听。我 1971 年编了一段数来宝《晚婚好》,被广播站录音以后,在滁城大街小巷的广播喇叭里放了好几年。后来,地、市两级歌舞团都组建了曲艺队,在安徽,滁州算是曲艺之乡。您想,曲艺大腕儿来这里能不火吗?"

马先生端起一杯酒,"我明白了,业海,我敬你一杯,你师父今天这么风光可亏了你。"

我忙站起来,"马叔您可别这样说。都是现在政策好了,要搁在几年前谁也办不成这事。"

"那可不是,我这匹马如今还能四处溜达,也算能赶上好时候啦!"

2007 年,吕少明师兄又代拉了师弟杨贵宝(杨庆深)、马克(马庆润)两人,这样,师父的弟子一共为十五人。

师父过世之后,有人感叹那么多徒弟怎么没能将师父的好玩意儿给继承下来呢?

唐人韩愈曰:"弟子不必不如师,师不必贤于弟子。闻道有先后,术业有专攻,如是而已。"

要说众多徒弟没有一位在艺术上能达到师父的高度,这不是师父的原因,也不是外人所想象这些徒弟都是拜门徒弟。仔细分析,这与当时所处社会环境有很大的关系。

20 世纪 60 年代,师父和从南京、济南招收来的年轻学员之间只是老师与学生的关系,授课内容须经领导同意,根本不可能将自己肚子里的东西全都倒出来,也不敢倒出来。没有几年就赶上"文化大革命"了,甭说学习传统的东西,连相声本身也难逃厄运;"文革"过后,师父到 1982 年才恢复正常的生活,紧接着就去了曲艺队;谢师会之后,师父继续出门演出,师兄弟们都有各自的岗位与工作,和师父天各一方,不可能系统地把师父所有的艺术积累全部继承下来。然而,师兄弟们都很敬业,在各自的岗位上都做出了很出色的成就:梁尚义大师兄能捧能逗,能编能写,深受观众欢迎;吕少明师兄和孙小林师弟的柳活极富师父神韵,在南京和济南竖起相声大旗;吴伶师弟移居南方后勤奋耕耘,屡有建树;李国先师弟自编自演、精益求精、善于创新;李金鹏和马克师弟快板功底深厚,语言清脆、表演细腻,其他几位师兄弟在艺术上也各有千秋,个性突出。而在第三代中,佼佼者更是青出于蓝而胜于蓝,令人惊喜。师父的艺术精粹已经在他的一百多位传人中得到了继承和发扬,这正是师父所乐意看到的。我想,师父艺术传承中的遗憾在今后的时代里应该永远不会再发生了。因为这不仅仅是师徒之间的遗憾,而是我们这个社会的遗憾,是时代的遗憾。

师父曾经说过这样一段话,相声是一棵开满鲜花的绿树,有绿叶,有红花,有的鲜花盛开,有的含苞待放,各有奇姿,各有其美。只要相声这棵大树能茂盛长青,每片绿叶、每个花朵都是美的,其他的都不重要了。

谢师会结束之后,有师兄弟发现在师帖上印制的师承关系上,把师父的师爷卢伯三(德俊)的名字印成卢三伯了。那时还是手工铅字排版,排错之后也没有校对出来就匆匆付印了。

我带着不安的心情去向师父解释,师父笑着说,"卢三伯就卢三伯吧,总算不离谱,幸好还没有印成二大爷,要是印上二大爷,那账就算不清啦!"

二、110 来了

在师兄弟中,第一个开门收徒的是孙玉亭师兄。2003 年,玉亭已五十八岁,得到师父的认可,在南京办了一场摆知活动,收了三位徒弟。师父看到第三代传人心里特别高兴,破天荒地喝了一杯白酒。自此之后,师兄弟们相继开门。

师兄弟中收徒弟最多的是李金鹏师弟,目前收入家谱的已有二十六名徒弟,门丁旺盛。2006 年,李金鹏第一次开门就收了十名徒弟,作为掌门弟子,我要把这些新进门的徒侄的艺名记入家谱,于是就去问金鹏师弟。

"金鹏啊,你待会儿把这十个徒弟的艺名写下来告诉我,我好记在家谱里。"

"用不着写,很好记,这十个徒弟都一个艺名。"

"十个徒弟一个艺名?"

"对。他们不都是'升'字辈吗,艺名就用一个字:'诚'。"

"姓张就叫张升诚,姓李就叫李升诚?"

"没错儿。"

"要有俩姓张的呢?"

"大张升诚,小张升诚。"

"那,要是这个姓张的是个女徒弟该怎么办呢?"

"那更好办了,叫女张升诚啊。"

"干吗都叫升诚啊?"

"这不省事嘛!"

"好嘛,你这省事了,我这记下来每个人后面还得加括弧,大的小的,男的女的,高的矮的,胖的瘦的。这乱不乱啊!"

"掌门嘛,你多辛苦辛苦。"

后来师父问到我,"业海,金鹏这十个徒弟艺名都叫什么呀?"

"都叫一个字,'诚'。"

"都叫'诚'?"

"对,没有加,没有减,也没有除,就一个字:乘(诚)!"

"嘿! 新鲜。"

后来师父找到金鹏,两人商量之后,师父赐给金鹏徒弟四十四个艺名用字:

金言艺语笑海涛中民欢乐,
鹏程万里施展才华赢人心。
大地回春绿满山川培新秀,
度宽有垠事业为本德成根。

头尾藏有"金鹏大度,乐心秀根"八个字。

金鹏喜滋滋地给十个徒弟每个人分配了一个艺名。

147

金鹏收徒摆知活动在新开张不久的南京开心茶馆举行，茶馆的主人就是即将拜入金鹏名下的梁爽和程鸣。梁爽是天津人，为江苏交通广播网主持人，在台上洒脱利落，口齿伶俐，和程鸣搭档，深受观众喜爱。那天晚上很隆重，恰逢中国曲艺牡丹奖颁奖活动在南京举行，相声界来了许多同行到场祝贺。摆知仪式由李金斗担任主持人，结束之后，大家又去饭店聚餐，金斗和他的徒弟大兵以及孙晨等宾客与大家济济一堂，欢歌笑语，至凌晨才散。

在李金鹏收徒之前及之后，梁尚义、吕少明、郎贵文、李国先、孙小林等师兄弟，均开门收徒。一时间喜气盈门，桃李满园。

2009 年春，我去南京看望师父师娘，聊天中师父对我说："业海，你已经六十六岁了，你的师兄弟都开门收徒了，你是掌门，迟迟不收徒，我和你师娘心里着急啊。趁现在我们老两口身体还行，你得抓紧办这件事儿。"

师父这一说，我还真有点儿紧迫感。早在 1973 年我就收了年仅十一岁的赵彬为徒，随之招入滁县文工团，后来和师父商量，师父让我把他送到南京他的身边，由他和几位学生来带功。1974 年，赵彬就到了南京，在市歌舞团学习了八个多月。师父从正音开始，一个字一个字地抠，十分认真。李国先、马克等老师在快板书上又下了很大的功夫，使赵彬在艺术上有了很大的进步。

之后，赵彬随我从县里调到滁州地区歌舞团，跟着曲艺队走南闯北，和他师爷天天在一起，很受教益。师父在河南住院开刀时，赵彬每天夜里值守在师爷的病床边。一晃眼几十年过去了，2009 年摆知时，赵彬已年近半百，在滁州

师父师娘与三名徒孙合影

歌舞剧院任院长,成为艺术中坚。

当时还有两名学生,查俊和王乃中。查俊很有创作才华,写过很多优秀的相声作品和文艺评论文章;王乃中是一位优秀的山东快书演员,能编能演,两人均年逾不惑。

我给徒弟们起的艺名按"君子谋正道忠信以得之"十个字的顺序排列,其寓意不言自明。

在师父师娘的关心下,摆知的时间最后确定为 2009 年 9 月 5 日。金鹏师弟更是热情相助,揽下了全部事务工作,地点就放在南京开心茶馆。

日子定下来后,我给天津的李伯祥、杜国芝两位师兄打去电话,邀请他们届时来南京做嘉宾。伯祥师兄一听非常高兴,当即答应一定准时出席。国芝师兄赶巧那天已早有安排,要参加好友的一个活动,而且无法改期,感到很遗憾。两年后我在杭州第二次收徒时,他携夫人赶来参加,弥补了这次的遗憾。

同时,我又分别给中国曲协的老领导、名誉主席罗扬先生和时中国曲协分党组书记姜昆副主席,北京的崔琦师兄写信和电话联系,请他们赐予墨宝。

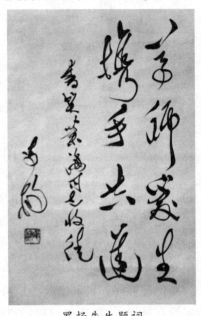

罗扬先生题词

我与罗扬主席最早结识是 1983 年中国曲协在郑州召开的全国农村曲艺座谈会上,我代表安徽在会上有一个发言。后来在编写曲艺志的工作中与罗扬主席有了更多的接触,他带领多名专家来安徽指导曲艺志编写工作期间到了滁州,我陪同他到基层调查研究,获教良多,他那知识渊博、平易近人的风范在我心中留下了极为深刻的

姜昆先生题词

印象。2004 年我出版了《曹业海文艺作品集》(曲艺卷)、(影视卷)两本书,罗扬主席特意为之作序。这次,他接到我的电话请求后,很快就将题词寄了过来。内容是"尊师爱生,携手共进"。

我和姜昆主席最初的见面是 1986 年前后,他以中央社教工作队的名义和单弦表演艺术家马增蕙老师等一行人来滁州演出时,我陪一位来滁检查工作的副省长去招待所住地看望他。后来我几次去北京开全国文代会和曲代会,见面的机会就更多了。这次他接到我的信后,在繁忙的工作中为我题写了刘禹锡陋室铭中的一句话:"斯是陋室,惟吾德馨。"

崔琦先生题词

崔琦师兄被誉为曲艺界的杂家,说演弹唱、创作书法样样精深,其书法师承启功先生,颇具乃师神韵,受到行内推崇。他特意撰写了四行诗句:"南张北侯曼倩风,业海扬帆有传承。喜开门墙育桃李,花鼓声声庆繁荣。"

这四句诗不但点明了我与师父的传承关系,而且将我的代表作数来宝《花鼓声声》也巧妙地嵌入其中,切实下了一番功夫。我收到师兄的墨宝后,心中充满了感激。

伯祥师兄在贤郎二公子松涛的陪同下已在前一日乘火车抵达南京。一年多没有见面了,我将他们接到宾馆,谈心谈到了半夜,十分感谢他七十多岁高龄能专程来参加我的收徒活动,而他更关心师父近年来的身体状况。

摆知活动在下午举行,国先师弟用车将师父师娘从家里接到开心茶馆。每次师门里有活动,接送师父师娘已经成为国先师弟经常性的任务,侍候得十分周到。

我的好友,江苏宝恒文化投资发展有限公司总经理王宣先生和南京军区著名曲艺作家陈亦兵先生、安徽著名曲艺作家汪洋先生早早便来到会场表示祝贺。

安徽省曲协的李慧桥主席,吴棣、夏芹两位副主席,郑林哲顾问和王若祥秘书长、许文龙先生专程从合肥赶到南京与会。

引师、保师、代师分别由尚义师兄和金鹏、国先两位师弟担任。

摆知仪式由金鹏的掌门弟子梁爽主持。我在讲话中回顾了与师父结缘的前前后后，永远难忘师恩。我拉过妻子文仙在台上向师父师娘恭恭敬敬地叩了三个头。见此情景，大家报以热烈的掌声。

掌声刚息，有人在台下喊了一嗓子："你这二十年局长白当啦！"我一看，原来是来自苏北的一个相声演员，以麒派嗓子使活而著称，行里论辈分应当喊我一声师爷。

大家正在愕然时，我微微一笑接过此话说："局长只是工作岗位上的一个称谓，是一个符号，不论这个符号有什么样的变化，唯有一样不能变，那你首先是个人；只要是个人，就不能忘记友情、忘记亲情，更不能忘记恩情。师父如同父亲，这种父子之情，哪怕海枯石烂，永远都不会改变！"

台下一片掌声。

为了改变因这一小岔曲儿引起的气氛变化，我紧接着将话题转向我和师父之间的趣话上。我接着说道："我今年六十六岁了，很快就要步入古稀之年，什么是古稀之年？我理解就是脾气越来越古怪，嘴里牙齿越来越稀，古稀。"

我继续往下说："师父比我大二十二岁，今年八十八了！八十八又称米寿，是个重要的日子。

那天我跟师父说，'师父，您今年八十八岁了，八十八是米寿，您得好好过一过。'

师父说：'要我过八十八也行，我有一个条件。'

我说：'您有什么条件呢？'

师父说：'你到那个年龄也要过八十八。'

'那我也有个条件。'

'你有什么条件啊？'

'我过八十八的时候，师父您一定要参加。'

'你放心，到时候我一准来。'

'我八十八，您都一百一啦！'

'没错儿。'

'那您来得了吗？'

'怎么来不了啊，等你们坐齐了，酒也斟满了，就听外面呜——呜——警车直叫唤，有人大声喊：110来啦！哎，那就是我到了！'"

听到这儿，大家都乐了。

我有手抖的毛病，六十岁以后越来越严重，医生诊断为家族遗传性疾病。奇怪的是拿笔写字时手不抖，老天给留了一条让我继续写作的路。我最后用几句顺口溜结束了我的发言："我的手在抖，我的汗在流，跟着师父走，路上不停留。台上使不了《黄鹤楼》，笔下也能写风流。师父教导记心头，人生永远有追求。"

我说完之后，主持人请师父讲话。师父从口袋里拿出一张照片，我一看，原来是前不久中国曲艺家协会颁发给我的，新中国曲艺六十年"突出贡献曲艺家"称号荣誉证书的影印件。我领回证书后就拍了一张影印件送给了师父，没想到他把它带来了。师父在讲话中历数我的工作成就，把我夸奖了一番，当说到我要为他养老送终一句时动了感情，语带哽咽。

这时，台下有人插话说师父是最大的老合（经验丰富的江湖艺人）。

师父根本没有理睬来自台下的声音，继续把话说完。这时，坐在台下的李伯祥师兄有点整不住了，等到主持人邀请嘉宾上台讲话时，他面带愠色走上台拿起了话筒。

"我今天很激动，刚才坐在那儿心里不平静。今天万里无云，秋高气爽，是一个丰收的季节。我从小在南方演出时，就在永熙师叔的怀抱下长大的，当然今天他抱不动了。今天，他的高徒曹业海先生收了三位学生，是我们相声事业不断发展的一个亮点。相声是一个可发展的艺术事业，我们相声演员能有幸福的生活，能在社会上有所贡献，我们要感谢我们祖师爷，给我们留下这么好的艺术形式，更要感激师父把艺术传授给我们，什么时候都不能欺师灭祖！业海师弟也是六十多岁的人了，还给师父磕头。一日为师，终身为父。他对师父的孝心很让人感动，是我的楷模，兄弟，我向你表示敬意。"

如果说，相声界拜师收徒摆知活动在现代社会有什么积极意义的话，尊师重道，才是应有的本义。

第二天上午，我本来安排伯祥师兄和松涛去南京的中山陵、玄武湖等几个著名的风景区参观游览,伯祥师兄都不愿意去,他只要求去一个地方——南京大屠杀纪念馆。

伯祥师兄在南京三天的活动,由金鹏师弟的徒弟尚喜全程提供用车服务,非常贴心周到,吃完早餐就把我和师父及伯祥、松涛父子送到了位于江东门的南京大屠杀纪念馆。

在参观中,伯祥师兄很少说话,在触目惊心的万人坑遗址陈列厅里,几乎一言不发,聚精会神地听解说员讲解。之后,我们来到了大屠杀遇难者祭奠广场。

广场静谧肃穆,铺满碎石,一条石板路的远端矗立起一道黑色的灵墙,灵墙正中镶有一块白色大理石的花圈浮雕,花圈下方有一尊铜鼎,鼎中燃烧着一团火焰,闪烁着被日寇屠杀的三十万亡灵的生命之光。

伯祥师兄独自伫立在铜鼎前,垂首默哀。

我搀扶情绪有些激动的伯祥师兄,和师父、松涛一起离开了祭奠广场。在一幅巨幅的影墙上有几行文字引起了师父和伯祥师兄的注意,我拿出纸笔将全文抄了下来:

> 让白骨可以入睡,让冤魂能够安眠,
> 把屠刀化作警钟,把逝名刻作史鉴;
> 让孩童不再恐惧,让母亲不再泣叹,
> 让战争远离人类,让和平洒满人间。

离开了南京大屠杀纪念馆,在回去的路上伯祥师兄感概地说:"对中国人来说,南京是个伤心之地。我们相声演员希望大家都开怀大笑,现在日子过得越来越幸福,我们的笑声也越来越响亮,可这国耻永远都不能忘记。"

师父说:"可不是嘛,我可是从那个年头过来的,没经历过的人体会不到做亡国奴是个什么滋味啊。"

是啊,今天的和平环境来之不易,国际上许多专跟中国人过不去的势力从来没有消停。但愿一窝蜂拥到日本买马桶盖子的同胞们别忘了这一点!别哪天自己的屁股都保不住了,再高级的马桶盖子也是一个废物。

晚上,师父推荐了夫子庙里美食街上一家不大的餐馆,在那里为伯祥师兄和松涛饯行。一行人走在美食街上，师父看到有一家中餐馆的招牌上写着"特聘名厨，高档料理"几个字，气不打一处来，"人吃的东西叫食物，牲口吃的才叫料哪！在中国的地界上卖中国美食愣不说中国话，一帮牲口！"

伯祥师兄劝导他说："叔，您可别生气，社会上这类现象太多了。明明是讲故事，偏说成讲物语。

师父没听懂，"什么是物语？"

"我估摸就是动物的语言。"

"那还是牲口啊！"

三、减字《西江月》

师兄弟相继开门，师父的再传弟子越来越多，很多徒孙上门去看望师爷，他一时分不清张三李四，究竟是谁的徒弟，常常张冠李戴，闹了不少笑话。2011 年，师父让我抓紧时间编修一本张氏门宗师承家谱，以利相互交流，传承有序。

作为掌门弟子，编写家谱这是义不容辞的责任。其时我客居在浙江杭州，为了方便资料的集中，便请金鹏师弟从中协助，于是金鹏的大弟子于迁等徒侄就在南京担当起接收资料、联系印刷等繁重的工作任务。

资料收集很顺利，但个人的介绍长短不一，文字上需要调整，规范统一。有的照片是从合影中裁下来的，背景杂乱，图像模糊，但既然本人送来了，别人也不便再说什么，一律按原照印制。

师父在家谱上写下一篇师训，篇幅不长，全文如下：

相声艺术，源远流长，面向群众，雅俗共赏。随着时代的前进，社会的发展，在争芳斗艳的文艺百花园中，相声艺术这朵奇葩，更以其独特的风韵散发出奇彩异香。本人鲐背之年，从艺八十余载，弟子传人百余，在中国相声张氏门宗师承家谱修定之际，对后辈传人提四点希望：

一、爱国守法，做新时代的文艺新人。

二、勤学苦练，提高艺术为人民服务

三、团结互助，同门同行要相敬相扶。

四、注重艺德,永葆曲坛文明与健康。

愿你们继承相声艺术的精髓,发扬自己的艺术特长,弘扬优良传统文化,发展时代艺术相声。

张永熙

作为张氏门宗掌门弟子,师父让我在家谱中写上几句话,我便写下四句寄语:

三生缘至入师门,泉溪同源树连根。

锦心绣口洒欢乐,江南韶节天下春。

家谱的印刷很精美:米黄色封面的背景上缀有永庆升平春长在七个辈分用字和素描勾勒的艺人持扇半幅身形;《中国相声张氏门宗师承家谱》十二个隶书大字竖排在封面的左侧,右侧饰以深棕色的云纹图案,整体简洁大方,具有鲜明的传统风格;

打开封面,师父身穿长衫的半身照片占满一页。照片上的师父英气勃发,神采俊朗,正值华年。

家谱的主要内容为师父与十五名弟子及八十三名再传弟子的个人简介和照片。后面印有所有弟子及再传弟子和第四代弟子的艺名、性别、出生年月、文化程度、拜师时间、地点,引师、保师、代师、现居城市等基本资讯,比正文多了二十六名第四代弟子,记录有自师父以降所有人员一百二十四名。

家谱中还附有一张独立的相声师承谱系表,上溯自张三禄起,下至张氏门宗第四代,枝形排列,一目了然。

封底的图案是师父的创意:一首减字《西江月》成环形排列,中间是其师弟陈宝

师父韶华时节照片

155

笑洒江南——我和师父 张永熙

家谱封底减字《西江月》图

泰赠给他一把瓷茶壶，壶上印有师父年轻时的照片。

家谱印制完成后，师父十分高兴，分发给同行和好友，受到同行们一致好评。

门内的年轻人对封底的环形文字十分感兴趣，试图解析出正确的读法。我的一个徒弟午夜给我发来短信，他终于明白了其中的奥妙，全词少了八个字，如果加上八个字就是一首《西江月》词。

这首《西江月》在传统活里就有，如侯宝林和刘宝瑞先生合说的相声小段儿《王二姐思夫》开头就是这首完整的《西江月》：八月中秋白露，路上行人凄凉，小桥流水桂花香，日夜千思万想；心中不得宁静，清晨早念文章。十年寒苦在书房，方显才高智广。

师父给的这首《西江月》，每句特意都减去第一个字，这样就念不通顺了，而且每句首尾相连，成环形回文排列，又增加了解读的难度。

师父说："现在可用不着了，写回文诗词这是旧社会许多相声艺人撂地时为了吸引观众的一种方法，为了圆黏子，故意让观众琢磨不透，增添趣味。在地上白沙撒字时不光字要写得有模有样，撒出来还必须是一个完整的圆圈儿。这首词的趣味啊，在于上句最后一个字的部分笔划就是下一句的第一个字，所谓减字《西江月》，所减的那个字就藏在上一句的最后一个字中。如露和路、凉和小、香和日、想和心、静和青、房和方、广和八，过去繁体字的广里有一个黄字，其下方正是个八字。"

经师父这么一解释，再读起来就趣味盎然了。

值得注意的是，全词第六句侯宝林、刘宝瑞先生用的是"清晨早念文章"，而师父用的是"青春懒念文章"。如以首尾对应，青字较为准确，而清字多了三点水；如以词意解读，第五句是"心中不得宁静"，下句"青春懒念文章。"两句呼应意思就完整了。

师父一生使的活中除了柳活之外，以批讲文字的活居多，如《增和桥》《白字会》《什么先生》《糊涂县官》《猜灯谜》《巧对春联》《珍珠倒卷帘》《出口成章》

《文章会》等。之所以活路有此偏爱，这和师父喜爱琢磨文字词句的癖好及知识积累有关。除此之外也与师父较为高傲的性格有着内在的联系，试举一例。他始终认为"走穴"是"走学"之误，由此看来，师父对"学"是很上心的。师父幼年没有读过几年书，全靠在从艺的人生历炼中博闻强记，从戏曲、曲艺艺术中，汲取知识营养，在新中国成立后文化知识更有了明显的提高。

师父的知识储存从他给金鹏徒弟写的四句话四十四个艺名用字可见一斑，这四句话不但立意积极，内容丰富，藏头藏尾，而且全篇四十四个字无一重复。

用行内话说，师父的肚囊真宽，什么都有。

每当门里或业界有大的活动时，师父都要预先写好讲话稿，而且字斟句酌，绝不马虎。以一位老相声演员的口才在公开场合讲几句话应该是信手拈来，小菜一碟。可师父认为这有敷衍了事之嫌，非要成文，以示尊重。

2006年，李伯祥师兄在北京收徒，我陪师父从南京赶到北京。出发前，师父拿出一张他写的发言稿，让我给润色一下。我建议压缩一下，不能太长。

师父摇摇头，"对伯祥的事儿我得认真。"

到了北京之后，他又拿出稿子反复揣摩，最后，让我用大字帮他抄写一份，便于在灯光不好的环境下能够看清。

伯祥师兄收徒仪式很隆重，以前辈身份上台讲话的只有师父和常宝霆先生。常三爷先发言，表达了祝贺之意，时间很短。我扶师父上场后，师父从怀中拿出发言稿开说，几分钟过去了还没有念完。

主持人李金斗有点着急，在一旁"砸挂"说："这是哪位老太太给您写的稿子，又臭又长。"他不知道这篇稿子可是师父自己认真写下来的。

对自己门内的大事，师父也不马虎。2006年，尚义大师兄和国先师弟在南京合办收徒仪式，师父也是预先写好发言稿，到了会场之后又把我喊过去，让我再帮他修改一下，其认真的态度让人十分敬佩。

在日常生活中，师父以他的学识和才智，常有绝妙之语，令人称绝。

当年我从南京回到滁州后便认识了文仙，还曾带她到南京中华路师父家里去过。师父看到我领来一位漂亮的女友，很是高兴，留我们吃了便饭。在吃饭时，文仙对师父说，"有人不同意我和业海相处，他们说，他属猴，我属鸡，猴配鸡,哭啼啼。"

师父哈哈大笑,"俗话都是说女的许配给男的,哪有男的许配给女的一说呢?所以,你听到的应该倒过来说,叫鸡配猴,不用愁,坐汽车,住高楼。多好哇,将来一定能坐上汽车,住上高楼啊!"一句话把文仙给说笑了。

事后师父私下对我说:"你有数来宝的基本功,一倒个儿就是一个词儿,今后再遇见这些风凉话,你就按这活路使,准没错儿!"

后来师父的话还真灵验了,我和文仙结婚后先是住的平房,后来调到歌舞团住到了三楼,退休后住到了大儿子家,又爬到了六楼,大儿子家是顶楼的跃层,我们的房间在七楼,越住越高。有时爬楼爬累了,就想起师父说的"鸡配猴、住高楼"的话来了。

文仙一边上楼一边气喘吁吁地说,"其实师父当年还是少说了一句。"

我说:"没少说啊,不就是'鸡配猴,住高楼'吗。"

"他还应该补一句:'猴配鸡,坐电梯。'不就省得爬楼了吗!"

好么,她也学会了!

2005 年前后,我退休之后曾在南京一家文化单位编写剧本,在南京暂住了一段时间。工作余暇,我和妻子文仙常去王府园师父家里看望师父师娘。

师父师娘对我们十分热情,因为有一件事情始终让他们感到有些愧疚。1988 年,江苏省文化厅拟调我去省歌舞剧院工作,调动手续基本完成,当我把这个好消息告诉师父时,师父却表示不同意我去南京工作,他说了一些不能来的理由,让我一下子失去了方向。

事过境迁,师父意识到他的意见让我失去了一次改变人生的大好机会,而我从未因此去责怪师父,这让他心里始终有一个惦念。

有一次,当师父得知文仙的三个妹妹到南京看望我们时,执意要请我们吃饭,了解到她们喜欢吃辣,便在太平南路上的四川酒家订了酒席。落座之后,师父一一问起文仙三个妹妹的名字,"你们的名字都怎么称呼啊?"

大妹妹说:"我叫章文秀。"

二妹妹说:"我叫章文芳。"

小妹妹说:"我叫章文玉。"

师父一听笑着对我说："业海呀,我说你怎么会动笔杆子呢,你们家里有四篇好文章呀!"

我没明白师父的意思。

"你看,这姐妹四人的名字倒过来读,就是仙文章、秀文章、芳文章、玉文章,四篇文章。"

我问师父:"这有讲吗?"

"当然有啊:仙文章,仙气灵动,常有神来之笔;秀文章,文字清丽,乃大家闺秀;芳文章,文若芝兰,芳香诱人;玉文章,字字珠玑,宛如美玉。仙秀芳玉,这四篇文章放在一起,就是咱们相声里的一块好活——文章会啊!"

嘿!

"仙秀芳玉文章会"在南京

四、泪洒济南府

山东济南是曲艺重镇,观众对民间曲艺有着深厚的感情,除了山东琴书、山东快书、梨花大鼓等乡土曲艺形式外,一些所谓外来的曲种,如河南坠子、西河大鼓、相声等,也在济南落地生根,产生了很大的影响。对相声艺人来说,济南是最养人的地方。历史上去过济南的相声艺人很多,自民国初期始,到新中国成立,京津一带的知名相声艺人几乎都来济南靠过地[1]。故相声行内曾有

---

[1] 靠地:指固定在一个地方演出。

159

济南最有名的相声园子当数大观园晨光茶社了。晨光茶社是 1943 年由人称北侯南张中少林的孙少林先生与其师李寿增创办的,盛极一时,来此演出或由此成长起来的相声名家数不胜数,成为业绩辉煌的相声基地。

我第一次到济南颇有戏剧性。1967 年,在全国大串连的热潮中,我和文仙、妹妹业凤等四人从滁州乘火车上北京,身上没钱买车票,就买一张最便宜的短途车票进站,坐一段是一段,能坐多远是多远。结果在快到济南时被查票的赶下了火车。济南火车站出站很严格,没有车票根本出不去,几个人在站台上一筹莫展。我看着摆了一地的行李,突然有了一个主意,让她们三个人将行李丢给我,空手离开站台,沿着铁路向前走,从前面的道口出去。即使有人查,因为空着手,不会被人怀疑是刚从火车上下来的。

我看着她们越走越远,心里的石头也落了地。还没有缓过神,一个满脸胡茬的铁路工作人员走到我跟前,厉声问道:你是到哪里去的?

我回答说:"到北京。"

"你的车票呢?"

"没,没票。"

"没票你是怎么进来的?"

"是同学帮忙送进来的。"

"没有票就出去!"

我笑着和他商量,"老师傅,照顾照顾。"

"不行,出去!"说完便拎起我身边的行李,朝出站口大步走去。

我紧紧跟在后面,一边走一边说:"老师傅,帮帮忙,你可千万不能让我出去啊!"

这位理都不理,走到出站口后,将我的行李往外一扔,转身就把我推了出去。

过了好一会儿,文仙等三个人绕到了出站口,见我正坐在地上抽烟心里很惊奇,忙问:"咦,你是怎么出来的啊?"

我说:"是站上的师傅硬把我推出来的。"

几个人笑了一路。

160

第二次到济南已经是十六年后了。1983年,曲艺队赴山东巡回演出,我和师父到了济南,在大众剧场演了几天。师父到了剧场之后,就向我要了几张当晚演出的戏票,让李金鹏送到了孙少林先生家。

孙少林先生是一位相声大家,艺术精湛,其成就与为人在行内很受敬仰,师父对他曾有一段回忆。

孙少林是天津人,1923年生人,乳名大来子,孙少林这个名字是相声前辈给他起的。

我俩都是九岁开始学艺,他在天津拜李寿增为师,我在北京拜赵少舫为师。李寿增教学特别严格,少林刻苦学习,狠下私功。由于他的功底厚实,所以他在艺业上突飞猛进。在天津跟随师父到各个场地演出,他的表演非常出色,因此受到了观众的喜爱。后来随师到大连以及山东各地演出,渐渐有了名气。十八岁时随师到山东济南"青莲阁"演出。一炮打响,大火特火,真是名震泉城!一举成名。

后来他在济南定居,创办了晨光茶社这一远近闻名的相声大会。晨光茶社场场客满,排队的观众一直排到夜里十一二点还不肯离去,真是盛况空前。全国各地有不少相声名家都来晨光演出过,同行们说,说相声的要是不来山东会一会,你就后悔去吧。虽然这是一句笑话,但事实说明相声演员在这个相声大会里,听得多,看得多,学得多,演得多,既长能耐又赚钱,到哪儿找这么好的穴眼儿去。

孙少林独特的演技,颇受山东人喜爱。他的表演风格非常合乎山东人的口味儿。山东人说话直爽,性格豪爽,办事爽快,听孙少林的相声笑得痛快,乐得过瘾。孙少林舞台形象好,威武高大的身材,英俊壮观的台容,特别压点,表演独特,状物模声,生动逼真,吐字清脆,流利动听。"包袱"撒出去百发百中。他大胆创新,破格改旧,文活武使,温活火使,文不怯,武不野。利用自己的多艺之

相声大家孙少林

161

长——"腿子活"加武功、戏剧动作、锣鼓经等,给不少节目增加了许多有价值的"包袱"。这对将来相声的改进和更新大有参考和研究的价值。

孙少林从小好学。他牢牢记住师父的"艺多不压身,要多学多问,学人家的长处,克服自己的短处,并且要广泛学习"这些艺理、艺德等规训,按照恩师的教导,学而不倦,久学不厌,到后来他终于成为一位多才多艺、说学俱佳、逗唱皆优、全国为数不多、真正的优秀相声名家。他被人们称为"山东曲艺的一杆大旗",此言当之无愧、绰绰有余!

孙少林演的段子很多,他的代表作也不少,例如:《打砂锅》《卖布头》《闹公堂》《铡美案》《学电台》《追韩信》《怯剃头》等,都是他的代表作。

1980年,孙少林因突发脑溢血不幸去世,师父得知后扼腕痛惜,心里十分难过。这次来济南演出,去孙少林家看望是一大心愿。

当天晚上,孙少林夫人刘艳霞和儿子孙小林来到剧场看了整场的演出。孙小林曾多次听父母讲过师父当年在济南演出时的情况,但他从未见过。当他看了师父压轴的段子学越剧之后,孙小林被师父的艺术魅力深深吸引,暗下决心,一定要拜张永熙先生为师。

演出结束后,孙小林和母亲刘艳霞来到后台给同行门道辛苦。刘艳霞把孙小林介绍给师父:"永熙大哥,这是少林的小儿子。"

孙小林上前向师父深深鞠了一躬。

师父十分高兴,"哎呀,我一看就是少林的儿子,活脱脱一个小孙少林,比少林小一号。"当师父得知孙小林很喜爱相声,经常参加业余演出,尤其是使的都是柳活时,心里更是惊喜,他当场要孙小林来一段儿。

孙小林亮开嗓子唱了一段儿豫剧《七品芝麻官》选段。

后台的人都被他的好嗓子和地道的韵味吸引,师父更是赞不绝口。

第二天,师父在李金鹏和肖和生的陪同下应前一晚之约来到孙家。孙小林和母亲刘艳霞早已在家等候,到场作陪的还有孙少林先生的大弟子赵文启、济南市曲艺家协会主席、曲艺作家刘礼和单弦表演艺术家白坦等人。

大家相互介绍礼让一番落座后,刘艳霞开门见山地说出了母子俩的共同想法,请师父收孙小林为徒。

师父一听很是高兴,他激动地说:"你能把儿子交给我,是我的荣幸。请放心,我不会辜负您的期望,更要对得起九泉之下的少林老弟……"说着说着,师父已泪流满面。

李金鹏说:"丁是丁,卯是卯,今天办,今天好。"

话音没落,赵文启说:"我是孙家大徒弟,我带个头,先给张先生叩头。"说完与师父年纪相差无几的赵文启跪下就磕。

李金鹏说:"那我得回礼。"也急忙跪下,两人咚咚咚对磕了几个头。

刘艳霞忙对孙小林说:"小林,快给师父磕头!"

孙小林郑重其事地跪在师父面前行了大礼。

师父忙扶起孙小林,语重心长地说:"从现在起,你要好好练功,绝对不能给你父亲和师父丢人。你的肩膀上扛着两杆大旗,一个是我,一个是你父亲孙少林。"

孙小林看着师父,认真地点了点头。

大家齐为师徒二人鼓掌祝贺。

1984 年 2 月,孙小林从济南赶到滁州,参加了谢师仪式,成为师父的第十三位弟子,也是最小的关门弟子,师父给艺名:孙庆池。

光阴荏苒,二十二年后,孙小林在山东淄博收徒,师父虽已八十五岁高龄,仍执意要亲自前往,而且要坐飞机去。那天,他把我喊到南京商量去山东的事,让我陪同他一起前往。我听到小林师弟开门收徒很是高兴,一听师父要坐飞机去山东心里又有点为难,万一在飞机上身体发生意外怎么办?

我劝导他:"师父,济南也不算太远,我给您买个软卧,一个晚上就到了,又舒服又安全。"

师父摆摆手,"放心,我的身板儿没有问题,就坐飞机。你把身份证给我,我让他们订飞机票。"

我一看师父的态度很坚决,也就不再劝他了。

飞机起飞的时间是中午十二点半,我早上八点多钟就赶到了师父家,金鹏师弟及其徒弟等人也都来到师父家送行。师娘让我们提前吃个早中饭,省得在机场吃饭不方便。

师父说:"这刚刚吃完早饭,怎么又要吃中饭啊!我肚子一点不饿,吃不下。"

我说："要不带点糕点,您要是饿了好垫补垫补。"

师父摆摆手,"都用不着。"

坐飞机得提前办手续。十点多钟,李金鹏的徒弟用车把我们送到了南京禄口机场。

我先找个座位让师父坐下,我去办理乘机手续。领到了登机牌后,我就陪师父在大厅里逛了起来。

师父突然问我:"业海,你帮咱们俩买保险了吗?"

我摇摇头,"没买。"

"要买,一定要买。"

"那用得着吗?"

"怎么用不着啊,万一半道上遇到什么情况,要是一头栽下来怎么办?"

"您说的这是放风筝啊!"

"听我的没错儿,快去买吧。"

我到保险公司柜台一问,每份保单二十元,如果全额赔付,即投保人意外死亡可赔四十万元。我转回去把这个情况对师父一说,师父说:"那每人买两份吧。"

"干吗要买两份啊?"

"两份要赔八十万,估计你师娘够花了。"

"嘿!师父,我可是才六十多岁啊!"

"那你就买三份,正好凑一百块钱的。"

合着我们买花生哪!

最后每人各买了两份保险,师父很满意,嘱咐我把保单装好。

我说:"装得再好也没用,人都没了,上哪儿找它去啊?现在都有电子纪录,一查就查到了。"

"那你把保单给我。"

"您要它干吗?"

"回去给你师娘看,这一穴想挣八十万没挣着。"

"嘿!"

这么一转悠,师父说他肚子饿了,要吃点东西。我就陪他一道到了餐饮区。吃的品种倒是不少,就是价格太高,师父说:"咱也别浪费,就吃碗面条吧。"

我们俩进了一家卖面条的快餐店坐了下来。一看价目表,最便宜的一碗带点荤腥的面条也要五十八元!我给师父点了一碗。

师父问:"你怎么不吃啊?"

我说:"我这会儿不饿。"

师父冷不丁地来了一句,"要是保单生效了呢?"

听师父这么一说,我心里有点嘀咕,想想还是吃吧,忙又补买了一碗面条。

吃完面条,师父又去超市转了一圈儿,并让我买了两盒糕点带在路上吃。

上了飞机,一路很顺利,只有一个多小时就到达济南。

飞机一落地,我对师父说:"师父,您这回八十万可没挣着,还倒贴一碗面条儿。"

师父把手一甩,"水了!"

孙小林师弟领着几位徒弟早已到机场等候迎接师父。一见师父从出口走了出来,上前就给师父一个大拥抱。师父十分高兴,似乎有说不完的话。

我说,"师父咱们先上车,到家了再好好聊。"

"哎。"

小林把师父扶上汽车后,直奔市区。

对师父亲自来济南参加自己的收徒活动,小林师弟后来写了一篇回忆文章。

师父在南京也不忘为我的艺术道路做出正确且又准确的指点,他老人家说,相声的传承要抓住两点。第一要继承,把我们老人身上的能耐学到手,搬上舞台。第二就是收徒,收徒弟是为了找接班人,是为了更好地将相声艺术传下去,不能断档。

在师父的鼓励下,恰巧有很多相声爱好者有拜师的意愿。于是在多方努力配合下,2006年2月,我开山门收徒弟。当时邀请了全国当红的相声表演艺术家、老艺术家、各方面专家,当然最应该邀请的就是我的师父张永熙先生。当年他老人家已经八十五岁高龄,为了保证师父的身体能适应来回的颠簸,

165

我打算让师父在收徒当天,从南京赶到淄博,但是师父执意要提前来。后来师父告诉我,你收徒我高兴,这是咱们张家门儿添人进口,但是我们不能忘了那些为相声做过贡献的老人儿。我提前去,主要是看看你那卧床久病的母亲。师父在电话里,说得我心里暖暖的。

于是,我师父在师哥曹业海先生的陪同下,来到济南。2月的济南,冷得透地。这让常年生活在江南温润气候里的师父有些不适应。恰巧师父赶到的当天,下了鹅毛大雪。师父看着雪白的地面,长叹一声,这是老天爷给饭啊,瑞雪兆丰年,家里添人进口,饿不着啊。随后师父话题一转,说:嗯,还是真冷。

师父来到我居住的楼层,我想和徒弟搀扶着师父上楼。师父停下说,咱家住几楼。我说,二楼。师父一甩手,松开吧,我自己来,我家住四楼,都是自己上自己下,这叫能上能下。跟在身后的徒子徒孙无不为这位八十五岁的老人拍手称赞。进屋后,师父握着母亲的手,又激动又心疼:"当年的梅花大鼓艺术家,如今瘫痪在床,不能自理,实在是心痛啊。"师父自言自语着。他拉过我说:"好好照顾你母亲,这可是咱们家的宝啊!这几年你们小两口辛苦了。"又对我母亲说:"弟妹快好起来吧,我下次再来还得吃您做的北京抻面呢!"说罢师父流下了眼泪……母亲不能说话,只是啊啊地点头。

转过天来的收徒仪式很隆重。当时我邀请到了京、津、济、南京等地的名家大腕儿。例如:田立禾、李伯祥、张志宽、魏文亮、魏文华、杨少华、佟守本、孙振业、刘延广、刘国器、师哥曹业海等,全国各地曲艺家协会以及同仁也发来贺信祝贺!李金斗作为主持人,更为收徒增添了无限光彩。

拜师过程中,师父一直保持良好的精神状态。当李金斗先生把师父请到台前就座时,我赶紧带着十个徒弟,站成一排向师父行礼。因为我徒弟中有军人和人民警察,不便于行叩拜礼,所以我的大徒弟付俊坤代表大家行叩头大礼。

礼毕,师父精神饱满地向大家致辞。开篇就是一段合辙押韵的祝福:"意如新春,事事开心,家家小康,幸福满门,父母康健,儿女孝顺,健康长寿,永葆青春。"一段打油诗过后,师父滔滔不绝地讲述了他老人家对我的教诲,对徒孙的期望,对相声事业未来发展的看法。引经据典地将拜师仪式推向了高潮。拜师结束后,师父还与大家合影留念,每到一处都会引起不小的轰动。师父坐在中间,我带着徒弟聚集在一起,身后是硕大的书法牌匾,上写"曲艺世家",由此,我进入一个新的开始,接下来要开剧场,教徒弟。

师父参加完我的收徒仪式就回南京了。我也会时常与他电话沟通教学生带徒弟的心得,师父给了我很多建议和方法,让我很受教益。

师父此行,成了我心中永远难忘的一段美好的记忆。

2011 年秋,天津谦祥益的史清元经理邀请师父去参加天津相声节的原生态相声专场演出。天津的活动结束后,师父又回到故乡北京住了几天。虽然北京早已没有亲人,板章胡同也难寻觅旧日的痕迹。然而,师父这一故乡情结始终难以化解,乡愁成了师父晚年精神上的必需品。

离开北京后,师父又来到了济南。这次去济南师父是为了完成自己心里多年的一个心愿:去祭扫孙少林夫妇之墓。

小林师弟在回忆文章中详述了师父到济南的点点滴滴。

2011 年 9 月 25 日,师父在师哥李金鹏先生的陪同下,风尘仆仆地来到济南。

当天晚上,先到晨光茶社看了徒子徒孙的演出,并且饶有兴致地给我量活,得到泉城观众的极致赞誉,一个近九十岁的老人,能够在外奔波劳顿十几天后,仍精神十足地登台表演,实在是泉城观众的福气。

师父与孙小林演出剧照

167

第二天,师父不愿多休息,坚持要去给我父母扫墓。作为晚辈,深切感受到老人的心情。但是考虑到师父的身体情况,又不敢让师父过度劳累。

师父说:"我能来济南,已经是个奇迹了,既然来了,不看看九泉之下的少林兄弟夫妇,怎么能离得开呢。"临行前还不忘抖包袱说:"看一眼少一眼喽。"

到墓地后,上香,烧纸钱,鞠躬,一切表达完毕,师父坐在父亲坟前的石桌旁边,不停地念叨着。我站在一旁倾听着。

师父说的大多是当年一起打拼的岁月,想起之前穷苦的日子。说到如今生活的幸福,师父眼含热泪,一个劲儿说:"少林啊,你没福气啊,当年给那么多人创造了吃饭的平台,日子好了,你却没了。"

情到深处,师父突然提高嗓门说:"少林、艳霞英灵永存。虽然你们在活着的时候受过苦,受过害,说不出的那种痛苦,那种委屈,那种压迫,那种屈辱。你们放心好了,我来看你们,证明你们的英灵永存,绝不是一个弱者,你是一个强者。你把儿子交给我,你放心,我一定让他更好。他现在已经成功了,我还要让他再往上走,让他赫赫有名,让他像你一样,我非常有信心。这次来济南,看到徒弟小林的徒弟,也就是我的徒子徒孙的接待,那种盛况,也是我这一生以来,头一次,从来没有过这样亲热、这样隆重,他们对我的尊重深入我的心里。少林、艳霞,你们放心,把你们的儿孙交给我,他们的艺术,他们的未来,我会把我的艺术财产,毫不保留地都给他们,我义不容辞。你们安息吧!"

说到这里,师父已老泪纵横。他含泪说道:"少林啊,这次来看你,我带着金鹏。他是非常孝顺我的,既是我的徒弟也是我的儿子,来,儿子,磕头。"

师哥李金鹏长跪不起,号啕大哭。此时我已泪如涌泉,难以自持。

在父母墓前接受师父的教诲和鼓励,是对父亲母亲的一次承诺。作为晨光茶社相声艺术的传承者,我又怎能不去努力呢。听师父讲那些过去的故事,五味杂陈,那些坎坷困苦的日子,老前辈都能坚守相声事业,现在日子好过了,没有理由干不好。

第二天师父要离开济南回南京了。作为徒弟,没能贴身孝顺,本身

师父哭祭孙少林

就是一种愧疚。送走师父的当天，我突然发现心里空空的。这样一个为相声事业拼搏一生的老人，晚年还能走出来，亲吻故土，看望同乡。我们年纪轻轻的，又有什么理由不走出去呢？至少要创造更多机会去陪陪师父。

2012年5月，我专门挑选了一个暖和的日子，带着徒弟任安涛和冯淯洋前往南京看望师父。师父见到山东的徒弟带着徒孙前来，第一句话问：来了，待几天啊？我告诉师父，因为徒弟们都有工作，不能待太久，第二天就得赶回济南。虽然师父心里失落，但是还是激动地表示，抓紧吃饭，你们来了一定饿了。

我拿出之前出版的张氏家族相声族谱，请师父为后续的徒孙进行签字认证。

师父哈哈大笑，"咱们家族兴旺啊，好，签字。"

师父边签字边聊起业务，当时徒弟任安涛和冯淯洋激动万分，纷纷录音记录。当时谈到京韵大鼓，还有快板的板眼技巧，十三道大辙两道小辙，滑稽大鼓，单口相声《增和桥》等。徒弟们兴奋不已，连我也觉得不枉此行。

第二天离开时，去师父家告别，师父拉着我的手不停地说："再来啊，一定再来啊。"

我转身离开，不想让眼泪流出来。

江湖有酒，庙堂有梦。师父是一名从旧社会走过来的相声艺人，一生跌宕起伏,阅尽沧桑,虽曾自酿苦酒,心中何尝无梦?泪洒济南府,哭祭孙少林,那断断续续和着泪水的话语,应是师父心中梦的一种诠释吧。

五、西子湖边的余音

2011年师父很忙,刚从天津、北京、济南回到家没有一个月,又兴致勃勃地赶到了杭州。

杭州的曲艺多为南方曲种,较为流行的形式有杭州评话、小热昏、莲花落、独角戏等。北方的曲艺形式在舞台上不很常见,专业的相声演员更是凤毛麟角。

2006年,我为恰商创作的电视剧本《朱元璋还乡》拍摄一事曾多次去杭州。后来,又陆续有了许多其他事务,就在杭州小儿子曹原的家里长住了几年。有一次,在杭州有名的河坊街上的一家茶楼上喝茶,突然听见楼下打快板的声音,顿时吸引了我。忙走到窗前向楼下一看,原来是一位身材矮小的男子在街边摆了一个"武大郎"烧饼摊,为了招徕顾客就打起了快板。不过,他的板打得很不规范,而且只打板不会唱词儿。闲来无事,我向茶馆老板要了纸笔,在茶桌上写了几十句卖烧饼的快板词儿:

> 河坊街,长又长,
> 人来人往喜洋洋。
> 店铺一家挨一家,
> 招牌幌子迎风扬:
> 有酒楼、茶社、杂货铺,
> 笔墨纸砚书画房,
> 绸布店、火腿庄,
> 拉洋片、梨膏糖,
> 绣花鞋、天堂伞,
> 小吃摊更是一行一行连一行,
> 街中间一道高墙有三丈,
> 上写着百年老店胡庆余堂!

河坊街繁花似锦连绵不断二三里，

那真是蜿蜿蜒蜒、古色古香、热热闹闹、

人来人往韵味长！

过路的君子请留步，

请把我武大郎的烧饼尝一尝。

这个烧饼——

有的圆、有的方，

有的扁、有的长，

里面白、外面黄，

又有芝麻又有糖，

您咬上一口吃吃看，

那是又酥又脆特别香。

在西湖边上咬一口，

那个香味，一下子就飘过了钱塘江！

太香了！

有人问武大郎摆摊卖烧饼，

潘金莲怎么没有来帮忙？

找老婆，先别忙，

五尺男儿当自强。

我靠双手能致富，

水到渠成不用慌。

我的要求也不高，

男女双方要相当：

她长的要像潘金莲，

心眼儿要像刘慧芳！

　　写好之后，我下楼来到烧饼摊前，对他说，"小伙子，你只打板儿不张嘴儿缺乏吸引力哦。"

　　他很直率："俺不会唱词儿。"

171

　　我把写好的快板词儿递给了他，"这是我刚才在茶楼上写的，你试试唱一唱。"

　　他拿着纸看了看，有点儿不好意思地说："俺唱不好。"

　　我从他手中接过快板，"我先给你唱一遍，回家以后慢慢再练。"我前边打了一个小板套子，很快就围上了一圈人，等我把这段儿一唱完，大家全笑了，鼓起掌来。

　　我对小伙子说："你先背会前半段儿，到'太香了'为止，唱完之后就推销烧饼。以后再背后半段儿，有的顾客买了烧饼还想要听你唱，你再接着唱后半段儿，保证效果好。"

　　小伙子十分感激我，硬要请我吃他做的烧饼，我连连推托转身走开了。

　　原以为这事已经过去了。一个月后，忽然在杭州的《钱江晚报》上看到一篇报道，内容是河坊街上一个名叫张伟的小伙子在街边唱快板卖烧饼，生意特别好。有人已向他发出邀请，请他去上海发展。报道还附了一张彩色照片，我一看正是那天的那个小伙子。我当时也很高兴，不长的一段儿小快板竟然发挥了这么大的作用，事实证明，北方曲艺在杭州还是受欢迎的。

　　数年后，我又去了一趟河坊街，卖武大郎烧饼的已经不是那个名叫张伟的小伙子，而是另一位"武大郎"。他也是唱快板卖烧饼，看来张伟已经把这些都传下来了。只是他把原来的词改短了不少，中间一段有点绕嘴的全删了，开头和结尾还保留着。现在在网上还能看到这段武大郎唱快板卖烧饼的视频。

　　只要有市场，就会有发展。2009 年，杭州笑海相声会馆成立，领头人是山东萧国光的弟子叶明珠。他和几位对相声特别喜爱的年轻人经过一年多的筹备，大家筹集资金，正式注册成立了这个有经营资质的相声组织。在筹备过程中，叶明珠多次联系我，因我行踪不定，一直没能见上面。直到他们正式在杭州大华书场公演后，我才回到杭州与他见了面。当天晚上我去看了他们的演出，虽然水平参差不齐，但有几个好苗子，是干这行的料。演出结束后，大家一直交谈到了深夜，久久不愿散去。

　　几次接触后，叶明珠聘请我为杭州笑海的艺术顾问，参与他们的一些事务，帮忙出出主意。

　　笑海相声会馆中有一对骨干演员,凯文和简约。凯文本名薄凯文,毕业于杭州师范大学,自幼喜爱相声艺术,专攻逗哏,在台上表演清新,挥洒自如,口齿利落,台风大方,很受观众欢迎;与他搭档的简约,本名裴志国,毕业于哈尔滨工程大学人文学院,酷爱相声,钻研捧哏艺术多年,台风稳健,亦庄亦谐,与薄凯文配合默契,表演朴实自然。

　　四月里的杭州,莺飞草长,飞红点翠。一天,叶明珠与薄凯文、裴志国约我去饭馆吃饭,在交谈中叶明珠代两人向我正式提出了拜师的想法,我觉得他们路子正,极富发展潜质,便欣然同意。

　　裴志国怯怯地问我:"曹老师,听说北方拜师每个徒弟要给师父买一条10000元的金项链?"

　　我哈哈一笑:"我什么都不要,你们合伙买一支笔送给我做纪念品就行了。"三人听了很是高兴。

　　之后不久,我的好友,马鞍山市曲协主席张立明将他在天津曲校大专班即将毕业的儿子张伟(不是卖武大郎烧饼的那位)托付给我,我也同意收他为徒。

　　原来设想在六七月份办事,我考虑天气炎热师父出门不方便,推迟到秋后再办较为合适。正好师父九月份要到天津、北京、济南,国庆和中秋大家的活动和事情又多,最后把摆知活动的时间定在 2011 年 10 月 23 日。

　　为了弥补上次的遗憾,杜国芝师兄早早地就安排好时间,他提前一天携夫人范金荣女士和李伯祥师兄乘高铁到达了杭州。当天晚上,我抽出时间专门陪国芝夫妇到西湖边喝茶看夜景,他兴致盎然,拨通了女儿的电话,向她讲述西湖之夜的美妙。

　　师父在李金鹏、李国先两位徒弟的陪同下,也在李、杜一行到达的当天从南京抵达杭州。与此同时还有从山东济南赶来的叶明珠的师父萧国光夫妇和女儿萧青。这么多同行在一起相聚,师父心里有说不出的高兴,情绪始终处在兴奋中,似乎与大家有说不完的话。

　　适逢中国曲协在距杭州不远的绍兴柯桥召开中国曲艺高峰论坛,我邀请了中国曲协的几位领导届时能来杭州出席摆知活动,他们都很愉快地接受了邀请。

摆知活动安排在运河边的潮王大酒店举行。中国曲协名誉主席罗扬先生、刘兰芳主席、李时成、吴文科副主席、朱光斗顾问和山东曲协主席孙立生先生都出席了活动,领导和专家们的支持,我心里十分感激。师父和他们亲切交谈,他们对师父九十高龄仍精神矍铄,不顾舟车劳顿来杭州参加徒弟的收徒活动十分赞佩,纷纷向他表示祝贺。

师父上台讲话时心情十分激动,干脆以唱代说,他来了一段太平歌词《白蛇传》:

> 那杭州美景盖世无双,
> 西湖岸奇花异草四季清香。
> 那春游苏堤桃红柳绿,
> 夏赏荷花映满了池塘……

师父的发言别开生面,全场击节唱和,气氛热烈。

师父在杭州拜师会上讲话

罗扬主席当场赠送了写有"学而不厌,诲人不倦"的书法作品。刘兰芳、朱光斗、孙立生先后在会上发言,对相声界注重艺术传承和人才培养给予充分的肯定和鼓励。

刘兰芳主席在致辞中说:"我们几位都是搞艺术的,今天这个拜师仪式如此隆重,在行内是不多见的,说明大家对人才培养工作的重视,希望三个徒弟要努力学习,不负众望。张老已经九十岁了,我得说宽泛点儿,祝您万寿无疆。"

朱光斗先生以专业艺术的语言发表讲话:"我叫朱光斗,今年七十九。从艺六十年,快板不离口。业海来收徒,令我精神抖。我祝张家门,添人又进口。再祝永熙老,活过九十九。"

孙立生先生是著名的曲艺作家和理论家,他对相声界同仁们关心国家大事,把传统的拜师活动提高到为国家文化事业的后续发展、立足于人才储备的高度的做法很是称赞。

伯祥和国芝两位师兄以保师和代师的身份发言,幽默风趣,一个个包袱让全场笑声不断。

李国先师弟才华横溢,上台即兴来了一段儿数来宝:

要我说话说不好,
干脆来段数来宝。
今天是 2011 年 10 月 23,
请大家记住这一天。
有三个小伙儿来拜师,
我们相声行内叫摆知。
今天的摆知仪式不得了,
曲协来了许多大领导。
相声泰斗张永熙,
明年就高寿九十一。
这三个小伙儿真不赖,
对相声艺术很热爱。
裴志国,真不瓤,
杭州相声茶馆挑大梁;
第二位,薄凯文,
年轻帅气有精神;
最小的名字叫张伟,

瘦高个子细长腿，

腿细腰细脖子细，

真像相声前辈马三立。

他们的师父曹业海，

为相声奋斗了几十载。

今天你们进了门，

要跟师父学做人，

先做人，后学艺，

才能干好事业成大器！

这段儿张口就来的小段儿赢来大家热烈的掌声。

类似的活动，在杭州并不多见，浙江省弹词表演艺术家周映红女士特意赶到会场表示祝贺。当天也来了许多媒体的朋友，见证并报道了这场摆知活动。《都市快报》用了"杭州相声磕头拜师"的大字标题详细报道，并配发了三位徒弟向师爷和师父师娘磕头的照片。

师父在杭州与作者夫妇及三个徒孙合影

当天晚上，在西湖边上的浙江省群众艺术馆剧场举办了一场相声晚会。除了徒弟们的学业汇报演出外，萧国光和女儿萧青、李伯祥和杜国芝两位师兄都登台表演了精彩的段子，受到全场一千多位观众的热烈欢迎。

师父的活安排在压轴的位置。报幕员郑涛是余文光的徒弟，他用很长的篇幅向观众介绍了年届九十的师父的艺术生平。当身穿黑色大褂的师父在金鹏师弟的陪同下缓缓走上台时,台下响起了热烈的掌声。师父使的是戏柳,从一到十,用数字点唱京剧。他一开口韵味十足,满弓满调,气息不衰,几乎每段儿都引起观众的叫好声。

李伯祥师兄在舞台一侧从头到尾看了师父的演出,十分感慨,"老爷子九十岁了还能在台上使大段儿的柳活,真不容易!"

自此之后,师父便没有登过千人以上大剧场的舞台了,这场在杭州西子湖边的演出,余音袅袅,久久萦绕在我的心中。

师父与李金鹏在杭州演出剧照

第二天中午,在杭州有名的饭店知味观宴请师父和几位外地来的嘉宾。知味观是著名的杭帮菜馆,一层大厅售卖杭州小吃和卤菜,如小笼包子、猫耳朵、片儿川、爆鱼、油爆虾、素卷儿、蹄膀等,极富杭州特色。在昨天演出之前,我就陪师父和李伯祥、杜国芝、萧国光等诸师兄一行十多人来到知味观一楼吃小笼包子。虽说才下午四点多钟,店堂内却已顾客众多,十分拥挤,好不容易找到座位把师父等安排坐下。买包子处是人头上递钱,取包子处人窝里抢食,毫无秩序可言。所幸徒弟们人手多,总算将包子抢到手。

伯祥师兄见此状况,感叹地说:"再好的美味,这么一折腾就吃不出那个意思了。"

我说:"师哥,明天中午是唱快板的沙长风先生请客,咱们上二楼,那里有包厢。"

第二天中午，我领着大家走到知味观二楼楼梯口，有一位年轻的服务生在那里接待。

见我们要上楼，便问："请问你们几个人？"

我对他说："十五六个人，要一个大些的包厢。"

"好的，我来看看。"说着就翻看桌上的登记本。

我心里想着吃包子的事，就问了一句："二楼有没有小笼包子？"

他抬头看了我一眼，"最低消费一百元钱一个人。"

"我知道。我是问楼上能不能吃到小笼包子？"

他又把刚才的话重复了一遍："最低消费一百元钱一个人。"

我有点儿急了，"你是外国人呀？我问东你答西，所答非所问，这是什么意思啊！"

一看我要夯（发火），伯祥师兄忙把我拉上了楼梯，一边走一边说："业海贤弟，你今天再说包子的事我就跟你急！"

师父哈哈大笑："业海是个急性子，刚才那个展点儿（服务员）有点瞧不起咱们，他就摁不住火了。"

伯祥说："咱是快快活活地吃饭来了，跟他犯不着啊。"

"对，我不说包子了，再说我身上就起痱子了！"

知味观的杭帮菜确实名不虚传，师父和大家吃得很高兴。伯祥师兄在席间还演示了一段道士念经，惟妙惟肖，令人捧腹。最后的点心上来几笼小笼包子，我向大家客气道："来，大家品尝一下杭州的面皮裹肉丸子。"

国芝师兄说："这不是小笼包子吗，怎么叫面皮裹肉丸子呢？"

我一脸无奈，"伯祥师哥说了，我要再提包子他就跟我急。"

大伙儿全笑了！

来杭州不能不去西湖。吃完午饭之后大家一起乘游船从湖滨到小瀛洲再到平湖秋月，在西湖转了一圈儿。下船时天上下起了大雨，伯祥和国芝夫妇冒雨游览了岳庙，我怕师父淋雨就陪他到岳庙对面湖畔的茶楼上喝茶。

师父望着雨中的西湖，烟雨蒙蒙，似雾似幻，喃喃自语说："这里就是天堂啊，不知道能不能见到你师娘呀……"

半年多之前，师娘在南京病逝。此时临窗眺望：湖面轻雾，似幻似梦；天边丝雨,如缕如愁。眼前的景色引发了师父的伤感,对于年已九旬的老人来说,老伴的离去,如同失去了自己的臂膀,失去了心灵的依托,当舞台上的欢歌笑语消散之后,留在师父内心深处却是孤寂,怆恍,和无尽的相思……

晚餐的地点在杭州鼓楼边上的味中味酒楼,这是景区管理部门旗下一家装潢典雅、菜肴精美的高档餐馆。经浙江省曲艺团多才多艺的山东快书青年演员葛杰联系,景区所在地的领导热情邀请师父和李伯祥、杜国芝以及萧国光几位师兄在味中味酒楼吃饭。对景区里如何发展旅游演艺事业想听听几位艺术家的建议。

盛情难却,一行十数人又冒雨乘车从西湖边来到与河坊街紧邻的鼓楼边上的味中味酒楼。上了二楼一看,几位领导早已在此等候。一一介绍之后,几位领导对师父和伯祥、国芝师兄神慕已久,十分热情。交谈中,可以看出师父的情绪已从西湖茶楼上临窗而生的伤感中走出。见到师父恢复了常态,我心里也感到了轻松。

因为还要去鼓楼上的演艺厅观看景区艺术团的表演,晚宴很快就结束了。正待离去,主人把我们请到旁边的客厅,厅中的长桌上摆有笔墨纸砚,提出让大家留下墨宝。这一下就让大家为难了,正在相互推让之际,师父推了我一把,"业海,你代师父写几个字吧。"

我顿时也很为难,双手颤抖已十多年,写钢笔字勉强凑合,平常几乎不写毛笔字,现在当场提毛笔写大字肯定不行。但当时的情景不容我再退让,好在刚才喝了一些酒,手抖有所缓解,便即兴写了"美哉"两个隶字,虽然不受看,总算化解了这场尴尬。

宴后代师为酒楼题的字

景区艺术团的演出十分精彩,江南佳人,身姿婀娜,轻歌曼舞,美轮美奂。舞台距观众席很近,大家看得如痴如醉。

演出结束后,主人请我们上台与演员合影并讲话。照相好办,站好之后,一声"茄子"就完事;谁来评论演出又成了你推我让的事,一个个全都跑下了舞台。

我对伯祥师哥说,"师父年岁高了,您上去讲两句最合适。"

伯祥师哥在我的劝说下又重新走上台去,面对十几位美女说了一长篇溢美之词,评论精辟,妙语如珠,引来热烈的掌声。

李伯祥观看演出后上台讲话

走出鼓楼的时候,伯祥师哥低声对我说:"我晚上喝了不少酒,你弄一帮小尖斗儿(小姑娘)在我跟前来回晃悠,还要我上台跟她们近距离接触,这不是成心跟师哥过不去吗。"

我扑哧一笑,"我哪儿知道您的革命意志这么薄弱啊。"

师哥哈哈大笑起来,把旁边的师父吓了一跳。

师父问:"你们俩在说什么呐?"

伯祥说:"叔,你猜。"

师父说:"甭猜,你们一定又在说我了!"

伯祥和我都忍不住又大笑起来。

180

第四章 曲坛忆旧

一、醉鬼张八

1962 年，我从南京回到滁州后，与父母和兄弟姐妹在一起感到特别的温暖。日子一长，心中又增添了许多失落感，因为这里没有我施展艺术才能的地方，没有老师，没有艺友，更没有舞台。

有一天，来了一个外地的剧团在滁州琅琊剧场演出。演出前的一段时间，剧场门前人很多，熙熙攘攘，灯火明亮。我发现这是一个好机会，带上一副节子板儿，直奔剧场门前的一块空地，噼里啪啦打了一会儿板套子，很快就聚拢了一圈人。见有人围观，我一连唱了几个快板小段儿，包袱一碰就响，效果特别好。

瘾过完了，我转身就走。听到后面有人说："嘿，这小青年怎么什么都不卖啊？"

好嘛，他把我当成挑担卖药的啦！虽然没开"杵门子"（收钱），这可是我跟师父学习相声艺术以来的第一次撂地。

几次唱下来，有人和我熟悉了，就对我传递一个信息，县城有一个业余的剧团专门排练曲艺节目，这两天就要对外卖票演出。我一听欣喜若狂，总算找到知音了！没过两天，果然在街上看到一张城关镇文工团的演出广告，当晚在一家单位的小礼堂演出曲艺晚会，每张票八分钱。票价不高，曲种却十分丰富，不但有相声和山东快书，而且有京韵大鼓、单弦、山东琴书、河南坠子等北方鼓曲形式。这让我感到不可思议，一个不大的县城里，怎么会有如此强大阵容的表演团体，这些曲艺人才都是哪里来的呢？

我早早便到了演出地点，买了一张票，因为不对号，进去以后便找了个前边的座位坐了下来。没等到开演，场内已经坐满了观众，可见大家对曲艺是很喜爱的。

终于等到开演了，大幕一开，台上很是朴素。第一个节目是山东琴书《十八相送》，上来一高一矮两个女演员，张嘴就唱，台上既没有琴师伴奏，女演员也不会敲琴，两人就站在那儿干唱。一张嘴儿我就觉得不是那么回事儿，一点曲艺的韵味也没有，跟唱歌差不多。我心想，开场节目差一点儿很正常，后边肯定有好的玩意儿。好不容易等她们唱完了，又上来一位小姑娘唱河南坠子。她一上场我就感到奇怪，她的简板不是拿在左手里，而是左右手各拿一半，这是什么意思呢？这回上来一位拉坠胡的琴师，坐定之后，过门一起，女演员用双手把简板跟着节奏敲了起来。我这才明白，原来她不会用一只手打简板，干脆就改成敲梆子了！

接下来的几个节目的水平都差不多，虽然表演者个人的嗓子条件和表演能力有好有差，总的印象都不是受过专业训练的曲艺演员。唯有唱京韵大鼓的姑娘开头唱的几句："美帝在东方发动了战争，把大批军火运往台湾去，飞机、兵舰、海陆空军……"还有点韵味，扮相也很秀美，给我留下了较深的印象。几年之后，我和她结了婚，她就是我现在的妻子文仙。

后来才知道，这帮姑娘小伙儿原来只是唱唱歌、跳跳舞，没有一位接触过曲艺。有天，文工团头头抱回来一摞唱片，里面什么曲艺品种都有，说要排一台曲艺晚会，每人挑一张唱片，挑到什么就跟唱片学什么。于是这帮小姑娘就你一张我一张地把唱片分了，天天跟着学。可是唱片多，唱机少，时间不够，也没有指导老师，结果学得半生不熟的就上台了！

没想到这台以"大跃进"精神排练出来的曲艺晚会让我给赶上了，虽然没有欣赏到高水平的演出，但却找到了人生的伴侣。后来与文仙谈起这段往事时，我开玩笑说："我和你头一次见面可是花了八分钱买了票的，曲艺就是我们俩的大红媒。"

转眼到了春节，我到离滁州三十公里的全椒县城去看望几位好朋友。我的一位好友沈飞在电影院工作，我有时就住在他的家里。距电影院不远有一座简陋的书场，里边能容纳三四十人，时常有唱安徽大鼓的民间艺人在那里演出。演唱的内容均为传统曲目，以长篇大书为主。我不大喜欢大鼓艺人那种特有的云遮月的嗓子，平时很少去，偶尔无事时也会去那里听一段书。

那天，我进到书场一看，唱安徽大鼓的老艺人没来，在前面表演的是一位看上去年龄有五十多岁、身量不高、方圆脸、大腮帮、圆眼睛、带点络腮胡子、说一口北京话的艺人。我顿时来了兴趣，忙找了一个空座坐下。仔细一听，他说的居然是单口相声八大棍儿《君臣斗》，嘿！原来是同行！

到杵门子了（收钱），他从座位上起来走到最后一排由后向前打钱。当走到我跟前时，我向他道了声辛苦，他眼睛一亮，看了我一眼，没有言语，径直向前排左右敛了过去。

散书之后我没有走，他看我没走，就迎上前来笑着问我："小伙子，是团春（说相声）的？"

我见对方来盘道儿，忙站起来恭敬答道："初学乍练，使春口（说相声）"。

对方又问："叩的谁呀？"

"我先生姓张名讳永熙。"

"哦！名门之后啊。"

我忙问道："请问老先生怎么请教？"

"我也姓张，叫张文德。和你师父同是宝字辈儿。"

"那我得叫您一声叔儿。"

两人这么一盘，立刻拉近了距离，互相交谈起来。原来他面相显老，其实也就四十六七岁，早年随刘桂田学艺，后由武魁海先生代拉为师弟，人称张八爷。前些年，他到了广西，待了几年很不适应，于是一个人就四处漂泊，以卖艺为生。

眼看就要到饭点儿了，我问他："叔儿，您住在哪儿呀？"

张八爷说："在桥那边有一个小客栈，我就住在那儿。"

我说："叔儿，今天我来请客，咱们在一起好好聊聊。"

"哎，好好！"他也很高兴，在这里居然遇到了一个同行里的晚辈，也是一件幸事。

我说："叔儿，我有个朋友就在旁边的电影院工作，他能喝两盅儿，我邀他来陪您。"

他一听更是满心喜悦，跟着我一起到了沈飞的家。

沈飞见我领回一个老头儿，听我一介绍，得知是我的同门长辈，也很高兴："那就别去饭店了，就在家里吃。我来炒两个菜，业海你去外面买点卤菜，

183

酒我这里有。"

"好的。"我出门就奔卤菜摊儿，买了一包卤菜。

沈飞一边忙着做菜，一边摆好小餐桌，放好杯筷，又拿出一瓶平时舍不得喝的明光大曲，往每个杯子里倒了一两酒。

这时我买好卤菜回来，忙去厨房帮沈飞端菜。

不一会酒菜就置办齐了，我和沈飞坐定，正待举杯，才发现张文德的杯中是空的。

我对沈飞说："你怎么忘了给叔儿倒酒啊。"

沈飞说："不会呀，这三个杯子我刚才都倒了。"

张八爷有点不好意思地说："刚才那杯酒我先尝了一口。"

尝一口就一两！我心说他酒量不小。

沈飞忙又给他斟上一杯。三人举杯碰了一下，放下杯来正要吃菜，我发现他的杯中酒又没了！

沈飞和我对视了一下，从他眼神看出，他知道这老头儿可不是一般的量。就这样一口一杯，那瓶明光大曲除了我和沈飞每人一杯外，都被他一人喝光了！

好在沈飞家里还有档次较低的散酒，才不至于让主人客人都难堪。事后沈飞说，"这老头儿真厉害，他一顿就把我一个星期的酒全喝光了！"

酒酣耳热之际，张八爷提出与我合成一档买卖，不知我乐不乐意。我当时正无合适的事做，也没有多考虑当场就答应了。

沈飞乘兴说："我们这电影院白天不放电影，我去和领导商量一下，你们付个电费，在这里演两场。"

我一听很是高兴，当时就把这事定下来了。我心里暗自好笑，自南京回来后，先是找到了对象叫章文仙，这会儿又遇到了搭档叫张文德，哎呀，这也太巧了！

第二天，沈飞高兴地对我说："我把你们俩的艺术水平在领导面前吹了一遍，领导不但同意让你们演两场，而且说宣传、售票、检票这些事全由电影院的工作人员帮你们办，不要报酬，最后请大家吃顿饭就行了。"

"那没问题！"我顿感胜券在握。

宣传海报很快就贴了出去,当天晚上就有观众来打听。

次日上午,来买票的人越来越多,没到中午全场九百多张票竟然全部卖光。沈飞当即决定再加售100张站票,也都卖出去了。

电影院没有专门演出用的照明,沈飞请电工在银幕前面拉了一个300瓦的大电灯泡,又从广播站借来一只好话筒,接上影院里的大喇叭,解决了扩音问题。万事俱备,我和张文德就在银幕前开始为观众表演。

两个人要说两个小时,必须合理安排。开场我和张八爷把灯谜子、规矩套子、反正话全串在一起使了40分钟,场上一拱开,活非常好使。接下来让他下去休息,我留下来唱20分钟的快板,主要是轻松诙谐的小段儿,既不累人效果又好,确保场上不凉。我下去后他再上来使单口,选八大棍儿里比较精彩的一段儿,使一半,拴个扣子,让观众明天还想来。最后我俩使一段柳活儿,《杂学唱》和《戏剧与方言》,再加上《学评戏》,全揉在一起,特别热闹,找个大包袱攒底,结束演出。

也许是祖师爷眷顾我们这一老一小吧,演出效果出奇得好,是包袱就响,不是包袱的地方也响。第二场依然上座很好,虽然没加站票,居然也卖了九成座。两场下来共收入260元,刨去10元电费,请工作人员到饭店吃了一顿,连酒带菜花了20多元,净落230元。又设法买了四瓶好酒送给沈飞,要不是他帮忙,我和张八爷可挣不了这么多钱。我们俩每人分了100多元钱,这在当时可是一笔巨款。那时候8元钱就能办一桌上好酒席,普通散酒只有七八毛钱一斤,油条2分钱一根,大米1毛钱1斤,普通人一个月的生活费也就10元左右。

有了钱之后,为了对活方便,我就离开沈飞家,也住进了那家小客栈。一间房里有八张床,我和张八爷的床紧挨在一起。住了几天以后,我发现他每天晚上临睡前都在枕边放一只医院吊水用的玻璃瓶子,里面装了满满一瓶酒。第二天早上他醒来的第一件事是打开装酒的玻璃瓶,咕咚咕咚先喝几大口酒,然后再穿衣起床。洗漱完了之后去小摊上吃早点,一般是一碗阳春面就行,吃法是喝一口酒,吃一口面条,不需要任何下酒菜,面条吃完了,酒也喝光了。

虽然早上已经一瓶酒下肚,中午这一顿酒是必不可少的,有没有下酒菜并不重要。有菜更好，无菜也行，重要的是要有一斤酒，少了不过瘾。晚上更是喝酒的好时间，夏有凉风冬有雪，怎能无酒伴君眠。轻轻松松，一瓶酒很快就见底。如此一来，他每天必须要有三斤白酒，这日子才能过得安稳。

我曾经劝过他几次，"叔儿，您这么喝下去非把身体喝坏了不可。少喝一点儿，每天一斤就足够了。"

他解释说："爷们儿，不是我要喝呀！"

我不解这话的意思："那是谁要您喝呢？"

"酒虫子，我肚子里有酒虫子，不让它喝好，它闹我心啊！"

"还有这回事吗？那咱们去医院弄点打虫药宝塔糖什么的，把酒虫子打下来不就得啦。"

"你还年轻，你不懂。"他摆摆手又抱着瓶子喝上了。

在电影院挣了一笔钱后，我们俩过了几天松心的快活日子。可长久下去也不是个事儿。沈飞给出了个主意，到全椒乡下的集镇上演，有的乡镇有小礼堂，每当逢集的日子，农民到集镇上赶集，肯定有人看。

我和张八爷一琢磨，这个办法不错，只是有一个问题，我们两个人什么朵（证明）都没有，到哪儿都不好说话，迈不开腿。思来想去，只有我回滁州设法开一张演出证明才能到各地去演出。说干就干，我立即赶到汽车站买了一张票回到了滁州，在那里有好多心愿和人情都要还。身上有钱好做人，我可以风风光光地回家了。

回到家后，与亲人和朋友们相聚时我出手很大方，和文仙逛街看电影也更加轻松，不再囊中羞涩，无法做人。日子很好过，但张八爷还在全椒的小客栈里等我呐，我必须抓紧开一张演出证明赶回去。一打听，演出证明归文教局管，但只开给专业剧团，从不开给个人。这时，我一下想到了文化馆，民间艺人，像什么唱大鼓的、说评书的、盲人卖唱的，都归他们管理，去找他们也许能行。我平日经常参加文化馆的业余文化活动，人头较熟。果然他们帮忙给我办了一张安徽省民间艺人登记证，上面有持证人的相片和身份信息，凭证可以合法地到各地演出卖艺。我很想帮张八爷也办一张这个登记证，因为他不是这里的户口，人家没法办理。好在我已经有了登记证，到哪儿都能应付过去了。事已办妥，我立即又返回了全椒。

　　春节过后,乍暖还寒。张八爷整天躺在小客栈床上的被窝里不出门。他身上的衣服很单薄,上身一件破线衣,一件旧棉袄,下身里面没有保暖的内裤,只有一条很旧的灯芯绒裤子,光腿穿单裤,两边膝盖处还开了个一寸多长的口子,露着肉。挣了钱之后,我建议他去买一套厚实的棉毛衣裤,因为那时什么都要票证,我特意还找来几尺布票送给他,他就是不愿意买。看他执意如此,我也爱莫能助,只能看着他每天缩着身子躺在床上不活动。后来才明白,他是为了把钱留着喝酒,宁可自己受罪。我送他四句顺口溜:"挨冻不要紧,没酒可不行。宁可折双腿,难舍酒一瓶。"

　　见我办来了一张民间艺人登记证,张八爷也来了精神,爷俩商定趁春上农闲时节买卖好干,说走就走。于是,我们俩在一家小饭馆请沈飞吃了一顿饭,一是感谢他的帮助,二是向他辞行。如果没有沈飞的大力协助,我们就不会有两场成功的演出,也不可能得到那么高的收入,更重要的是提振了我和张八爷的信心。老少携手,逐梦江湖。

　　遗憾的是,二十多年后,沈飞正当壮年时却因病去世,让人扼腕痛惜,我永远怀念他。

　　我们下乡第一站就到了距县城四十多公里的古河镇。古河是全椒县第一大镇,与和县、含山、巢湖相邻,交通便利,十分繁荣。虽然春寒料峭,但农村集镇上却人声如潮,热闹非凡。

　　我们俩首先找到了文化站,站里一位姓谢的同志很是热情。当我们说明来意,并给他看了我的证件,特别是听说我们演的是北方的相声之后,引起了他很大的兴趣。正好文化站有一间很大的活动室,也有一些板凳座椅,连坐带站能容纳一百几十人。我们商定,演出收入三七分成,票价大人1角钱,小孩5分钱,他负责组织观众,我们只管演出。一切谈妥之后,他突然想起一件事,很认真地问我:"你们演出的内容都没有问题吧?"

　　我很坚定地说:"那绝对没有。"

　　"千万不要有封建迷信那些不好的内容。"

　　"您放心,我们表演的内容都很健康。"

　　"那就好,那就好。"

　　没有一个多小时,陆陆续续来了不少观众,大人小孩大约有一百多人,虽然吵吵嚷嚷,秩序有点乱,但毕竟是我们的衣食父母,我和张八爷心里都很高兴。为了压住点,我先开场唱快板,果然,板儿一响,观众很快就安静下来。我唱完之后由张八爷接,打完铁之后,最后两人来了一个串串烧,两个小时很快就过去了。

散场以后一结账,老谢说卖了98张大人票,36张小孩票,一共收入11元6角。我们很谢谢他的帮忙,留下8元钱,剩下的全给了他。

在交谈中,我们得知周边许多乡镇都没有合适的地点能卖票演出。这个情况让我们始料不及,一时没有了方向。不过他建议我们可以下到基层去,如果到村里去,有的村子很大,可以联系包场,谈好了一场多少钱,还能包吃住。

我和张八爷一听,这个办法不错,决定明天就下去走村串户。老谢很是热心,又写了附近几个村子和大队干部的名字交给我,方便我们去联系。

冬天天黑的早,当天是下不去了。我们告别老谢离开了文化站,在附近找了一家小旅店住了下来。

旅店很简陋,也很便宜,一个人一晚上只要三角钱,付了店钱,我俩均了杵(分钱)。张八爷拿着钱就出了旅店,我知道他又去找地方搬山(喝酒)去了。

集镇上小饭馆关门早,我找了一家小吃店下了一碗面条儿。吃完之后躺在床上心里在琢磨,农村这个情况并非如我们想像的这么简单,再说,天气一暖就要农忙,农村里就待不住了,只能进城去,进城也进不了大园子,只能摞地。一想到摞地,我就联想到师父曾经说过的画锅圆黏子的事儿。就这样想来想去,迷迷糊糊地睡着了。

刚睡了没有一会儿,就被人推醒,睁眼一看,原来是小旅店的老板。他语气急促地对我说:"小伙子,快去看看,你家老爷子在外边马路上睡着呢,天这么冷,人要冻出病来的呀!"

我一听就知道张八爷又喝多了,忙穿上衣服跟老板跑了出去。走了几十米远,看到他就躺在路边还没有化净的雪地上酣然大睡,走近一瞧,浑身酒气,衣服上全是泥水。我和老板用力把他扶起,连拖带拽地费了好大的劲儿才把他弄回了旅店。

第二天一早,我都吃完早饭回到了旅店,见张八爷还在呼呼大睡,我正犹豫要不要叫醒他,文化站的老谢同志到旅店找我们来了。他说:"你们还没有走,那太好了！"

我问:"有什么事情吗？"

"镇上领导听说你们昨天说的相声很好听，正好今天下面的大队干部都来镇上开会,下午散了会让你们给大家演一场,给你们5块钱。你看怎么样？"

"那行。那我们今天就不走了。"

"正好你们借这个机会和下面来的大队长见个面，也是扩大宣传的好机会,说不定他们看完之后当场就能定下来。"

"哎呀,那就太好了！谢谢您！谢谢您！"我有点儿喜出望外。

此时,老谢看到张八爷还在酣睡,便说:"你们休息吧,下午两点钟我来叫你们。"

我拦住了他,"我想请您办一件事。"

"不客气,什么事儿？"

"咱们这里有没有石粉厂？"

"独山那里有一家石料加工场。"

"我想买两斤细石粉,和细沙差不多细就行,演出用的。"

"行,我帮你问问,如果有就帮你搞一点。"

我再三感谢他的帮忙。在外边遇到热心帮忙的好人,就如同在暗夜中行走有人为你点亮了一盏灯。人的一生中,都离不开他人的帮助,对来自陌生人的热心帮助我们更要怀着感恩的心情,铭记在心底。

中午张八爷终于睡醒了,我给他买来一碗面条,他三口两口就吃完了。我把下午要去镇上会议演出的事对他一说，让他今天无论如何不能再喝酒了！他勉强点了点头。

下午的演出很顺利,我看张八爷有些萎靡不振,干脆不再让他使单,我唱完快板就紧接着使了一个《糊涂县官》和《三性人》,最后让张八爷给我量了一个说活,因为连续劳累操心,夯头子有点鼓了(嗓音嘶哑),不敢再使柳活。

虽然观众不多,但效果不错。果然如老谢分析的那样,有两个大队的书记让我们明天就去他们那里演一场。

演出结束后,老谢已经帮我们把演出费领来了,出乎意料地还多给了1块钱,原来领导说那个小青年太辛苦了,站那里没动就说了两个小时,加1块

189

钱。虽然只是 1 块钱,却让我心里颇为感动,因为你的辛勤付出别人不但看到了,而且给予了肯定和鼓励。

正在和老谢说话时,有人给他送来一个大纸包。老谢转身就把纸包交给了我,说:"你要的石粉搞到了,你看看是不是这个?"

我打开纸包一看,稍微粗了一点,但能凑合用。连声向他道谢,并掏出 1 元钱给他。

老谢摆摆手,"这个连 5 分钱都不值,人家没要我的钱,我怎么能要你的钱呢。你说这是演出用的,这怎么用啊?"

我没有答话,蹲在地上用白沙撒了两个双钩的大字:"相声。"老谢和围观的人看了十分惊叹,不住地点头称赞、叫好。

晚上吃饭时张八爷问我,"爷们儿,你这一手白沙撒字是跟谁学的?"

我说:"我从小家教就严,父亲是个刻字工人,也是个喜爱唱青衣的京剧票友,他对写字有着职业上的严格标准,每天要我写 200 个毛笔字,不但要工整,而且不能写错,只要写错一个字,这 200 个字都要重新再写一遍,为写字我可没少挨打。后来在南京听师父说过白沙撒字,但没有见过。那时我在工厂里当学员,没事的时候就用厂里搞基建的黄砂练习撒字,时间一长就摸到了诀窍,没承想,这会儿还用上了。"

"行,好小子,这回咱爷俩要摆地可就用得上了。"

我忙去供销社买了一条手绢儿,请小旅店老板找人帮忙缝了能收口的口袋,把白沙装了进去。

离开古河之后,便到了下面的两个村子。演出都安排在下午,地点就在稻场上,以草堆为背景,村民们自带板凳围成了一圈儿,大家笑得合不拢嘴,演完了还不散,还想多听几段儿。

第一个村子把我们俩的食宿安排在一户比较富裕的农户家。这家人非常热情好客,晚上吃饭不但有一条鱼,还拿出了半瓶酒。张八爷一见酒心情就好,在饭桌上一连说了几个小段儿,让这家人笑得十分开心。

晚上睡觉时,主人把他们夫妇睡的房间让给了我们。房间里有一张挂着蚊帐的双人床,张八爷说他要多次起夜,让我睡在里面。于是我就先上了床,脸朝里睡下了。睡到半夜被一股腥臊的怪味熏醒,迷迷糊糊中也不知道这味道来自哪里。再看看脚那头，张八爷睡得很香，也不好推醒他。好不容易换到了天亮，我忙穿衣下床寻找这味道的来源。在房内看了一圈儿也没有发现异常，结果转到蚊帐后面一看，原来里边挨着床沿放了一只大尿桶，桶里竟然有满满大半桶尿！仔细一想，我脸朝里睡，这鼻子与尿桶之间只隔了一层帐纱，合着我躺在尿桶边上闻了一夜！

我和张八爷合计了一下，离开农村要进城，最好往南边走，一是南方天气渐暖，适合撂地；二是相对来说比北边富裕。方向定了之后，我们便从古河奔南面的含山县。一路上看到有大的村落便去联系，就这样走走演演，没有多久，就到了含山县的昭关。

说相声的都知道有《文昭关》这块活，说的是京剧演员扮演的伍子胥过昭关忘词的笑话。史书上对伍子胥过昭关有过文字记载，民间早有伍子胥过昭关——一夜白了头的传说。

我和张八爷第一次撂地画锅（空地上用白沙撒圈）干买卖，就在当年难住伍子胥的昭关城墙旁不远。

春日暖阳下，颓垣断壁前，一老一少在空地上卖艺说相声，这景象犹如一幅世相风俗图，别有一番纪念意义。两千多年前，伍子胥逃命途中在昭关受阻，今日张八爷和我卖艺途中在昭关撂地。两者一联想，我心里顿时有了词儿：在画锅时就在左右各撒了一行字，左边写"伍子胥过昭关一夜白头"，右边写"张八爷过昭关二斤不够"。

围上来的观众对右边这句话很感兴趣，不知道这是什么意思，都在交头接耳议论着，人越聚越多。

我一看人头齐了，便开口说道："那位说了，你在这儿忙活半天了，写的字我们也看了，你们是卖什么的呀？是卖吃的？卖用的？卖玩的？卖看的？你们全猜错了，我们爷儿俩什么也不卖。那你们来这里干吗呀？我们呀，给大家说相声来了。有人问，什么是相声？相声是北京的特产，就是说笑话，我们爷儿俩从北京来到里给大家说笑话来了。俗话说，笑一笑，十年少；愁一愁，白了头。当年伍子胥在咱们这儿过昭关，一夜白了头，他那是愁的。那时候伍子胥没有听到我们爷儿俩说相声，他要听了相声，那头发就不白了。当然了，头发不白他也过不了昭关啦！"

191

第一下包袱响了！我抄起板儿，"闲话少说，我先给各位唱上一个小段儿，开开场，后面由我们那位老爷子给您说一段正宗的北京相声。"我先唱了一段绕口令，接着又唱了几个小段儿。气氛正热烈的时候，张八爷摘下头上的帽子，开始馈头道杵(收钱)，他用一根手指头扣住帽檐挨个转了一圈儿，一会儿工夫帽子里就堆满了零钱。

头道杵馈完之后，张八爷使了一段《邵康节测字》。他每使到崇祯皇帝报出要测的字的时候，我就用白沙在他前面撒上这个字，让大家一看就明白。张八爷说到崇祯皇帝吊死煤山、清朝的九门提督要为难邵康节的时候，留了个扣子，又开始馈二道杵。

我在一旁指着地上右边的字高声说："我们老爷子人称张八爷，一肚子好笑话，不过有一样儿，酒喝少了他倒不出来，各位要想听，凑钱买二斤！"

大伙儿一边乐，一边往张八爷的帽子里扔钱。

买卖散了之后，张八爷问我："你怎么圆黏子戳朵儿(白沙撒字吸引观众)说我过昭关二斤不够哇？"

"说少啦？写三斤不够？"

"你别提我张八爷的万儿(名号)啊。"

"张八爷，张八爷，这万儿多响啊！得亏您姓张，您要姓王，我还真不好写。"

张八爷上手就是一巴掌，"好小子，把我绕进去啦！"

头一棚干得很顺利，回到旅店一点数，竟然挣10元还挂零。就这样，一连在昭关干了三天，收入都不错。到了第四天，张八爷执意要离开这里，原因只有一个，这里很难买到酒。

在当时那个年代，各种物资都很匮乏，几乎所有的生活日用品都凭票供应。粮油、肉类、豆制品，棉布、烟酒、白糖、火柴、煤油样样都要票，一些地方甚至买蔬菜也要票，如果没有这些票证，有钱也买不到东西。在全椒时倒好办，一是人熟，帮忙找些票；二是县城里烟酒商店偶尔会供应一些计划外的散酒；三是私下里有人倒卖各种票证，有钱就能买到。到了昭关之后，人生地不熟，地方也不大，这些门路全走不通。已经断了顿的张八爷死活要离开这里也就不足为奇了。

我深知他的酒瘾非比寻常,酒对他来说比命还重要,只要有酒,命可以不要;如果没有酒,那他就不要命了。

说走就走,乘车很快就到了含山县城。找到住处之后,张八爷放下唔包(行李)转身就走,我知道他寻地搬山(喝酒)去了,还不知什么时候能回来,反正今天买卖也干不成,我跑到县城的新华书店过了一把书瘾。

走走演演,演演停停,一路上买卖水火不定,虽然没有嗨治(挣钱多),但日子还过得去,不久就到了皖南的一座小县城。

皖南是山区,春末时节,山清水秀,景色宜人。面对美景我和张八爷却无心欣赏,满面愁云。原来,一到这里就赶上摆金(下雨),刮风一半,下雨全无。遇到连阴天,撅地买卖没法再干,只能窝在旅店里犯愁。越渴越吃盐,偏偏这会儿张八爷又病了!

他的病可是自己作的。昨天一到这里,他仍然是出门搬山,不知他从哪里找了一个旧瓶子去装酒,买了酒回到旅店就喝上了。一边喝一边还说这酒质量差味道不对,没等酒喝完他就哇地一下呕吐起来!我拿起瓶子一闻,好家伙,一股煤油味直往鼻子里窜。他把装煤油的瓶子当成酒瓶了!

我要陪他去医院,他摆摆手不愿去,说吐出来就好了。正好我刚买的二两新茶叶,忙给他沏上一杯。喝了几口热茶,不一会儿工夫总算是有所缓解,不再吐了。

第二天,他躺在床上不想起来。我出门买了两块蒸米糕送到他的床前,他吃了两口又放下了,说没酒他吃不下去。

我心里真有气,就冲他说了一句很难听的话:"再喝你就要死在这里啦!"

他翻了翻大眼睛,慢悠悠地回我一句:"死在这里也要喝。"

嘿!拿他没治了!

我说:"您要喝您就喝去吧,我不拦您。"

"我腿发软,起不了床。"

"那就没办法啦。"

"你帮叔儿肘山(买酒)吧。"

"叔儿,这个忙我可帮不了。"我果断地摆摆手。

"业海,叔求求你了……"他竟拱手向我作起揖来。

这一下可让我为难了，昨天他呕吐时，我就发现吐出来的东西里面似乎有血丝，如果再让他喝下去，非喝出事来不可。如果不去，他这个样子又实在可怜。

"叔儿，不是我不去帮你买，关键是我可找不着门儿。"我总算找到一个搪塞的理由。

他从身上掏出5元钱交给我，"前面十字路口向左拐，走不多远在路边有一家专卖商店，店里有个四十多岁的男的。你就说昨晚上那个老头让你来买两斤2元钱一斤的酒。"

"不要酒票吗？"

"他是偷偷卖高价，每斤多收我1元2角，自个儿全捂了。"

"那他酒也对不上账呀？"

"这个咱就管不着了。"

"两斤酒我拿什么东西装呢？"

他指着旅店里的洗脸盆儿，"就拿盆儿装"。

我一愣，"这个盆卫生吗？有人还用它洗脚呐。"

"没事儿，酒是消毒的。"

好嘛，这酒又成消毒剂了！

外面还下着雨，我向旅店老板借了一把伞，提着洗脸盆直奔张八爷所说的地方而去。不一会儿工夫就找到了这家专卖商店。我进去一看，柜台后面是两名五十多岁的女营业员，根本没有男的。我心里有点儿拿不准，私自卖酒捂杆（私藏钱）究竟是那男的一人干的，还是几个营业员合伙干的？万一我说漏嘴了，一旦捅出娄子再连累到张八爷那就麻烦了。

我脑筋一转，就没按张八爷的话去说，而是直接向那两位女营业员询问："你们这里有高价白酒卖吗？"

女营业员："凭票的酒有时都供应不足，哪里来的高价酒啊。"

"我听说有些地方能买到2元钱一斤的高价酒。"

两位女营业员都摇摇头："没有听说过。"

甭问，这事儿是那男营业员一个人干的。

张八爷看我一只手提着脸盆进了门，知道酒没有买到，一脸的失望。听我把情况一说,他是唉声叹气,人跟瘫了似的,毫无精神。

旅店老板听说张八爷犯了酒瘾,就说了一句:"老百姓买酒要凭票,可有的人到专卖公司凭关系找熟人,一下子就能批到好多斤,没有票照样能买到酒。"

张八爷听旅店老板这么一说,突然抓住了我的手:"业海,你快去专卖公司,帮叔儿批几斤酒,贵贱都行。"

我把手挣开,"叔,我认识谁啊?我找谁批啊?"

"叔儿知道你脑子活泛,一定能想办法批到酒。叔拜托你了!"说着眼泪都流下来了。

我一看他这个样子,今天要喝不上酒非得出人命不可,只得拿起雨伞再次出了门。

批什么东西都得有介绍信,我身上什么都没有,只有一本民间艺人登记证。我拿这个去专卖公司找人家批酒,人家还以为我喝多了呢!

我漫无目的地在雨中走着,一边走一边琢磨用什么办法才能搞到酒。一抬头,看见对面一家单位挂着县文教局的木牌子。对!我身上这本民间艺人登记证只有在文教局才能起点儿作用。再一想,这文教局不管批酒的事,而且我也张不开嘴,一个十八九岁的年轻人要求人家帮忙批酒喝,不招人骂才怪呢。我边走边想,很快就走到了文教局的大门口,我心里突然有了一个好主意!

进了文教局看到有间办公室挂着文化股的牌子,我立即走了进去。办公室里只有一位四十多岁的女同志。我忙上前把自己的民间艺人登记证递了过去。

她接过我的证件翻开看了看,抬眼又看看我。从眼光中可以看出,觉得我这个民间艺人年龄太轻了。她把证件还给了我,开口问我:"你有什么事情吗?"

我憋着嗓子,用类似单田芳的口风对她说:"阿姨,昨天我淋雨感了冒,嗓子一下变嘶哑了,嗓子一哑就不能演出,一不演出就没有饭吃了。"

"感冒去医院找医生开点儿药啊,我们这里又不管看病。"

"医生说了,让我多喝点糖开水,嗓子才能早点儿好。我是外地人,身上没有糖票,买不着白糖。"

她点点头,明白了我的来意,"你把你的民间艺人登记证给我,先在这里等一下。"接过我的登记证后她转身走了出去,不到十分钟她就回来了,把证件还给了我,还递给我一张文教局开给商业局的介绍信。信上写:"兹有外地艺人来我县演出,因病致嗓音嘶哑,为保障正常演出,请批给白糖两斤。"

我接过介绍信,连连点头道谢:"谢谢阿姨!"

找到商业局,办事很顺利,办公室在文教局介绍信上签了一行字:"县专卖公司:请发糖票两斤。"下面盖有商业局红色的公章。到了专卖公司,管事的看了我递上的介绍信二话没说,拿出一个登记本,写上我的姓名和所领票证的种类与数量,让我在上边签上名字,发给我两斤糖票。

走出专卖公司的大门,我心中特别轻松,距我心中设计的路线图只差一步之遥了,专卖公司专管烟糖酒,手中有了糖,何愁没有酒!

我又回到了上午去的那家专卖商店。店里这时只有一位女营业员了,见我又来了,问我:"小伙子,你买什么呀?"

我掏出糖票,"阿姨,我有两斤糖票,想换酒票,你能帮我换一下行吗?"

"糖票换酒票?我们有规定,不能替顾客换票证。不过不要紧,糖票比较紧张,好多人家里老人和小孩儿多,都想要糖票。你在这里等一会儿,看有没有人和你换。"

没有一会儿,进来一位中年妇女来买香烟。女营业员问她:"这个小青年有两斤糖票,想换酒票。"

大嫂一听很高兴,"有,我有酒票。哎呀,我爱人又抽烟又喝酒,家里老人小孩一大堆,哪有钱让他这样儿糟践啊。我说了,抽烟不喝酒,喝酒不抽烟,随他选,他决定把酒戒了,只抽香烟。这不,家里的酒票都没用,就是糖票不够用啊!"

经过一番商量,她同意用三斤酒票换我的两斤糖票。我请女营业员帮忙找几个空酒瓶子,她收了我五分钱卖给我三个带软木塞的酒瓶子。

我问她:"白酒多少钱一斤?"

她说:"山芋干子酿的8角一斤,粮食酒1块1。"

"那就打三斤粮食酒。"

196

女营业员很快就把三斤酒装入瓶中,盖紧了软木塞,并用绳子将三瓶酒紧紧扎牢,上边还留了一个提扣儿,业务技术很是熟练。

这时,雨已渐渐停了,我提着三瓶酒回到了小旅店。

躺在床上的张八爷一看见我手中拎着的酒瓶,噌地一下就翻身下了床,一边从我手中接过酒瓶,一边不住地念叨:"来了来了!"他来不及解开扎得很紧的绳扣,干脆将三瓶酒抱在怀里,对着一个瓶口用牙去咬软木塞,那姿态有点像战场上抱着一束手榴弹,用嘴在拉弦儿!咬开瓶塞后,仰着脑袋对着瓶口就喝了起来。

半瓶下肚后,这才想起来和我说话:"业海,今儿你辛苦了!这还是好酒,你从哪儿买来的?"

我心里暗想,用民间艺人登记证去批白糖,再用糖票换酒票的事千万不能对他说,他要是知道了,那就没完没了啦!

我说:"我挨家逐户打听,只要有酒票,就用老办法,出高价买啊。"

"那你花了多少钱?这又是好酒,5元钱不够吧?"

"叔,只要您能正常说话,钱不够咱还能挣呀。"

"这外边雨不下了,咱们下午就出去干一棚。"

"这话我爱听,您哪,总算活过来了。"

头一回见他不好意思地笑了。

下午居然出了太阳,我们总算能上街买卖了。谁知小县城里人口太少,语言有差异,收入很微薄,勉强能维持日常开销。干不赢就走,一路向南。走走停停,不久就来到了黄山脚下的汤口镇。

在南京上学时就听说过黄山的美景,一直心存向往。如今到了山脚下,那时也没有门票一说,我很想登山去游览一下。谁知张八爷执意不肯去,理由很简单,十几里长的台阶他爬不动。几次劝说无果,无奈只有放弃这个难得的机会。直到十二年后,我以业余曲艺作者的身份参加了省群众艺术馆组织的采风团到皖南深入生活时,才第一次登上了黄山。

汤口虽然是山区,但那里的生活却是很好。在饭店里,1角钱就能买到一碗不要粮票的米饭,5分钱可以买到一小碗竹笋烧豆腐,而在外地城市饭馆中很难见到的红烧肉,这里花5元钱就能买到一大碗。当我和张八爷掏出5

元4角钱交给饭店老板,要买一碗红烧肉和四碗米饭时,他看了我们一眼,估计是想猜我们这一老一少的身份。当红烧肉端上桌后,其他吃饭的客人全将目光盯着我们,再看到张八爷从包中拿出一瓶酒,往空碗里倒了小半碗,两口就喝光后,一个个瞠目结舌。

虽然那时并无旅游一说,由于是风景区,外地人慕名而来的也络绎不绝。我和张八爷在汤口干了好几天,收入颇丰,天天有酒有肉,过了几天神仙般的日子。

离开汤口,我们俩又到徽州古镇岩寺干了几天。由于来镇上赶集的多数是附近的农民,他们说的话我们一句也听不懂,我们说的语言他们也听着很吃力,好多包袱都不响,很不好干。我和张八爷一商量,拎着包就直奔皖南重镇——屯溪。

屯溪地处安徽南部,与浙江山水相连,现是黄山市的中心市区,十分繁华。在当年这里是徽州一府六县的交通要冲,镇中老街保持着明清古韵,新安江从镇中蜿蜒穿过,来往人口众多,是一块干买卖的风水宝地。

我和张八爷在镇边找了一家很安静的小旅店,住下后和旅店主人谈了谈,询问当地有哪些热闹去处。老板十分热情,就是方言太重,说了很多,可听不明白。我和张八爷决定先上街转一圈儿,实地察看一下。

我们先打听电影院在什么地方,想复制一下全椒的做法,干一场大买卖。找到了电影院,竟然没有人上班,只得暂时先找别的地方。从电影院往坡下走没有多远,就到了新安江边。我和张八爷惊喜地发现,在江边居然有一座竹子搭建的书场!

能干书场,当然比撂地画锅强。我们走近书场,在门外一看,里面有人正在说书。门口坐着一个四十多岁的男子,上前一探问,他正是这间书场的老板,姓汪。当汪老板得知我和张八爷是相声艺人时,很感兴趣。忙从书场里搬出两张竹椅请我们坐下,相互攀谈起来。他说他在收音机里听过相声,很是喜欢,但从来没有当面听过相声。而屯溪这里的艺人绝大多数都是说评书的,竞争也很激烈,经常打擂台。由于他这间书场位置好,场内有五六十张竹靠椅,还代卖茶水,很受艺人和听众欢迎。

我就问:"汪老板,如果我们在这里演,该怎么收费呢?"

汪老板说："费用好说，问题是，这下午和晚上都有评书，而且观众也是老听众多，比较难办。"

张八爷问："他们在这里说书是怎么收费的呢？"

汪老板："他说一下午，每人收 1 毛钱，然后每张票提三成，给我 3 分钱，另外卖茶的钱全是我的，与他不相干。如果晚上说，另给我 5 毛钱汽油灯钱。"

张八爷伸出脑袋向场里看了看，"这里才坐不到一半啊。这一下午您只能收个块儿八毛的。"

"晚上人多，那个说的也好，每人收 1 毛 5，收入比下午要好得多"

我说："这要是下午听众越来越少可怎么办呐。"

汪老板不以为然，"其实，他们不来说书，来我这里喝茶的人也不少，尤其是这个季节，新茶下来了，在江边喝喝茶，看看景，吹吹风，特别舒服。"

张八爷突然说："汪老板，我们爷儿俩初来乍到，很想借您这一块宝地挣几杯茶钱。如果行的话，我们包您的场子，干一下午给您 3 元钱，而且先付场租。您看行不行？"

汪老板没有思想准备，听张八爷这么一说顿时来了兴趣，他思考了一下，对我们说："麻烦你们明天下午到这里再来一下，我给你一个准信，好不好？"

我和张八爷回到了小旅店，我问他："叔，如果明天书场拿不下来怎么办？"

"那就撂地，我看过了，离书场百十步远有一块地不错，离路口不远，不行咱们就在那干。"

第二天上午，吃过早饭后我就跑到老街上去了，听旅店老板说那里有一家照相馆。我出来几个月了，很想念家人和文仙，想照一张相片寄回去，也免得让他们牵挂。

很快就找到了位于老街中段的照相馆。令人称奇的是，摄影间内的屋顶有一半是透明的，在玻璃天窗的下面装有可以推拉的黑布帘；摄影师工作时用竹叉调剂黑布帘的位置，使室内的光线符合需要。这不但节约了电能，拍出来的相片光线也柔和、自然。当然，遇到天阴下雨和天黑了还是离不开用电的摄影器材。

第三天上午就取到了相片，我觉得很满意，装入信封中寄回了滁州。五十年后，上中学的两个孙子看到这张相片，他们瞅了半天楞没有认出上面是谁。

在屯溪撂地时留影

照相回来后，中午吃饭时我硬是没让张八爷喝酒！

我说："叔儿，下午咱们去书场见汪老板，您喝多了还怎么去跟人家谈？"

"有什么谈的呢？行就干，不行就不干。"

"您醉醺醺地去了，人家看到您这个样子能放心让您干吗？"

"那我就不去，你一个人去。"

"昨天是您和汪老板开的价，这会儿您不去了人家能相信我吗？"

"那你给叔儿编个理由，就说我下午有要事来不了啦。"

"怎么编？有要事？说您下午招亲去见丈母娘了？您这年纪也不像啊！"

张八爷朝我翻了翻眼，终于把酒瓶子放回去了。

吃完饭我拉着他就往外走，怕他守在酒瓶旁边忍不住又来几口。在街上转了一圈儿之后，便来到江边的书场。

汪老板见我们如约而来很是高兴，"这事情谈妥了，下午场说评书的我帮他在城西联系了一个场子，那里生意一直不错。今天他把书收了，明天下午你们就来吧。"

我们一听自然很高兴。张八爷从衣兜里掏出 3 元钱交给汪老板，"给，这是明天的场租。"

那一瞬，张八爷显得特别爽气，有份儿。

汪老板连连道谢，我趁势对他说："麻烦您等会儿书散了的时候，还有晚上，给听众打个招呼，就说，明天下午这里有北京的相声快板和北京评书《君臣斗》。"

"行行，你们放心，我一定帮你们宣扬宣扬。哎，我差点儿忘了，你们的艺名怎么称呼呢？"

"你就说张八爷父子吧。"

"另外，请您再写一张单子贴在书场门口，这样来来往往的都能看得见。"

"不用写单子了，我这有小黑板，用粉笔写上就行。"说着从茶柜后边抽出块小黑板儿，又找出半截粉笔。他正要往上写，我客气地说："汪老板，我来帮您写吧。"

"那好，那好。"

我把字分成了三行，有正楷，有隶书，很快就把黑板上的字写好了。汪老板睁大了眼睛看着我，有点儿不相信我年纪轻轻能写出这样的字。他向张八爷夸了我一句："你儿子又年轻又有文化，你真有福气啊！"

张八爷咧着嘴直乐！

第二天，我们早早便来到了书场。

汪老板已经先到了，见面就问："你们这票价定多少钱一张呀？"

张八爷伸出两个手指头，"2毛。"

汪老板一愣，"2毛？高了吧？"

"您放心，我们爷儿俩心中有数。"转身对我说："你在黑板上加上票价2毛几个字。"

见我把票价加上后，张八爷又对汪老板说："听众进场的时候如果嫌贵，您就让他先进来听，半场的时候我们来收。"

"哎，好的，好的。"

不一会儿，听众陆陆续续来了不少，有的听说要2毛一张扭头就走，边走边嘀咕："听书比看电影还贵哪。"

到点了，场内只坐了一半，顶多三十来人，汪老板说这里面有五六位没有买票。

先不管它，好歹没有亏本，下边就看我们自己的能耐了。

我和张八爷事先商量好，来的人都是听评书的，今天不使对口。我先用板儿开场，唱几个小段儿，放下板我连着再使两个单口，下半场由张八爷接上《君臣斗》。

这么安排果然效果不错，底下笑声不断。张八爷上台就开口说道："这孩子真卖力，说的口干舌燥，明天我们爷儿俩要合作说一段对口相声。刚才有几位来的急，没有来得及买票，如果您赏脸，请您把票给买了，让这孩子买杯茶喝。"

汪老板很内行,趁势把几位没买票的钱收下来了。

张八爷使八大棍儿很会留扣子(悬念),听众正乐呐,他趁势埋了一个拴马桩,结束了演出。

当天一算账,整四十张票,收入 8 元,刨去场租,还落 5 元钱。张八爷留下 5 元,那 3 元钱算是明天的场租。

汪老板有点儿不好意思,"你们这么辛苦,我这、这……"

张八爷:"今天是头一天,我估摸明天要好些,如果连续三天都这样,咱们再说。"

"好,好。"汪老板连连点头。

第二天上了五十个座。

第三天正好赶上个星期天,全部客满,还加了几张站票。

汪老板高兴得合不拢嘴,因为他这个书场从来没有客满过。出乎他意料的是,许多听晚场评书的听众也来听我们的相声,而且场场必到。

连续干了一个多星期,收入很稳定,我和张八爷的小日子越过越轻松。

在书场干到第十天,突然发生了一件奇怪的事情。

从书场回来,已经是傍晚了。走到半路,张八爷说他要去买酒,让我先回旅店。我回来没有半个小时,就看见他神色慌张匆匆走了进来。我不知道发生了什么事情,忙倒了一杯水递给他。

他接过水没顾上喝,把抓在手中的两张小纸片递给了我。我接过来一看,原来这是两张明天上午 11 点钟从屯溪开往休宁的汽车票!

"叔儿,这是怎么回事儿?"

张八爷喝了一口水,"我买了酒正在往回走,正寻思买点儿下酒菜,半道上突然有一个人把我拦住了!这人年纪约有二十五六岁,说一口当地的土话,他哇里哇啦说了几句。我没闹明白他什么意思,正转身要离开,他突然猛地推了我一把,然后又塞给我这两张汽车票,就快步走开了。"

我看着这两张汽车票,从票价上看,休宁应该距屯溪不远。我转身去找旅店老板,向他打听休宁在哪儿。

旅店老板一看汽车票,不由问了一句,"你们明天要走吗?"

我支支吾吾没有回答他的话。

"休宁很近,就在屯溪西边,也就三四十里路,坐汽车最多一个小时就到了。"

我把这情况一说,张八爷直皱眉头,"看样子这是有人想要淤(撵走)咱们哪!"

"那会是谁呢?"

"甭问,晚上团柴(说评书)的。"

"咱们下午干,他晚上干,咱也没招惹他。"

"听汪老板说,他那里的回头点儿(常去听书的观众)都到咱们这儿来了。"

"谁让他没能耐呢。"

"咱们在这儿干了多少天了?"

"整十天了。"

"够意思,让你干十天再轰你走,连轮子(汽车)都给安排好了。"

"那怎么办?"

"翘(走)。"

"我明白了,那人推您是让您快'翘'啊。"

"我在琢磨,他干吗买两张去休宁的票啊?"

"这意思再明白不过了,咱们再不离开这儿,休宁、休宁、休想安宁!"

"那咱们要离开这儿呢?"

"万事皆休,从此安宁!"

张八爷看我一眼,不住点头,"唔,是这个意思。"

一弄明白,反而轻松了,张八爷让我当晚就去找汪老板把场子辞了,不能耽误人家的买卖。

汪老板听说我们明天就要离开屯溪,感到很诧愕,连连追问原因。无奈我只能把刚刚发生的事情如实相告。他听了之后若有所思,长叹了一口气。

我转身正要走,他忙拦住了我,掏出 3 元钱要交给我,"这是你们预交的明天的场租,既然不演了,就该退给你们。"

世上还是好人多,守诚守信,让人感动。

我执意不收这 3 元钱,"汪老板,我们耽误了书场的生意,这钱就算是赔您的损失费了。"

我走了好远，他仍在书场门口向我这里张望着。

二十四年后，我和文仙领着已经上了中学的两个儿子到黄山旅游，在屯溪转车时特别多住了一晚。目的就是想看一看江边的那座书场，还有老街上那家日光照相馆，以及镇边的小旅店。这些地方曾留下我和张八爷的身影，在脑海中留下了难以泯灭的记忆。

然而山水依旧，容颜已改，当年的一切都荡然无存，踪迹难寻了。

回到小旅店后，张八爷突然说他明天不想去休宁，要去杭州。

我听了一愣，"杭州那么远，语言又不通，再说我们身上带的全是安徽粮票，民间艺人证也是安徽的，到了杭州人家不认怎么办？"

"我想去杭州看个朋友。我昨晚上做了个梦，梦见朋友陪我逛西湖呢。"

他这一说，也勾起了我的思乡之情，我脱口说道："叔儿，我也想家了，要不，您去杭州，我回滁州吧。"

他有点儿感到意外，随即爽快地说，"行！你今晚陪叔儿喝一杯。"

"好！我陪您喝。"

第二天上午，我早早就收拾好行李。张八爷要送我到汽车站，我没让他下床，"叔，您再多睡一会，别送我了。"

他坐在床上看着我说："咱爷儿俩一分手，不知什么时候再能见面啊？"

我劝了他一句话："叔儿，我不能照顾您了，您可千万不能再这样喝了。"

张八爷望着我，缓缓说道："人生百年常在醉，不过三万六千场啊！"

我强忍着眼泪，深深地看了他一眼，转身走出了旅店，一路快走，不敢回头。

两年之后，正值隆冬，那天下着小雪。我正在文化馆的小礼堂里排练节目，忽听有人喊，"曹业海，外边有人找你。"

我出门一看，张八爷穿着一套崭新的棉衣，站在那儿咧着嘴儿朝我直笑。

"嘿嘿嘿，叔儿，您怎么来了？"

"叔儿想你了。"

"这衣服挺漂亮，这阵儿赚钱啦？"

"这衣服是在上海，老张家(公家)给置办的。"

204

招待张八爷最珍贵的东西是好酒,我忙叫来文仙让她去商店里买一瓶明光大曲。

张八爷一看见文仙,和我打趣说:"我说你当年为什么不愿意陪我去杭州呢,在家守着小仙女哪!"

文化馆隔壁有家三六九饭店,我们俩找了个临窗座位坐了下来。窗外雪花纷纷,屋内暖意融融。张八爷和我推杯换盏,叙说别离,他神情兴奋,毫无颓色,那一刻我感觉到他似乎是年轻了许多。

第二天,他要去蚌埠,我把他送到了火车站,帮他买了一张火车票,又送给他5元钱。

"叔儿,我一个月只有28块钱的工资,这5元钱您可别嫌少。"

他接过钱,点点头,什么也没说。这时,我从棉大衣的兜里掏出一个装有半斤酒的小酒瓶,又掏出一包花生米递到了他的手里。

张八爷顿时喜笑颜开,"你太了解叔儿的心思了!"

"我是想让您一路上平安无事,要是没有这瓶火山子,没准儿半道上你把火车也给蹁喽!"

张八爷哈哈大笑起来,那笑声特别爽朗。

一年之后,又是一个雨雪交加的冬天,行内传来一个消息:张八爷土(去世)了!是被冻死的。

我不敢相信这个事实,他还不到五十岁啊!后来得知,他把身上的棉衣换酒喝了,结果在桥洞里睡下后再也没有醒来……

张八爷最后留给我那爽朗的笑声常在我耳边响起。

我心中默默悼念,"叔儿,您一个人在天堂里,有人帮您买酒吗?我很怀念您,怀念我们在一起的日子……"

二、苏文茂台上的尴尬

天津市曲艺团是全国知名的一流专业曲艺表演团体。对于南方的观众来说,能在舞台上欣赏到天津曲艺团的演出,是一件很难得的事。20世纪60年代,天津市曲艺团首次到南京演出,这次到南京演出阵容十分强大,单是相声演员就有常连安、常宝霆、白全福、朱相臣、苏文茂等。海报一出,就在南京的观众中引起了轰动,中山东路上的大鸿楼剧场门前,天天挤满了前来买票的观众。

天津曲艺团的票价最高 4 角钱一张, 与 1958 年来南京演出的全国曲艺会演巡回演出第一团的票价相当。随第一团来宁的有相声演员小立本、杨海荃和小彩舞的京韵大鼓、王毓宝的天津时调、王少堂的扬州评话等,名家云集,南北荟萃。

我那时每月只有 14 元工资,4 角钱的票价对我来说可不低,但这样一个难得的观摩学习的机会是可遇不可求的。于是把每天的伙食标准降到了最低,用省下来的饭菜票兑换成现金去买票看演出。

常连安老先生使的是单口, 印象最深的是在桌子上摆着一只大瓷茶壶,直接在台上饮场。常宝霆、白全福两位使的是《学电台》,场上十分火爆。尤为突出的是白先生出相的造型特别精彩,引起阵阵掌声。苏文茂早在 1948 年曾与刘宝瑞、高元钧、来振华等人来过南京,南京的老观众对他并不陌生。这一次随团来南京演出与朱相臣合作,上的是《论捧逗》和《批三国》,他那儒雅含蓄、文而不温的表演风格很受观众的欢迎,也在我心里留下了深刻的印象。

第二次在舞台上见到苏文茂已是二十年之后。1980 年,天津曲艺团以豪华的阵容来安徽滁州演出。领衔的是著名京韵大鼓表演艺术家、艺名小彩舞的骆玉笙,随她而来的还有她的大弟子陆倚琴和雷琴拉戏演员宋东安。相声演员有常宝霆、白全福、杨少华、苏文茂、马志存、侯长喜等。对于滁州的观众来说,能在当地的舞台上看到这些著名曲艺艺术家的表演是一件幸事。滁州剧院有 1100 多个座,几场戏票几乎一抢而空。

对我来说,这次在家门口看戏,想不到比二十年前在南京看戏还要困难,上一次是没有钱,这一次是没有时间。天津市曲艺团在滁州演出的时间段与滁州歌舞团在嘉山县的演出正好重合,他们来滁州演出的第一天,正赶上我们团出发去嘉山。我们演的是话剧《一双绣花鞋》,我在剧中扮演一个角色,无人替代。这可把我急坏了,找到团里领导要求请一天假,领导说不能因为我停演一天。我又找到地区文化局,请局领导协调,让我能留在滁州一天看天津曲艺团的演出。最后经过反复要求,同意我不参加第一天的装台和内部彩排,第二天晚上演出前必须赶到嘉山。

　　事情定下来之后，就开始搞票。谁知首场演出前排票早已售完，只得买了张后排的票。幸好剧场还保留了第二天日场的十几张好票，卖给我了一张。

　　演出十分精彩，当报幕员报出京韵大鼓表演艺术家骆玉笙的名字，老太太一出场，观众给予了热烈的掌声，经久不息。这让她很受感动。让她感动的还有一件事，到了滁州后按惯例演员都住在剧场的后台。而滁州地委领导特为老太太在滁州最好的南谯宾馆安排了一个房间，并提供用车以方便她往返使用。虽然老太太谢绝了对她的照顾，但这两件事给她留下了深刻的印象，在台上格外卖力。

　　常宝霆和白全福两位老先生在滁州使的是从《学电台》丰富改编后的《听广播》，此时，他们的艺术已经是炉火纯青，特别是常三爷在台上的形象帅气潇洒，语言清脆明快，再加上白爷那幽默机智、精妙而豪放的表演，可谓有如天成，珠联璧合。

　　苏文茂首场上的是《批三国》，给他量活的是马志存。那天晚上他吃饭的时候喝了点儿安徽亳州产的古井贡酒，感觉很好，不愧是中国八大名酒之一。晚上使活一上台，他为了拉近与观众的距离，就用古井贡酒铺纲。

　　　　甲：安徽是个好地方。

　　　　乙：那是。

　　　　甲：人杰地灵，物华天宝。

　　　　乙：不错。

　　　　甲：朱元璋是哪儿的人？

　　　　乙：安徽人。

　　　　甲：就是我们滁州地区的凤阳人。

　　这时，观众的情绪热烈起来。他继续往下铺：

　　　　甲：三国里最有名的曹操是哪儿的人？

　　　　乙：也是安徽人。

　　　　甲：今天我喝了咱们安徽的古井贡酒，好啊！

乙：那可是中国名酒啊。

甲：知道这古井贡酒是哪儿产的吗？

乙：您说说。

甲：这酒就产在曹操的家乡，安徽亳州。

哄！台下的观众全笑了！

原来他对酒瓶上的字也没有细看，把亳州说成毫州了。

他立刻觉得有点不对，这个地方不是包袱，不该响的地方怎么来了一个大雷子呢？他也不敢继续铺了，马上转入正活。

下了台没等他向人询问，剧场的工作人员就过来对他说："苏老师，曹操家乡那个字念亳，不念毫，它比毫字下面少一横。"

"哎哟！"苏文茂一拍脑门儿，后悔自己的粗心大意，在台上念白字闹了个大笑话。

马志存在旁边和他砸了一挂："您比我强，昨儿一来，我把滁州给念成徐州了！"

旁边的人都笑了。

五年之后，天津市曲艺团再次来到滁州公演，领衔的是李伯祥和杜国芝二位师兄。随团而来的有郑健、戴志诚、王宏、刘亚津等青年相声演员，这些后起之秀，若干年后都在各自的岗位上创出佳绩，成为相声队伍中的骨干力量。鼓曲历来在天津曲艺团占有重要的位置，这次，西河大鼓名家杨雅琴也是首次来滁州演出，向广大观众展示了北方鼓曲的艺术魅力。

此时，我已在地区文化局工作，分管艺术工作。不用为买不到好票而犯难了，几乎场场都在场下的工作席上观摩他们的演出。我的家已经搬到滁州歌舞团宿舍，与滁州剧院一墙之隔。为了尽地主之谊，我邀请了伯祥和国芝两位师兄和团里的青年相声演员来家里做客。

对能到相声演员出身的文化局领导家里做客，几位年轻人抱着浓厚的兴趣，心里更是高兴。当他们看到我书房内挂着一块我自己书写的寒微斋三个字的牌匾时，便将话题转到书法上来。在几个年轻人中，郑健对书法十分喜爱，坚持临帖练习，很有基础。第二天，我写了一幅"山高水长"四个字赠送给他，以此鼓励他继续努力。三年之后，他赠我一幅自己书写的楷书条幅，令人刮目相看，着实有了很大的进步。

在滁州演出结束后，天津曲艺团又去了来安、全椒几个县城演出了十来天。为了降低开支，我帮他们联系到企业的一些便车，免费帮他们运送演出器材。不久他们到了全椒，这是在滁州地区演出的最后一站。我又专程赶到全椒，帮他们落实各方面的问题。最后，又在全椒请全团演职员在一起聚餐，以示欢送。

他们对在滁州受到的热情接待十分感激，以天津市曲艺团的名义送我一幅画，表达谢意。其实，人的感情纽带是多元的，除了亲情、爱情和友情之外，共同的职业岗位和事业追求，也大大增进了我们之间的情感交流和往来，在相互帮助中大家加深了友谊。

不久，笑林和李国盛也随一文艺团体到滁州演出。我正好从外地出差回来，匆匆吃了晚饭就赶到剧场后台看望他们。剧场经理见了我之后，就把我带到了二楼的经理室，笑林和李国盛正在那里休息。进门之后，经理向他们介绍说："我们地区文化局曹局长来看望你们了。"

郑健书写的条幅

两位很客气地和我握了握手。笑林说了一句："曹局长您好。"

我见他说话很正式，也就很礼貌地说："你们辛苦了！我代表地区文化局欢迎你们来滁州演出。"行礼如仪后随便聊了几句，我便告辞下楼进观众厅看演出。

我回到家,洗洗后正躺在床上看书。

文仙说:"出差三四天,回来就去看演出,这都十一点多了,你还在看书,早点休息吧。"

我说:"我就看半个小时。"

这时,"咚咚",就听到有人敲门。

文仙说:"你听,好像有人敲门。"

我一听,果然是有人在敲门。

"这都半夜了,谁会来找你啊?"文仙不解地问我。

"笑林和李国盛。"

"你怎么知道的?"

"我猜的。"

打开房门一看,果然是笑林和李国盛师兄。

笑林一把拉着我的手:"叔儿,我给您赔礼来了!刚才在经理室人多,我没好意思喊您。这……"

"别在门外站着,快进家里坐。"

两位到客厅坐了下来。

此时文仙也穿衣起来了,我向他们作了介绍。两位很恭敬地向文仙问候了一声。

笑林:"婶儿好。"

李国盛:"弟妹好。"

"坐,快请坐。"文仙忙给他们沏茶。

"一见面您都给我们道辛苦了,我们这,您可别见气。"

"怎么会呢。文仙,快准备几个菜,我们喝几杯。"

"这么晚了,您就别忙了。"

"不忙,家里都是现成的。"

不一会儿工夫,文仙就备齐了几个凉菜,让我们先喝。言谈之间,说起了读书,国盛师兄很喜读书,常手不释卷。两位参观了我的书房,虽然只有七八平方米,让他们很是羡慕。人生奔波劳碌,经风沐雨,回到家中,能有一雅静之地,清茶一杯,披览群书,何其乐也。

寒微斋留影

　　不知不觉，已经凌晨一点多钟，二人随即告别。我约定明天中午在皖东餐厅正式宴请他们。第二天中午，我邀了几人作陪，大家都很尽兴。原本我计划晚上继续去听活，谁知临时通知有领导下来检查工作，时间紧迫，也未能与笑林和国盛师兄话别，就匆匆下基层去了。

　　2015 年 3 月 23 日上午，从网上看到笑林因患白血病于凌晨在北京逝世。这让我感到太突然了，他还不到六十岁啊！难以想象他的人生就这样结束了。

　　我随即在网上发了一条微博，以示悼念：

　　笑林师侄英年早逝，令人扼腕痛惜！忆 30 年前他火红时与国盛师兄夜访寒微斋，三人把酒畅叙，言近旨远，十分投缘，凌晨作别，仍言犹未尽。弹指流光，倏忽经年，而今英才玉折，不胜惊愕。人生无常，天道难违，唯长歌当哭，祝君一路走好。

三、登上广茗阁

　　2006 年 5 月初，我接到李伯祥师兄打来的电话，他于当月 19 日在北京湖广会馆举办从艺 63 周年暨收徒仪式，邀请师父和我提前两天赶到北京参加这个活动。

　　第二天，我忙乘车到南京，向师父转告了伯祥师兄的邀请。师父一听十分

211

高兴,连声说:"去去,一定去!"

他和伯祥师兄的关系十分亲密,伯祥师兄孩童时代在南方演出时就与师父生活在一起,用师父开玩笑的话说,伯祥小时候在他身上撒过尿。20世纪60年代,伯祥师兄再次到安徽、江苏一带演出时,更是与师父往来频繁,结下了深厚的情谊。这次伯祥师兄在北京举办从艺63周年和18位徒弟谢师活动是一件大事,师父激动的心情溢于言表,忙催促我安排去北京的事。

我接受三个月前去山东济南参加孙小林师弟收徒仪式,师父乘飞机让我买双份人身保险,把我吓了一场的教训,我决定坐火车去。金鹏让他徒弟买了两张软席卧铺票,一上一下。我将情况向师父一说,他毫无不快,忙拿出这几天他赶写出来的准备在纪念会上的发言稿,让我在文字上给润色一下。在发言稿中,他把伯祥师兄着实褒扬了一番,说出了数十年积存在心里、充满感情与友谊的由衷之言。

5月17日上午9点多钟,我陪师父到达了北京。开车来接站的是伯祥师兄的徒弟高玉林,他是高英培先生的儿子。

高玉林个头儿很高,我和师父一出北京站的出站口,他马上就看见了师父,挤过人群就迎了上来,客气地喊了一声:"师爷,师父派我接您来了!"

师父得知他是高英培先生的儿子后,格外的亲近。与高玉林同来的小伙儿接过我们手中的行李,走到不远处的停车场,一同乘上车直奔交道口南大街。来北京参加这次活动的外地来宾都住在距东城区文化馆,也就是李金斗、宋德全创办的北京周末相声俱乐部不远的一家宾馆。

当天晚上,来了一辆车将我和师父送到王府井大街上的北京老字号饭店萃华楼,李金斗做东在那里摆了两桌,宴请包括师父在内的各位同行,以尽地主之谊。金斗在相声界有着良好的口碑,他尊师重道,豪爽仗义,热心公益,乐于助人。这次伯祥师兄在北京举办活动,金斗作为晚辈,当仁不让,全力以赴。他忙前跑后,事无巨细,从组织策划到上台主持,一概承揽,出了很大的力。

师父只要一到北京,精神头儿立马比在南京时要好上许多。面对诸多同行晚辈,在酒桌上他似乎有说不完的话,从陈年旧事到北京小吃,侃侃而谈,话题十分广泛。那时师父虽已八十四岁高龄,推杯换盏,你来我往,却毫无疲态,这不能不是一个奇迹。

第二天早上,师父在宾馆内的餐厅吃完早餐刚回到房间,访客就接踵而至。第一位来敲门的是从河南洛阳来的萧巍,他是赵振铎的徒弟,与金斗是师兄弟,对门里的事十分热心,多年为编写翔实的相声家谱搜集材料而努力,人称拼命三郎。他很尊老礼,进门就给师父磕了一个。

师父忙将他扶起,问道:"您是谁呀?"

"师爷,我叫萧巍,我先生是赵振铎。"

"哎呀,一家人还这么客气。"

我忙给他沏了一杯茶。

师父向他介绍我,"这是我的掌门弟子,曹业海。"

他很恭敬地叫了一声:"叔儿。"

一年之后,他到合肥参加潘庆武先生从艺七十周年纪念活动后,又随我转道滁州到了南京,专门去拜望了师父。

萧巍刚走,又来了一位姓于的年轻人,他是来采访师父的。大约之前在电话里联系过,师父和他说了一个多小时。我担心师父过于劳累,正欲打断他们的谈话,天津曲校的几位年轻人涌进了房间。领头的是师父的亲徒孙,孙小林的大弟子付俊坤,还有杨阳等几个他的同学。

我见人多,便到隔壁自己的房间休息去了,因为乘火车来北京时我睡在上铺,身侧正对着空调出风口,下车后渐感腰部不适,一夜过后,腰竟然直不起来了。付俊坤见我这姿态,知道我腰病不轻。他们从师父房里出来后,便去买了膏药和止痛的药水,到房间来帮我治疗,几个小伙儿十分热心,轮流为我按摩,使我的腰痛得到缓解。不然的话,第二天我就得哈着腰扶师父到会场,不了解情况的人一看,心里准说,张永熙的掌门徒弟原来是个罗锅儿。

伯祥师兄这次纪念活动安排在19号晚上有一场演出,除了他率众弟子登台表演外,还安排了师父和赵世忠一场活。早在1997年,师父和赵世忠在天津曾合作录过许多段子,但未在北京的舞台上和观众见过面,大家也对这次二老的合作充满了期待。

午饭后,师父突然来找我说:"业海,你马上和金斗联系一下,就说明天晚上的演出我不能和赵世忠一起上了。"

我一听很诧异,"为什么?"

"我听说了,这阵儿赵世忠身体很不好,万一他在场上出了事儿,这责任谁能担当得起啊!"

"这事儿是赵世忠家里人提出来的吗?"

"没有,他家里人没说。"

"那赵世忠不上,您跟谁上啊?"

"你呀。"

"师父哎,我从来没跟您在场上站过,再说我都二十多年没上过台了,词儿全忘了。"

"不复杂,就歌柳儿(学唱歌),对两遍就成。"

我一看他的态度很坚决,只得马上和他对词儿。对了两遍之后,他很满意,夸奖了我一句:"这不挺好吗!就这么定了,明天晚上你陪我上。"

师父回房间后,我马上给金斗打了电话,把师父担心赵世忠身体的健康状况,明天演出改成由我陪他上的话向他转述了一遍。

金斗听了有点急:"叔儿,这话我没法和赵爷说呀,明天晚上如果他自己不能来,那倒好办,您就顶上;如果晚上他来了,我说让他不上了,说不定当场就会出事儿。"

金斗这话特别有道理,我说:"那我跟师父再商量一下,要不明天再定。"

"那行。"

我放下电话,忙又到师父房间,还没有敲门,就听见里边传出一阵鼾声,我知道师父正在熟睡,便没有打搅。回到房里,越想越觉得这事儿不合适,一定要劝师父明晚还是跟赵世忠上。

下午四点多钟,师父醒来了。没等我去敲门,他先过来了。进门就问:"业海,金斗那里说好了吗?"

我说:"金斗说了,这事儿他不好直接跟赵爷说。他建议,如果明天晚上赵爷不来,我就顶上;如果他来了,可不能再让人回去,真要让人回去,说不定还真有事儿,那麻烦就大了!"

师父没有言语,他想了想,"那明天再说吧。反正你做好上场准备。"

"行。"

"吃完晚饭咱俩再溜一遍词儿。"

"好。"

吃完晚饭，付俊坤和杨阳几个同学又来了，说请师爷去广茗阁听相声。

师父一听特别高兴，把晚上要溜遍词儿的事儿也忘了，喊上我一同上了车。不一会儿就到了位于鼓楼西大街上的广茗阁，那里每天都有相声演出。我们进去时，台上一对青年演员正在表演。园子不大，里边坐了有五六十人，我和师父在旁边找了个空座就坐了下来。听了不到半个小时，师父把付俊坤喊到身边，他说，他要上去说一段儿！

我一听就急了，"师父，您上去使什么活儿啊？"

"就今天中午咱俩对的那段儿歌柳儿。"

"我们俩什么服装都没有，怎么上？"

"没有关系，就这样上。"

"我发现，这观众都是小青年，咱这些歌都太老了，这活儿怕不吃。"

"没有关系。"

没等商量好，那边已经报上幕了："下面由来自南京的相声泰斗张永熙先生和他的徒弟曹业海为您表演相声《学唱歌》，大家热烈欢迎！"

掌声中我穿着短袖衬衣，师父穿着西装就上了台。

观众对师父有点儿陌生，再加上学的都是老歌，该响的包袱都响，就是不脆。到了"北风吹，雪花飘"这段儿的时候，加上两人的表演，场上热了起来，响起一阵掌声。这段儿活不长，只有十来分钟，师父唱了一段儿"年轻的朋友们，今天来相会，节目多精彩，越听越有味，听相声，笑一笑，心里特别美，祝愿大家都活一百岁"找底，在掌声中结束了演出。

下场之后，师父仍很兴奋。不停地和我说哪些地方尺寸还要调整，又嘱咐我手别抖。

我说："师父，您不是不知道，我这手都抖了十来年了，越不想抖他越抖，要让手不抖，就得多喝酒。"

"那你明儿晚上就多喝点儿。"

"要喝了，连台都上不了啦！"

"那就不喝。"

"不喝手就抖。"

"嘿,这什么毛病!"

第二天上午是正日子,我陪师父早早来到湖广会馆。门前车水马龙,人头攒动,气氛热烈,宾客如云。我陪师父进场后,在前排中间的大圆桌找到了师父的位置,他和常宝霆先生等老前辈坐在一起。我在旁边的一桌,同桌的有单田芳先生和京剧艺术家王金璐、景荣庆两位老先生。

天津来的同行最多,开来一辆大巴车,坐满了老老少少几十位。率众而来的是天津市文联党组书记、中华曲艺学会副会长、著名作家孙福海先生。在北京的同行自不必说,还有许多影视界的喜剧演员,如蔡明、谢园、梁天、刘金山、李琦等也到场祝贺。现场可谓群星璀璨。

那天的活动由李金斗、宋德全、孟凡贵共同担任主持人,三位在台上妙语如珠,台下气氛热烈。

仪式开始后,我陪同师父走上舞台,与此同时,常宝霆先生也由他的徒弟王佩元扶着上台,二老共同为挂在舞台正中的李洁尘(李伯祥父亲)与赵佩如(李伯祥师父)合影揭开帷布,全场掀起了高潮。揭幕之后,常三爷和师父先后发言,表达了祝贺之意。

之后,依程序一一进行,新叩门的几位徒弟行礼如仪。

伯祥师兄的发言十分精彩,其中说道:"我姓李,所以一共收了十八个徒弟,十八子嘛!"令全场来宾大笑。

晚上的演出在北京周末相声俱乐部举行。我陪师父早早到了贵宾休息室,一眼就看见赵世忠先生坐在那里和人说话,精神还不错。师父忙上前和他亲热地交谈起来,我听师父话语里没说到身体健康之类的话,估摸师父可能不会再担心他在台上会发生意外,自然也就打消了换人的想法,我也就放松下来。

师父和赵爷上台时,全场观众报以热烈的掌声。俩人使的还是昨天晚上师父和我在广茗阁使的歌柳,对他们两位来说,这活儿是小菜一碟。台下的观众与昨天的也大不相同,都是对相声十分熟悉的老观众,对今晚在这里能看到两位宝字辈的相声名家登台表演喜出望外,其欢迎程度非同一般,掌声十分热烈。几处大包袱,连连起尖儿,最后一段儿,当师父唱起"亲爱的朋友们,今天来相会……"时,场下随着歌曲的节奏鼓起了掌声,这时,场上场下已融成一片,充满了热烈而欢快的气氛。

师父与赵世忠最后一次合作演出剧照

2007 年 5 月 9 日,距两人在北京周末相声俱乐部演出差十天即满一周年之际,赵爷在北京病逝。如此算来,二老的这次合作成了两人搭档演出的绝唱!

师父在南京家里听说老友赵世忠因病逝世后,心里很难受。他翻出影集,细细端详他和赵世忠拍的许多老照片,看着看着,眼泪就流了下来。他回忆起与赵世忠十几岁时就有交往的经历说:"我和世忠十几岁时就一起在北京说相声了,那时我们天天在启明茶社表演,我逗他捧,合作得非常好。我们合作那会儿,说相声是刚入行。往事如同昨天,历历在目,谁知世忠也走了,我这心里痛啊!"

回想起来,那天幸亏我和金斗的坚持,才促成了二老这最后一次的合作,给后人留下了难得的影像纪录。虽是小事一件,但从历史角度回眸,功莫大焉。

演出结束后,在市郊的一家饭店举行了聚餐会。我陪师父与伯祥夫妇同坐一桌,同桌的还有喜剧明星蔡明,她是一名相声爱好者,对伯祥师兄的艺术十分钦佩,当晚,她几乎从头到尾站着看完了全场的演出。在宴席上,师父全无乏意,神采奕奕。也许,他很适应这样热烈而又跃动的生活节奏与氛围,寂静与安宁才是他健康的大敌。

正式活动结束后,人也就放松下来了。师父自打来的那天起,每天都要挂在嘴上念叨几句的就是北京的早点小吃,像什么豆汁儿、杏仁糊、焦圈儿、炒肝儿、爆肚儿、卤煮火烧之类。演出后的第二天上午，我向宾馆工作人员打听了一下，乘出租车陪他到了一家名声在外的小吃店。店里虽然人头拥挤，但环境很卫生，我和师父等了没有多久，就找到了座位。在宾馆住了几天，虽然早点很丰富，但品种都是各地宾馆常见的花样。一进小吃店，师父立刻被那浓烈的北京风情包围，忙着向我介绍这介绍那，似乎成了这里的主人。

我按照师父说的几样品种，点了豆汁儿、焦圈儿和麻酱烧饼，我不习惯豆汁儿那个酸腐的特殊的味道，又点了一碗羊肉面。不一会儿，师父点的几样儿全送到了桌上。师父迫不及待地喝了一口豆汁儿，又咬了一口焦圈儿。点点头

师父在北京吃早点

说："不错，是这个味儿。"他知道我不喜欢喝豆汁儿，便让我尝一个焦圈儿。我拿起一个咬了一口，又酥又脆，口感如同南京有时也能见到的回锅老油条，只是形状不同而已，老油条是条状，焦圈儿是环状，叫作焦圈儿倒是十分贴切。不一会儿工夫，一碗豆汁儿和一盘焦圈儿被师父一扫而净。

人常说，什么是乡愁？乡愁是儿时的记忆，是故乡的情怀，是味蕾对旧日滋味的思念。对师父来说，一碗豆汁儿，一盘焦圈儿足以将他带回

到了八十年前，那永远难以忘怀的岁月。

当天中午，师父领着我和李伯祥、杜国芝两位师兄来到高凤山先生家。虽然高先生已经过世十多年，但师父对旧友故情念念不忘，借这次到北京的机会去高先生家中看望他的家人，表达心中的怀念。高凤山先生的家是一座独门小院，庭内绿草茵茵，生机盎然。吃饭时师父持杯四顾，睹物思人，不免感怀良多，唏嘘不已。正所谓："桃李春风一杯酒，江湖夜雨十年灯。"曾经的一切，已如烟云。

次日，我和师父起得很早，因为是上午十点多钟回南京的火车，早上起来

要收拾行李。这几日，陆续有人给师父送来京八件、芸豆糕、六必居酱菜、黄酱、面酱、芝麻酱和蜜饯之类的北京土特产。这些食品单看没什么，放在一起份量可不轻，而且有不少是瓶瓶罐罐，特别易碎。如何把它们包装好，是一件特别不易的事。我找来一个盛酒的纸箱子，把易碎的物件一一装好，又去买了一个大旅行包，总算把所有的东西塞了进去。于是，把这两件价钱不贵、分量很重的"贵重"礼品搬上火车，到南京后再从火车上搬出站成了我这次陪师父出门最艰巨的任务。

正在收拾行李时，付俊坤特意给师父送来了一大塑料袋早点，里面有师父常念叨的豆汁儿。师父一见十分高兴，忙用塑料碗倒了一碗豆汁儿有滋有味儿地喝了起来。正吃着呢，曾经两次来采访师父的小于也提了一大塑料袋豆汁走了进来，原来师父在他面前也多次说到了他对豆汁儿的想念。这会儿专门去买了一大袋给送来了。

既然送来了，人家是一片心，喝不下去也得谢谢人家。等他们都走了之后，我问师父："师父，这剩下这么多豆汁儿怎么办？"

师父看看两大袋豆汁儿，脸上露出惋惜而又无奈的表情，他咂咂嘴说："那只能倒到抽水马桶里了。"

于是，我把两大袋豆汁儿提进了卫生间，正在往马桶里倒着呐，走进来一位女服务员，她耸耸鼻子，皱起了眉头，大声问道："你们这屋里搞的什么东西，怎么这么臭？太难闻啦！"

我一边倒着一边回答说："您可瞧清楚了，这可是正宗的北京豆汁儿！"

她看了我一眼，捏着鼻子跑出门去。

师父看着她身影对我说："甭问，她不是地道的北京人！"

我一边洗手一边说："师父，我这辈子啊，可是做不了北京人啦！"

师父哈哈大笑起来。

四、大八件和芝麻酱

2008年春传来信息，师兄杜国芝要收徒弟了。

我和国芝早在20世纪80年代初就认识，两人一叙，竟然他和我是同年同月生，前后只差了九天。也许这个特殊的原因，我们哥儿俩很能谈得来，似乎有着与众不同的友谊。这次他收徒,对我来说也是一件大事,我早早便在时间上做好了安排。没多久,他便给我打来了电话,邀请我和师父于 4 月 26 日到达天津,出席次日也就是 27 日的收徒仪式。

师父对去天津很是高兴,虽然那段时间他在南京正在忙着要从夫子庙王府园搬家到城外东郊小镇的事,但仍然放下搬家的事,全交给了师娘和友人,和我一同奔天津参加杜国芝的收徒活动。

火车到达天津西站时是上午八点多钟,国芝师兄早已在出站口等候。见到我和师父时他十分高兴,我们上次见面还是伯祥师兄在北京收徒的时候,距今已有两年了。

国芝的友人开来了一辆面包车,上车后便一同到了距金钢桥不远的老板娘大酒店,安顿了下来。照例给师父安排了一个单独的房间。我则住进了国芝师兄用于存放活动所用的礼品及烟酒的房间,顺便帮他照看一下这些物品。

午饭后,师父破例没有睡午觉,让我陪他一道上街去转转。宾馆门前不远就是一交叉路口,车水马龙,人来人往,交通很是方便。师父走到路口停了下来,我问他:"师父,您准备去哪儿啊?

"这回来天津,你师娘交给我一个任务,让我买些芝麻酱带回去。"

"芝麻酱南京几家大超市里都能买到,干吗还要从天津往回背?"

"南方做的芝麻酱跟北方的不一样。这很快就要到夏景天了,做个凉面,少了芝麻酱可不成。"

"那行,这事就交给我吧,您先回去休息,我去办这件事儿。"

"不行,你一人背不动。前年从北京回去的时候,可把你累得够呛。"

"您要买多少?"

"怎么也得十来瓶啊。"

"干吗要买那么多啊?"

"这马上要搬到东郊小镇去了,临走的时候,王府园楼上楼下的邻居每家送一瓶,我自己落不下几瓶。"

"师父,十瓶芝麻酱顶多二十斤,我一人能提动。"

"除了芝麻酱,还要买些桂顺斋的点心。"

"点心不会买这么多吧?"

"点心买个四盒就行了，不要太多。"

"一盒有多少块？"

"不论块，论斤。"

"一盒有几斤？"

"一盒大概是两斤。大八件能装十六块，小八件要装三十二块。"

我心里一算账，这十瓶芝麻酱加上四盒点心，得有三十来斤，我一人可对付不了。虽然我六十四岁了，可师父都八十六了，他就是一道去，也不能让他提多少东西。于是我对师父说："师父，您看这么办：这芝麻酱和桂顺斋肯定不在一起，不如您还是先回宾馆休息，我一人先去买芝麻酱。等我回来了，问清桂顺斋在哪儿，我再去买点心，好不好？"

"好、好！"

送走师父之后，我转身向路边一家水果店老板询问，这附近有没有大超市或者菜市场？老板很热心，分别说了两个方向的走法。我向他道谢之后，直奔不到两站路的一座菜市场。之所以先去菜市场，以我的生活经验和推测，深知那里的调味品不但丰富，而且会有许多进不了大超市的小品牌，尤其是当地加工的产品。因此，去菜市场买天津当地生产的芝麻酱，要比去大超市应该更容易买到。

果不其然，菜场两侧有好几家专卖各种调味品的摊档。天津生产的芝麻酱有两种，看生产地址都在天津附近的郊县，应该算是地道的天津产品了。我选择了包装稍好看的那种，对老板说要买十瓶。老板说一箱十二瓶，为了提着方便，建议我买一箱。我想也对，干脆就买了一箱。请老板用捆扎绳把箱子捆结实后，便提着出了菜场。走了不到几十米，就觉得很吃力，干脆把箱子扛上肩，走不多远也还有点儿难以坚持，就把箱子放到路边，招出租车。等了一会儿，来了辆空车，上去没有三分钟就到了宾馆。

师父看我扛了一箱芝麻酱回来，满面笑容。忙问："这是在哪儿寻到的？这么快就回来了。"

"没去超市，前边有个菜市场，那儿有天津产的芝麻酱。"

"嘿，你怎么知道那儿有芝麻酱？"

"是逻辑告诉我的。"

"罗吉？他师父是谁啊？"

"他师父呀,黑格尔、墨子、亚里士多德,好几位呐。"我故意和师父开了个玩笑。

师父想了想,"呵,引保带还挺全的,他师爷是谁啊？"

"我也闹不清。师父,咱不说他了,我马上去给您买点心去,您说说都有什么要求。"

"没有什么要求,只要是桂顺斋做的就行,他们做的大八件比北京做的地道,还是传统的那个味儿。"

"这大八件儿是哪八样儿？我别弄错了。"

"这个大八件儿就是八种馅料做的京味糕点,像什么山楂、玫瑰、青红梅、红豆沙、枣泥、椒盐,还有葡萄干什的。外面饼皮的形状可多了,园的方的都有,做成蝙蝠、寿桃、石榴、佛手等各式各样的造型。你随意搭配,这些都不是油炸的,吃到嘴里,酥松适口,很好消化。我一辈子了,就好这一口儿。"

"那小八件儿呢？"

"都一样儿,就是个头儿分大小,大八件八个一斤,小八件十六个一斤。现在都是装好盒的,如果是散称的,那就每样都来一点儿。"

"我知道了,我这就去桂顺斋。"

我转身刚走出门,师父又把我喊住了:"业海,如果路过桂发祥,店里有卖糕干的,也买上二斤。"

"什么糕干啊？桂发祥不是做麻花的吗？"

"就和我们那儿的云片糕差不多,一问就知道了。"

"好嘞！"

向酒店前台一打听,去桂顺斋和平路总店比较方便,从门口不远的公交金钢桥站乘车到南市或者北安桥,走不了多远,就能在福安大街上找到这家店了。

我按图索骥,很快就找到了地方。一座民国风格的三层红白相间的楼房,门楼上正中桂顺斋三个黄色的大字十分明显。店内品种很多,为了图方便,便挑已经包装好的礼盒买了四盒。事情办好后刚出门,就接到了国芝师兄的电话。

"业海,我到房间看不着您,您在哪儿呢？"

"我帮师父到桂顺斋买点心去了。"

"着什么急呀,明天下午我帮他办。"

"不用了,全买齐了。我这就回去。"

"过马路要注意安全。"

"哎,师哥您放心。"

打的回到酒店,师父正在房间里和小林师弟聊天儿。原来小林师弟下午刚从济南赶到天津,放下行李后便忙去看望师父。见我提着两大袋东西进了门,便打趣说:"师哥准备往回背什么好东西哪？"

"这都是给师父买的零食。"

"这么多？"他朝袋子里看了一眼。

师父嘿嘿笑了几声:"俗话说,老小老小,人老了就跟小孩儿差不多,就爱吃个零嘴儿。"

我说:"师父,您不是老小,您是胃小,所以要常吃点东西。"

师父一拍手,"太对了！我说我怎么老想往嘴里塞东西哪,原来是二十几年前在河南开刀,把胃切了以后留下的毛病。"

孙小林说:"您这叫胃切除后遗症。"

我给找了个底:"这个后遗症好呀,不吃药,不锻炼,每天半斤大八件。"

师父哈哈大笑！

我和小林师弟从师父房间出来后,小林师弟说他带来了他刚刚出版的《孙小林相声文集》,要赠送我一本。我听了十分高兴,当我接过他这本书,打开一看,心里顿生敬佩之意！厚厚的书中收录了小林师弟多年来创作的四十余篇相声作品,以相声创作之难,竟能成书,足见小林师弟的才华和所付出的汗水。四年之后,他又与郭学东、王力合作写了一部《孙少林与晨光茶社》,洋洋洒洒二十八万字,为后人留下了宝贵的相声史料。

晚上国芝师兄在酒店内宴请师父和一些贵宾,大家欢聚一堂,气氛融洽。同桌的有一位扮演伟人的特型演员,身材伟岸,穿灰色中山装,颇有几分形似。这位特型演员的座位紧挨着师父,他向师父客气地打了个招呼。师父微微一笑,转身和我说起话来。师父这天晚上情绪与在北京萃华楼时截然不同,节制而又平静,菜吃的不多,话说的也少。这种情况是我头一次见到,我想也许是在座的不全是同行的缘故吧。

第二天是正日子,天津的同行几乎全来了,把酒店的大餐厅挤了个满满当当。杜国芝师兄那天十分忙碌,里外前后都得招呼,四月天,愣是忙得一脑门儿的汗,着实不容易。李金斗特意从北京赶来主持这场摆知活动,新收的五名徒弟分别是王闰、李业胜、郭全伟、吴钢和曲玉亮。看到国芝师兄一生为之奉献的相声艺术后继有人,我心里充满了喜悦。

当天下午,许多同行和晚辈来到师父的房间看望他,还给师父送来了许多礼物。我一边忙着招呼客人,倒水上茶,一边忙着接收礼物。随着礼物的增多,我的担心越来越重,这么多大麻花、糕点、咸菜,分量可不轻,加上昨天买的一箱芝麻酱,四盒大八件,我一个人肯定是背不了啦!

此时,我第一件事就是打电话给小林师弟,问他明天什么时候回济南,最好能同一趟车走,就能分担一部分重量。幸好,小林师弟与我们是同一趟车,我终于放下心来。

次日上午,吃过早饭后,我便给国芝师兄打了个电话,

"师哥,我马上就离开酒店了,师父让我向您表示感谢。"

"这么着急干吗呀,再多玩儿两天。"

"不行啊,师父正在搬家,这次回去就直接去新房子了。"

"那他不回厕所那边住了?"师父在王府园的那幢楼外不远有一座公共厕所,国芝经常拿这事和师父"砸挂"。

"不行,你们等我一会儿,我马上就过去。"

"您别来,出租车已经在这儿了,您要忙的事儿太多,有我和小林陪师父,您就放心吧。"

"哎,常联系!"

进了西站软席候车室,总觉着东西太多,到了南京我一人也没法弄,我决定重新整理一下,并自作主张,把实在带不了的东西送给了小林师弟。在整理的过程中,突然在一个礼品袋里发现了一串儿钥匙!

师父和我们一琢磨,这个钥匙肯定是送这袋东西的人无意落在袋里的。于是就回忆哪些人送了哪些东西,一对照,推测这串儿钥匙是刘俊杰的。我马

上拨通了刘俊杰的电话,一问,正是他的钥匙,这会儿正为找不着钥匙犯愁呢。可偏偏他这会儿有事过不来,让我把钥匙交给候车室的服务台,他一会儿就过来取。

放下电话,我到服务台和值班的女同志一说,出乎意料的是,她不同意将钥匙存放在这里! 眼看马上就要检票了,我灵机一动,有了主意。我回到师父的身旁,对他耳语了几句。

师父马上接过钥匙走到服务台,用不容置喙的口气对这位女值班员说:"值班员同志,这是我刚刚捡到的一串儿钥匙,交给您。"说完,将钥匙放在她面前的桌子上,转身就走。那位女值班员看着师父一头白发,又是送捡来的东西,一时不知如何应对,只得眼睁睁看着我们检票进了站。

半路上接到刘俊杰的电话,钥匙他拿到了。

在火车上师父说了一段儿他小时候的故事:他没断奶时,母亲就因病去世了,他与奶奶相依为命,生活全靠奶奶帮佣挣钱维持,生活很艰苦。没钱买菜,一斤黄酱或芝麻酱拌面条就能对付半个月。每当奶奶发工钱的那天,她都要买一斤大八件点心带回家,规定他每天只能吃一块,不能多吃。而自己往往忍不住馋劲,总想多吃点儿。那天吃完一块后,又偷偷地在另一块上咬上一小口。奶奶发现以后,以为是耗子咬的,就把点心放在竹篮里给挂在房中间了。他每天都会朝竹篮看上几眼,盼望着奶奶早点儿回来。一斤点心很快就吃完了,又眼巴巴盼望着奶奶下个月发工钱的日子。

听完师父这个故事,我才明白大八件和芝麻酱对师父来说不仅仅是味觉上的记忆,而是深藏在心底的难以忘却的别样情怀。

2009年,我去天津参加全国天津相声新作品大赛,住进了卫国道上的武警招待所。国芝师兄得知我到了天津后,立即从家里赶到了招待所,请我中午到外面喝酒。他知道我喜爱吃锅贴,特意邀了一位朋友开车拉着我们到了一家锅贴店,进门一看,座无虚席,食客盈门。原来这里不只是卖锅贴,还经营酒菜。老板见是国芝师兄陪人来,十分热情,在一个拐角,给我们三个人加了一张桌子。国芝师兄点了几个喝酒的菜,又特意点了三种不同馅料的锅贴,让我品尝。这一餐我们喝得很痛快,说了许多的话,不知不觉就过了很长时间,一转脸才发现,店堂里的顾客几乎全走光了,就剩下我们三个人还余兴未消。所谓酒逢知己千杯少，此情此景，当是如此了。

2010 年 5 月下旬，国芝师兄来电话，说今年是他六十六岁生日，按民间习俗，这是一个大寿，邀请我去天津。此时，我们已经有一年未见面了，很想去为他祝寿。恰巧此时我正在装修房子，无法脱身，心里感到十分遗憾。人未去，心要到。我给国芝师兄寄去两瓶保存多年的古井贡酒，作为贺仪。不久，国芝师兄打来电话说，酒收到了，他心里很高兴，期待能有机会再见面畅饮。

2011 年 10 月下旬，我在杭州收徒，提前一个月就分别给伯祥和国芝两位师兄发出邀请。国芝师兄携嫂子和伯祥师兄如期赶到了杭州，在杭州愉快地度过了四天。最后一天，我先到火车站送走了师父，国芝师兄他们是下午的火车。我中午邀国芝夫妇和伯祥师兄去了杭州西郊龙井村里的龙井茶社，那里绿树成荫，花木扶疏，景色宜人，名闻天下的龙井就在园内。那天秋高气爽，金风飒飒，大家围坐在室外的竹制桌椅旁，品茗饮酒，十分惬意。万万没有想到，在龙井茶社这次聚会竟然是我与国芝师兄最后一次相聚对饮！

与李伯祥、杜国芝师兄在杭州龙井合影

2014 年元月 25 日，距春节只有五六天，突然接到信息，国芝师兄在凌晨因心脏病去世了！我感到十分震惊，怀疑这是不是真的，立即给伯祥师兄打去电话询问此事。师兄告诉我，国芝师兄是在上卫生间时发病的，刚从卫生间出来就感到心脏不适，喊了一声就倒在了家人怀里，没等救护车赶到就去世了。

我立即在网上查询去天津的火车票，由于临近春节，从滁州到天津的高

226

铁车票很紧张，结果只买到去的车票，而返程票只能买到到南京的，而从南京到滁州更是很难有票。在电脑上反复刷了一个多小时，我终于买到了一张回滁州的商务座的车票，虽然比二等座贵了三四倍，此时也顾不了许多了。

26日中午我赶到了天津，伯祥师兄让松涛开车到车站接我去了他家，他说了国芝生前死后的一些情况，又询问了师父在养老院的生活和身体状况。简单交流之后，松涛又把我送到了国芝师兄的家。

进门之后，看见师兄静静地躺卧在遗像下的花丛中，心中万分悲痛，跪拜在灵前，如此一拜，即是永别，忍不住流下了眼泪……

次日上午，寒风凛冽。我站在街口，目送着师兄的灵车缓缓离去，心中默默祷念：国芝师兄，您一路走好！走好啊！

五、高笑临与《铡美案》

我在南京上学时几乎天天晚上到夫子庙听相声，园子里挂牌的演出团体是南京市群鸣相声队，群鸣相声队的正副队长就是高笑临先生和马宝璐先生。

高笑临（又称高笑林）先生是马三立老前辈的徒弟。他父亲高桂清则是马三立父亲马德禄的亲传弟子，曾在济南晨光茶社长期演出，为人艺德高尚，在相声同行中很有威望。1949年，高笑临先生曾来南京参加慰问解放军的演出活动，演出结束后，又赴西安，在那里参加了赴朝慰问团，为前线的志愿军将士演出，曾荣立三等功并受到彭德怀同志的接见。1954年，他又参加了中国人民慰问解放军代表团，赴新疆慰问边防战士，在新疆各地演了两个多月才回到西安。恰逢西安市成立了实验曲艺团，高先生以他的资历和艺术水平被任命为副团长。木秀于林，风必摧之。没到两年，高先生忍受不了一些人的妒贤嫉能，又不愿陷入纷争，一气之下，便离开了西安。

离开西安后，他于1956年再次来到南京，参与组建了群鸣相声队，演员有马宝璐、任文利、钱天笑、郑小山、孙俊华、王喜云、潘庆武、吴伟申、孙士达、夏万福、顾海泉、王文瑞等十余人。

高先生的表演风格热情奔放，炽烈火暴，说学逗唱，十分全面，尤其是柳活儿，嗓音洪亮，身段干净。这与他幼时勤学苦练有着很大的关系。直到他退休后,仍以七十多岁的高龄,在安徽电视台《相约花戏楼》栏目中彩唱《李逵下山》,唱、做、念,一丝不苟,显露出的功力,让大家为之叹服。

正在群鸣相声队日渐火红、蒸蒸日上时,1957年夏天"大鸣大放"开始了。文化局领导动员大家都要写大字报,给领导和工作提意见。高先生性格豪爽,心直口快,禁不住领导的再三动员,就写了一首瘸腿诗,内容只有三句半话:"曲艺轻骑兵,未能打冲锋,领导指挥差,——无能。"大字报一贴,很快就招惹了大麻烦,连续开了他五天批斗会,一顶反党反社会主义的大帽子扣到了他的头上。

高先生是个聪明人,知道随着运动的深入,自己的处境更加危险。恰巧这时,有一位唱安徽大鼓的演员甘华福给他带来一个消息:安徽合肥市要成立一个曲艺团,正在招兵买马。高先生见这是一个好机会,就多方联系,主动要求去合肥工作。1957年底,他和潘庆武由南京支援安徽来到合肥市曲艺团工作,之后不久又担任了相声队队长。

到了新的环境,高先生心里很高兴。新建的合肥市曲艺团没有艺人之间的矛盾,领导上对他也很信任,他工作也格外的卖力,很受上级主管部门的器重。

1959年10月27日中午,高先生接到领导通知,让他和潘庆武做好准备,一会儿有车来接,晚上有演出任务,要求所演的段子一个是内容的,一个是传统的,并强调这是政治任务。不一会儿,一辆灰色的小轿车将高先生和潘庆武接到了稻香楼宾馆。

稻香楼宾馆在合肥市区西南隅,占地面积六百多亩,三面环水,自然景色十分优美。宾馆内树木苍郁,静谧幽雅,鸟语花香,山中有水,水中有山,相映成趣,有城市花园的美称。

到宾馆小礼堂后面的大休息厅坐下后,工作人员通知他们先休息一会儿,喝点儿茶,吃点儿东西,等一下有领导来审查一下他们准备演的节目。两人坐下后,见桌子上摆放着许多高档香烟、糖果和瓜子等食品。演员中除了他们两人外,还看见了著名的黄梅戏演员严凤英、王少舫和庐剧演员丁玉兰。俩人坐那儿猜测,今天晚上来的首长官肯定不小,很有可能是北京来的中央首长。会是哪位首长呢?两人又在猜,有可能是朱德,也有可能是刘少奇,再一想,周总理喜爱文艺,说不定是周总理。不一会儿,省文化局长钱丹辉等有关领导审看了他们表演的两个段子。一个是以《打灯谜》改编的反映人民公社好的《新灯谜》,另一个是传统段子《算命》,审查顺利通过。

晚上演出正式开始了。大幕还没有开启,就听到台下传来雷鸣般的掌声。大幕缓缓拉开,他们当时就几乎呆住了:毛主席!毛主席身材高大,气宇轩昂,一边走一边拍手,正向台前走来。他们俩没想到今天能为毛主席说相声,不由更加兴奋,相互提醒一定要竭尽全力,不能出任何纰漏,把这场活使好。

当晚的演出是舞会形式,毛主席等人跳一刻钟舞,看一段戏,戏看完了,再跳舞。当严凤英和王少舫演唱完黄梅戏《喜荣归》后,毛主席则用湖南口音笑着说:"噢,唱得好,唱得好。"

晚上8点55分,高笑临和潘庆武的相声上场了,俩人在

场上格外用心。毛主席说话富有幽默感,很喜爱听相声,《新灯谜》虽然是老套路,但说的是新内容,毛主席听得饶有兴趣,笑个不停。由于是演出与跳舞轮换进行,等轮到第二段相声时已经快十一点了。毛主席身边工作人员向主席请示,是否休息?毛主席得知还有一段儿相声,说听完了再休息。于是,高先生和潘庆武演出了他们的拿手段子《算命》。这个段子表演性强,包袱多,加上高先生模仿的瞎子惟妙惟肖,毛主席看得前仰后合,哈哈大笑,连声说好。

演出结束后,高先生和潘庆武忙走到毛主席面前,毛主席从藤椅上站了起来和他们亲切地握手,夸他们说得好! 演得好!

回到家里,高先生心里久久不能平静,他说了半辈子相声,见到的大人物也不少,但从来也没有想到能有机会为毛主席演出,对于一个相声演员来说,这是莫大的荣耀了。

同年12月,贺龙元帅来到安徽,也住在稻香楼。高先生又和潘庆武去说了一段新相声《昨天》。

1960年,高先生在安徽收徒,先后有朱文先、吴新安、郑林哲、王学渊、何况、陆广播、吴棣、崔冰等八人拜在其门下,成了安徽相声发展的骨干力量。连同在南京收的大徒弟吴伟申和后来拜入门下的湖北王博华,高先生一共有十位徒弟,可谓桃李满园。

高笑临与安徽七名弟子合影

高先生在安徽工作上顺利,做出了成就,曾多次受到嘉奖。在生活上,虽然处在三年自然灾害期间,在物质十分匮乏的情况下,组织上给了他许多特殊的照顾。

后来高先生在回顾这些经历时,认为这是他一生里最好的黄金时代。

随着时间的推移,高先生在和团里的主要领导在工作中有了许多分歧。除了在工作上的矛盾外,他心里对自己工作做得多但工资待遇却未能相应提高很有不满。于是,他在舞台上借段子里人物的口,将自己的不满说了出来。

这天,他上的是《铡美案》,里面有包公大段的唱,这是高先生的拿手活。高先生最擅长唱黑头,每次演出都能赢得观众的热烈掌声。

《铡美案》其中有段台词儿的原词儿是这样的:

甲:包公陈州放粮,秦香莲真来找陈世美来了。

乙:对!"闯宫"。

甲:陈世美不认秦香莲,又命韩琪后边追杀!

乙:这段叫"杀庙"。

甲:一无冤二无仇,韩琪下不去手,自刎而死,放走他们母子三人。旧恨新仇,秦香莲在包公轿前告了陈世美!

乙:哎。"告刀"。

甲:包公一听就火儿了,来人!把陈世美逮捕了!

高先生在台上把后边这句台词临时给改了：

甲：包公一听把手一挥，对秦香莲说："要告状你明天再来吧。"

乙：干嘛明天来啊？

甲：包公正在闹情绪。

乙：他闹什么情绪呢？

甲：包公的工资太低。

乙：包公每个月拿多少钱啊？

甲：42块5！

高爷把自己的工资以包公的名义给撂出去了！

捧哏的还得往回找：

乙：包公那么大能耐才42块5？

甲：您想他能不闹情绪吗？

乙：工资低也得上班呀！

甲：包公一想也对，来人！把陈世美逮捕了！

他又圆回来了！

这也是好多相声演员的一个习惯，常把台下的事或者心里的不快参和到台上的活里说上几句，观众有明白的，知道这是演员在借题发挥，也就一笑了之。直到今天，好多优秀的中青年演员仍然会在台上临时发挥，一吐为快，既影响了段子的艺术完整，又为自己招来麻烦。

高先生在台上临时加的几句话对团里领导来说，是绝对不能容忍的，便抓住这个问题不放，与高先生的矛盾越来越激烈。高先生的性格是宁折不弯，一名有才华、有成就、有声望的艺术家怎么能向一个不懂业务的科级行政干部低头呢？一气之下，他什么手续也没有办，就离开了合肥曲艺团，去了蚌埠。从此，度过了二十年漂泊不定、屡经磨难的日子。

231

在蚌埠市曲艺团工作了三年多时间,各方面也趋于稳定,谁知好景不长,1966 年 5 月,蚌埠市曲艺团被宣布解散,所有人员须自谋出路。高先生当即离开了蚌埠,应邀去了淮南市文工团曲艺队。刚去不久,"文化大革命"就开始了。名为"文化大革命",现实中是文的少武的多,淮南两派打得很激烈,均视对方为仇敌。高先生没能看到这次的运动与以往不同,性格仍然依旧,结果得罪了一派的头头。对方将他发过的牢骚甚至段子里的台词拼凑了一个材料,给他扣上了一大堆罪名,关了他好几年。

高先生自己受难,也连累了一家人,全家从蚌埠下放到了距滁州市区十几公里的农村。高先生出来后也就到了滁州的农村。

1972 年,我和文仙代表滁州地区参加全省会演,被省里领导看中,要调我们夫妻俩去安徽省文工团工作。谁知当时的县领导执意不放,将我调到滁县文工团,并给我几名进人指标,要我筹建一个曲艺队。此时我得知高先生落户在滁州的腰铺公社,心里十分高兴,立即和高先生取得了联系。见高先生之后,我将他安排到滁城老字号五一饭店楼上的房间住了下来,又陪他在楼下吃了一顿饭。我把邀请他参加县文工团曲艺队的想法一说,他很高兴。第二天,我陪他到了团里的排练场,给县革委会政工组和团里的几位领导说了一段,算是验了场。

领导对高先生的艺术水平自然很欣赏,当场表态,只要政审过关,就为高先生办理入职手续。高先生一听这话,心里也是很高兴,终于有了安身落脚之地。

谁料想,一个星期之后,县革委会政工组的领导把我喊到他的办公室对我说:"小曹,你推荐的高老师我们去淮南外调过了,问题很大。详细的我也不向你多说了,政工组反复认真研究过了,我们不能要他。"

我一听就急了,"人家都给毛主席说过相声,能有多大的问题啊?"

"话不能这样说,刘少奇还当过国家主席呢,不也查出是叛徒、内奸、工贼吗?小曹,我知道你事业心很强,我也想把高老师招进来,但现在这个情况,如果硬要办,不但最后办不成,弄不好我都要跟着倒霉。你回去和高老师说,以后政策宽松了,有机会再来吧。"

见领导如此解释,我也无法再坚持,高先生最终没能如愿来到滁州。与之相比,后来师父则幸运多了,没有人再在意老艺人在特殊年代里的表现,而是将他们当作艺术家来看待。这一巨大的变化,从高爷到师父,仅仅是过了八年!

滁州处于江淮之间的南部,农作物以水稻为主。高先生一家很不适应这里农村的生活,想迁居到北方。便通过学生吴棣找到了安徽人民出版社曲艺编辑汪洋先生。汪洋先生是一个热心肠的人,对曲艺界的老艺人、老作者十分关心,对高先生的境遇极为同情,便通过自己的亲友帮忙将高先生一家从滁州农村迁到淮北萧县农村,在那里安家落户。

当时高先生的四个孩子年龄尚小,妻子又身患重病,全家的生活重担全靠高先生一个人在田里劳动挣工分来维持,生活十分困难。原已对未来失去信心,一次偶然的机会,又让他在心里燃起了希望。1978 年,安徽省委书记万里同志到萧县视察,当地领导组织了一台文艺晚会,高先生有幸被选中上台说一段相声。在演出结束谢幕时,万里书记上台接见演员,他握着高先生的手说:"真没想到在安徽能听到如此纯正的相声,安徽还有这么高水平的演员!"

很快,蚌埠市文工团聘用他去帮助工作,一年后又为他办理了正式录用手续。这时,仍是通过汪洋先生帮忙,把一家人的户口从萧县迁回了合肥。1982 年,安徽省新建省曲艺团,高先生从蚌埠调到省曲艺团,回到了合肥。从1962 年离开合肥到 1982 年回来,这一圈儿整整绕了二十年!

1983 年,高先生带队正在外地演出,忽然接到电报让他速回合肥。原来是侯宝林先生应邀来安徽大学讲课,向接待方提出想见见师弟高笑临先生。高先生心里很激动,急忙赶回了合肥,在稻香楼宾馆与侯宝林先生见了面。俩人自 1957 年在南京见过一面后,至今已有二十六年,历经"文革",劫后重逢,其激动的心情难于言表。临别时,侯先生挥毫泼墨书写了一幅大大的"寿"字赠送给高先生,祝福他艺术长青,健康长寿。

高先生退休之后仍不愿在家乐享清福,不但经常参加各种演出,而且对来求教的年轻人十分热情,毫无保留地传授艺术经验。

1998 年天津电视台邀请全国各地的相声老艺术家去天津录制中国传统相声集锦,共录了四十集。高先生在此期间一次就录制了七段相声,给他的代表作留下了宝贵的影像资料。2000 年中国曲艺家协会授予他"新中国曲艺 50

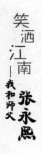

年特别贡献曲艺家"称号。

2005年,合肥市政符、安徽省文联、安徽省曲艺家协会为高笑临先生举办了从艺七十周年活动。刘兰芳题了"老骥伏枥,志在千里"八个字表示祝贺。姜昆从福建泉州寄来亲笔写的联语:"笑洒人间七十载,欢乐百姓一万年。"

这是对高先生最好的评价。

六、侯宝林杂谈宫保鸡丁

我十分崇敬侯宝林先生,小时候在广播中听过许多他表演的精品相声段子,如《改行》《戏剧与方言》《关公战秦琼》等,时间一长就入了心里,慢慢就能说出一段半段的。在我心里,相声就应该是这样的。一位优秀的相声表演艺术家,应该靠幽默的语言、机智的反应、精妙的模仿、渊博的学识、端正的台风、优雅的气度来赢得观众的欢迎与尊重,从而获得良好的艺术效果。在这一点上侯宝林先生和我师父有异曲同工之妙,这也是我拜在师父门下,又很崇敬侯宝林先生的原因。

1962年,我曾有过一次去北京拜望侯宝林先生的机会。那时,我正在全椒和张八爷在一起的时候,认识了全椒一位德高望重的老先生,他的名字叫童浩之。童浩之很喜欢听相声,还会唱几句京韵大鼓,这让我很惊讶,因为在全椒这个皖东小城中居然有一位会唱京韵大鼓的老人。没有多久,我就和他很熟悉了,经常去他家里聊天,听他说梨园界的逸闻趣事。

有一天,他从木箱中取出一把很精致的折扇,我打开一看,上面用毛笔签满了京城名伶的名字,如侯喜瑞、萧长华、梅兰芳、程砚秋、尚小云、荀慧生、谭富英、马连良、姜妙香、李少春、叶盛兰、李多奎等,一个个如雷贯耳,名声响亮。在众多签名中我看到了侯宝林先生的名字。这让我十分好奇,这把扇子有什么来历呢?

由于我父亲是滁州知名的京剧票友,我自幼也对京剧很感兴趣。我到南京上学后就经常混进剧场看白戏。方法很简单:开演前手里端一个大搪瓷茶缸,脖子上挂一条白毛巾,从演员出入的边门进去,门卫一看,以为是团里的小学员,从未被阻拦过,跟活里描述的看蹭戏的如出一辙。我在南京人民大会堂和中华剧场看过李少春、谭富英、叶盛兰、杜近芳以及黄桂秋、高盛麟、李如春、张二鹏等名角的戏,所以对京剧艺术家的名字知晓不少。

原来,童浩之先生祖籍在全椒,新中国成立后他长期居住在北京,那时,他家境富裕,出手阔绰,喜与梨园界人士交往,结识的人越来越多。每每在家中宴请这些名角时,便取出折扇请他们在上面签名。侯宝林先生和他往来频繁,友谊颇深,在这把扇面儿上留下名字也就不足为奇了。

童浩之先生听了我说的相声后,认为我是可教之材,应该到相声的兴盛之地北京去学习,将来才会有出息。那天,他拿出一封信给我,我一看是写给侯宝林先生的。童浩之先生对我说:"你拿这封信去北京找侯宝林先生,他看了这封信一定会收留你的。"见我有些迟疑,他又豪爽地补充了一句:"他要不留你,来回车费我给。"

我谢谢他的这番热心,便将信装入衣袋中,准备择机去北京。

不多久我就和张八爷出门撂地去了,等回到滁州已是半年之后,又和文仙天天在一起,也无心再去北京学习,这件事也就渐渐淡忘。没有去北京还有一个很重要的原因,虽然在南京时师父并没有给我名分,但心里我已经自视为师父的徒弟了。

谁知三十四年后,我在滁州终于见到我崇敬已久的侯宝林先生,而且亲自为他做了一席菜,得以当面聆听他的宏论妙语,终于实现了藏在心底多年的一个愿望。

1987年秋,侯宝林先生随淮南市文工团相声艺术团在全国巡回演出时来到滁州。

淮南市的相声队伍阵容很强,领衔的是金文和与李慧桥,他们两人都是河南杨宝璋先生的弟子,能编能演,曾创作演出过《死不让位》《灭资饭店》等优秀相声作品。侯宝林先生退休后致力于相声研究工作,1985年,应淮南相声艺术团邀请赴全国各地演出近四年之久,热心推动相声的推广普及。

进滁州的第一站是全椒,他们在全椒先演出了三天。我在市文化局分管艺术工作,出面接待来滁的外地文艺团体和艺术家是分内的工作,我电话与金文和联系了一下,便乘车去全椒迎接侯宝林先生。

侯爷住在县委招待所一座小楼的二楼,是一个带客厅的小套间。当金文和与李慧桥陪我走进房间里时,侯爷正在客厅里喝茶。我上前恭敬地向他行了个礼,喊了一声:"叔儿,我来接您了。"

他很高兴地让我坐下,因为金文和事先已经向他介绍过我的情况,他笑着问道:"你什么时候干的文化局长啊?"

我回答说:"我是 1983 年底到地区文化局任职的,已经三年多了。"

"怎么样,还愉快吗?"

"没有说相声愉快。"

侯爷和旁边的人都乐了。

"其实,说相声和当局长都是做思想工作的。所不同的是,你在台上对大家说话叫做报告,我在台上对大家说话您得先买票。"他冷不丁地砸了一挂。大家笑出声来。

"好好干,不干则已,要干就干出个样儿,让不了解咱们这行的人瞧瞧,说相声的也有真才实学。"

我点点头。

我陪同侯爷到了滁州,住进了南谯宾馆地委专门接待重要客人的东二楼。安顿下来后,我向侯爷发出邀请,明天中午我请他到家里吃饭。侯爷愉快地答应了。

我平常喜爱研究烹饪,经常自己动手下厨做几样菜。有人曾经问过我,怎么会爱上做饭的呢?

"饿的。"我的回答让他们一愣。

20 世纪 60 年代时我正在长身体,特别能吃,可又经常吃不饱,好吃的东西更是很难见到。于是就到南京图书馆去借菜谱看,一边看一边咽口水,来一个精神会餐。看多了,也就记住了。过几年情况渐渐好转,我就把书本上的东西实践做一做,慢慢就融会贯通,做的菜也就有模有样,是那么回事儿了。

这次要请侯爷到家里吃饭,我是精心准备的。侯爷绝对是一个美食家,不但吃遍全国,见多识广,而且对美食很有研究,说出的道理让人点头称是,见解精辟,独树一帜。为了做好这桌菜,我三天前就开始拟菜单、备料、选餐具。

首先是拟一个菜单。我很注重冷盘也就是凉菜的设计,因为客人上桌第一眼见到的就是冷盘。冷盘一是要精致美观,二是要荤素搭配,三是要口味各异,四是要形状有别,所谓色香味形缺一不可。冷盘做好了,便可产生先声夺人的效果。如同相声的开门包袱，头一个包袱响了，后边的活儿就好使多了。

　　凉菜的难点在于素菜，因为荤菜由于原料厚重可以挥洒自如，变化较多。而素菜想要做出档次、与众不同，就要下一番功夫了。为侯爷设计凉菜更要动一番心思，我安排了三荤三素共六个冷盘。三荤是白灼河虾、盐水嫩鸭、五香牛肉；三素是菌油墨菊、金钩干丝、翠绿牡丹。这六个冷盘从色彩上看，红、黄、紫、黑、白、绿，可谓五颜六色，十分养眼。从口味上看也是各不相同。

　　值得一说的是菌油墨菊和翠绿牡丹。菌油墨菊的原料不是菊花，而是花菇。1984年我在安庆迎江寺内吃过一次素斋，其中有一盘黑黑的香菇特别好吃，口感柔嫩，香味独特，特别之处是它不是炒的，而是卤出来的。我吃了几口后就离席到了后边的厨房，向做菜的僧人请教此菜的做法。出家人慈悲为怀，见有人请教，便毫无保留，传授了此菜的做法。我学会之后又加以改进，将原先的小香菇改为大花菇，口感更为鲜嫩，将整菇装盘改为切成长条摆成菊花形状，菇肉黑中透亮，犹如一朵绽放的墨菊。

　　我学会这道菜之后，第一位对这道菜赞不绝口的客人是著名影视演员斯琴高娃。

　　在侯爷来滁州的前一年的春节期间，斯琴高娃应滁州歌舞团的邀请来滁州演出。因春节期间在外吃饭很不方便，连续几天便在我家里用餐。正赶上春节，这就让我把自己擅长的拿手菜全亮了一遍。但她最爱吃的还是这道菌油墨菊。

本书作者向斯琴高娃介绍美食

演出结束后,临行时她赠我两幅自己写的字,一幅题"相见恨晚",另一幅题"艺情"二字,以示感谢。

斯琴高娃题字

翠绿牡丹听名字不知就里,说白了就是凉拌青菜。我选用大小适中的上海青,片去老帮,从菜帮中间横断下刀,再用小刀将片片菜帮修成牡丹叶片状,底部切去老梗,从中间切十字花刀,以利入味。如此准备十朵左右的花朵,用开水氽烫后过凉水,捞出后放入冰箱冷藏一个小时,取出后调味装盘,一朵朵牡丹翠绿欲滴,十分诱人。

除了六个凉菜,还安排了六个热菜,分别是宫保鸡丁、罗汉观斋、芙蓉虾仁、韭苔肉丝、糖醋鳜鱼和奶汤什锦锅。

这几个热菜也是用心安排的,原料既有鸡鱼肉蛋,也有素菜。罗汉观斋是我从南京绿柳居菜馆学来的,主要原料是菌菇和几种色彩不同的蔬果搭配在一起炒制而成,成功的诀窍在于炒。芙蓉虾仁和韭苔肉丝一白一青,一雅一俗,相互映衬。宫保鸡丁是川菜,我多次想尝试而很少做过,因为这一桌都是以淮扬菜为主,偏于清淡,故想添一个味道浓郁点儿的,所以就斗胆安排了这个菜。正因为这一安排,才引出侯宝林大师的一段杂谈宫保鸡丁的美食佳话。

中午,侯爷在金文和、李慧桥等人的陪同下来到我在歌舞团宿舍三楼的家。落座后,文仙便沏上一杯茶端到了他的面前。侯爷看到文仙将茶叶放入瓷杯中,再提起水瓶倒入开水后,不由向我们说起他每天早起之后沏茶的方法。

侯爷说:"我每天早晨起来后,先把茶叶放进茶杯,然后倒入少许热水让它浸着。之后我才去刷牙洗脸上卫生间，等一切都完事之后，再用开水往茶杯里一砸，这茶色立马就下来了，味道也出来了，端起来一喝，正好！"

仔细一琢磨，侯爷沏茶的方法确有独到之处。因为平常我们泡茶都是放了茶叶就倒开水，但不能马上就喝，一是水烫，再是茶汁还没有出来，需要等上几分钟才能喝上嘴。而侯爷这个方法就少了这个不便。自那之后，我和文仙如果约了客人来家里，都是提前几分钟将茶浸好，客人来了之后，再续上开水，客人可以马上就喝。侯爷说的用开水往茶杯里一砸这句话给我留下了深刻的印象，特别是那个"砸"字，让人联想出茶叶在杯中翻飞、茶汁顿浓的景象，十分传神。

喝茶聊了几句之后，侯爷和大家入座。我拿出一瓶安徽最好的酒——古井贡酒。

正开启时，金文和说："叔儿不喝白酒。"

我幸好有准备，又拿出一瓶山东张裕的葡萄酒。

金文和说："叔儿也不喝葡萄酒。"

侯爷说："给我来点黄酒就行了。"

幸亏家里还有一瓶绍兴加饭，原是准备做菜用的，忙从厨房里取了出来。

侯爷说："切两片姜，在炉上暖一暖，热了就得。"

文仙马上就按侯爷说的方法把这瓶绍兴黄酒热好端了上来。

果然，侯爷对菌油墨菊很感兴趣。他说："在老北京，最有名的是口蘑。郭沫若写过诗，'口蘑之名传天下，不知缘何叫口蘑？'老年间关外的蘑菇都从张家口卖到北京和外地，所以都叫口蘑。"

"那要是从保定卖到外地的呢？"金文和问了一句。

"那，该叫定蘑啦！"

一桌人全乐了。

侯爷接着说道："这吃口蘑一般是烩和炖汤，特鲜。用蘑菇做成卤菜我这是头一回见到，很有新意。回去我也试试。"

于是，我把制作的方法和技巧向侯爷作了介绍，又把在安庆迎江寺向僧人学习的过程说了一遍

侯爷说："如此说来，你没去西天，也把人家的真经给偷回来了。"

大家又一乐。

"叔儿,这个经我不是偷的,是取的。"

"和尚是个出家人,你娶(取)他干吗呀!"

大家哄的一声全笑了。

这时,文仙将她的拿手菜芙蓉虾仁端了上来,白里透红,十分惊艳。

侯爷用汤匙挖了一勺虾仁,又来了个连环包袱,"要娶就娶这样儿的,多漂亮啊!"

一个大雷子,大家全笑翻了。

敬了侯爷三杯酒后,我离席到厨房做宫保鸡丁。一阵忙碌,将菜端上了桌。从外观一看,油润红亮,椒香四溢,蛮有样子。大家纷纷动筷品尝,点头称赞。

只见侯爷第一筷夹了一粒花生米,在嘴里嚼了嚼,又尝了一口鸡丁。他放下筷子对我说:"业海,你这个宫保鸡丁还差点儿火候。"

我点点头。

"做宫保鸡丁少不了花生米,中国的炒菜里必须放花生米的只有宫保鸡丁。所以,这个菜里花生米不只是配角儿,成功与否它占了一半的分量。你这个花生米没有去皮儿,也不脆,这可不行。丁宝桢在山东做过多年的山东巡抚,选花生米最好用山东的大花生米。花生米要先用温水泡透,剥皮儿。你这样连皮儿炒是图省事儿。"

我连连点头。

"剥去皮儿以后,再起油锅炸炒。油要宽,火要小,炒出的花生米才会又酥又白;要是火一大,外面焦,里面生,那就炒僵喽,吃到嘴里口感就差了去了。再一个,什么时候往锅里下花生米也有讲究。下早了,花生米被汁水一煮,那脆劲儿就打了折扣;下的太迟,鸡丁都炒得了,就这么把花生米往里一参和也不行。就在出锅前十几秒钟,这边下花生米,这边下芡,颠两下锅就得。"

大家听得津津有味。

侯爷继续说道:"选鸡肉也有讲究。千万不能选老母鸡,那肉发柴。有的人买了一只老母鸡炖汤,把鸡脯上切下一块炒鸡丁,来个一鸡两吃,那可不行。"

"用小母鸡行吗?"我忍不住问了一句。

侯爷摆摆手，"炒鸡丁最好选用小公鸡的鸡胸肉，那地方的肉不但嫩，还有弹性，一只小公鸡的鸡脯也不过三四两，配上花生米正好够一盘儿。我瞧了，你这鸡丁上可没拉刀，直接就下刀切丁了。"

我连连点头。

"你这样切，丁儿大了炒不熟，炒透了又会老；丁儿切得过小也不行，不但口感不对，那菜名也得改，不叫宫保鸡丁，改宫保鸡米了。"

大家都咧嘴一笑。

"最好在切丁儿之前先在鸡肉上拉上十字花刀，然后再切成手指头儿那么大的丁儿，急火快炒，生熟恰到好处，吃口还嫩。"

大家连连点头。

"不过，你这个菜最大的败笔是不会用葱。"

"我这是地道的山东大葱。"我解释说。

"我说的是葱的成熟程度。俗话说，生葱熟蒜，炒菜的葱千万不能炒过了，要带点生，葱香四溢，一炒过头，葱都塌了，既不香也不好看。"

金文和说，"那把葱和花生米一起下去行吗？"

"那更不行了，葱要油爆过才香啊，如果最后下，那成洒葱花了。"

说到这里，侯爷又尝了一口鸡丁，"最难把握的是调味。正宗的宫保鸡丁，既有麻辣，又有咸鲜，还要有点糖醋，厨行里管这叫荔枝味儿。就是吃出酸但又带点甜，糖不能下多，糖一多就成糖醋鸡丁了！"

侯爷一番高谈阔论，细致入微，十分精彩。

大家齐声说，侯爷可以到烹饪学校讲课去了。

侯爷笑了笑，"我是吃得多了，听得多了，看得多了，想哪儿说哪儿，杂谈而已。"

大家纷纷向侯爷敬酒。

侯爷更是兴致勃勃，放下酒杯说道："其实我是个口头革命派，让我说说可以，真让我掌勺来做，我可不行。"转脸对我说："赶明儿你到北京，你让我做这一桌我可做不了。"

金文和说："叔儿的北京家常菜做得非常地道。"

侯爷说："我是北京人，如果不会做几样北京菜，我自个儿也不答应啊。

侯宝林先生席间谈做菜

其实也就是做个芥末墩儿、豆儿酱什么的,冬天弄个海米熬白菜那就算大菜了。"

谈笑之间,不知不觉两个多小时就过去了。侯爷在客厅与我和文仙、大儿子曹阳照了一张合影留作纪念。

侯宝林先生与本书作者及家人合影

第二天中午,我接到地委办公室电话,说地委和行署领导明天中午要在南谯宾馆请侯老吃饭。要我去和侯老说一说。

我听了这话,感觉有点不合常理。当时就在电话里问对方:"地委和行署领导要请侯宝林先生,派一位办公室主任或者接待处主任去请不是更好吗?为什么要我去请呢?"

对方支支吾吾说："去请过侯老了，他不愿意，说中午要休息。想来想去，领导点名让你去请侯老。"

我这才明白，原来侯爷不愿去吃这顿纯系官场应酬的饭。本来我心里很不想去，但在机关的工作中，上级领导布置的任务又不能不去完成，更何况这是滁州地区主要领导点名要我完成的任务呢？其实，我不想去还有一个更深层次的原因，那就是前不久我经历了到机关后的第一次大的冲击，某些领导的形象在我心里已经变形了。

1986年，因为我在推动改革中触动了一部分人的利益，歌舞团有人向某领导举报我，纪检部门奉命调查。一件件查下来全是子虚乌有的事情，因为有来自上面的压力，调查组负责人急了，费尽心思想找出一点儿我的不是。那天，他问了我一个他后来非常后悔的问题。

"曹业海同志，团里有人反映你在会场上当众放屁，有这么回事吗？"

"有，而且不是一次，经常放。"

"这个问题你要深刻检讨。"

"这个，主要是我入党时间不长，对党的政策和纪律没能认真地、全面地、深入地学习。特别是不了解关于党员在公开场合放屁有哪些具体的规定，比如什么时候能放、什么时候不能放，放的声音大小、速度快慢、频率高低，这些方面的要求都不清楚，也没有好好学习这方面的文件。"

旁边的几位有点想笑。

"再说，我平常又喜欢吃烧萝卜、煮黄豆、炒洋葱之类的食物，吃下去之后，马上就会有所反应，有时反应很强烈……"

旁边的几位咬着牙，硬憋着不让自己笑出来。

负责人有点急，"不要扯太远，你就谈谈这个事情的危害性！"

我很认真地回答说："这个我要声明一下，我放的都是响屁。俗话说，响屁不臭，臭屁不响。我认为没有造成什么危害。"

"你能保证你放的都是响屁？"

"能！要是我的屁不响，那举报我的人怎么能知道是我在放屁呢？他们光凭闻到臭味，就能断定那个屁就是我放的吗？"

负责人一时找不到词儿，脸涨得通红，瞪着两眼冲着我直运气。

旁边的几位实在憋不住了，全都跑出了办公室。

不几日，一直关心我的孙局长找我谈话，见面就问："你到纪检委说相声去了？"

我知道情况已经反馈到孙局长那里了，便解释说："他们找不到我的错，就吹灰找缝，搞一些无聊的事情来责问我，我实在忍不住了，就顺着他的口风来了几句，说完了心里好畅快。"

"你畅快了，别人什么反映你知道吗？"

"……"

"你这么聪明的一个人，怎么就不能克制自己呢？这样下去会吃大亏的。"

我咂咂嘴，"江山易改，本性难易。"

"狗改不了吃屎。"

"唉，放屁都违纪了，吃屎还不犯法呀！"

"你又来了！"

谈话匆匆结束。

如今事情虽已过去，但我心里是不愉快的。这会儿要我去代他们请侯爷吃饭，心里自然不愿去，可是不去又不行，于是就到南谯宾馆，向侯爷转告领导的盛情。

侯爷一见到我就说："我就猜到你会来。他们要请我，我不乐意去，非到你那儿搬兵不可。"

我说。"叔儿，我知道您不想去，可我又不能不来。"

"那是，官大一级压死人，谁让你干这文化局长了。"

"甭提了，我一肚子委屈都没地方去说。"我三言五语将挨整的事情一说。

侯爷听了立马说："你跟他们回话，就说我明天中午一准去。"

"那好，我这就去回话。"

"业海，明儿你陪我去。"

"叔儿，这官场上，谁去陪客，去了坐哪儿，都有讲究。不是我想去就能去。"

"我明白了，我跟他们说。"

从侯爷的房间里出来，我回到文化局办公室，向地委办公室回话，侯宝林先生已经同意明天中午出席地委和行署领导的宴请。我的任务完成了。

第二天上午一上班,我就接到地委办公室电话,通知我中午到南谯宾馆参加地委领导为侯宝林先生举办的午宴。我知道,这是侯爷特意安排的,一阵暖意涌上心头。

中午我提前来到侯爷的房间,此时,地委宣传部一位领导已先到一步,聊了几句之后,我们陪同侯爷来到隔壁楼下的小餐厅。此时几位领导都已到达,见侯爷进门,忙起身相迎,请他在主宾席入座。

这时,侯爷向我一招手,"业海,你来陪着我。"

我站那儿有一丝犹豫。

几位领导见状忙说:"曹局长,你过来陪侯老。"

我随即走到侯爷身边,侯爷拉着我的手在主宾席位上坐了下来。

宴席中,侯爷谈笑风生,挥洒自如,以他广博的学识,丰富的阅历,幽默风趣的语言,让在座的领导钦佩不已,十分崇敬。

突然,侯爷把话锋一转,指着我对几位领导说道:"我这个徒侄儿说相声是个好苗子,他离开舞台有点儿可惜。不过,组织上安排他到这个岗位上,那是工作的需要,也是我们相声界对文化事业的人才输出。你们要多批评他,让他多锻炼锻炼。"

在座的领导纷纷向侯爷夸奖我了一番。侯爷对着我说:"业海,我晚上要演出,你代叔儿敬各位领导一杯。"

我立即站起身来依次向各位领导敬了一杯酒。高度白酒很浓烈,虽然我有点儿不支,但心里一股股暖流让我充满了力量。侯爷如此高调的帮助找,扶持我,可谓用心良苦。作为一个晚辈,其感激之情,难以言表。

仅一面之缘,却鼎力相助。这不仅仅是侯爷对我这个无名晚辈一个人的特别呵护,更是他对整个相声行内的后来者的关心和爱护。如今每每看到行内同仁产生龃龉乃至恶语相向时,心里就会想到当年侯爷曾经对我说过的一句话:

"咱们相声行内能人太多了,要想发展相声事业,甭管你的师父是谁,能耐有多大,大家都得高唱国际歌:团结起来到明天。"

第五章　旷世奇情

一、南京好人

师父的一场错恋,受伤害最深的是师娘。

自师父出事之后,师娘的日子过得很艰难,除了心情上的郁闷和压抑之外,在经济上也很拮据。师娘有些文化底子,在和师父认识期间,多次放弃了参加工作的机会,1954 年底师娘和师父结婚之后,更是专心致志地照顾师父的生活,在承担起家务重担的同时,还为师父抄抄写写,整理资料,用师娘自己的话说,她是师父的"保姆兼秘书"。

现在没有了生活来源,日子如何过下去,成了大难题。幸好养子张玉柱在自己只有二十多元工资的情况下,每个月固定给她五元钱,用以维持生活。但过惯了丰裕日子的她,自然捉襟见肘,难以为继。就在这时,街道居委会伸出了援手。师娘平常就热心街道上的事,虽然是尽义务没有报酬,用今天的话说是一个志愿者,但她忙前忙后,乐此不疲,给人留下了很好的印象。如今师娘生活窘迫,陷入了困境,街道上为了调和家庭矛盾,很快将师娘安排到街道上办的加工小组糊纸盒子。那里劳动强度不大,技能要求不高,而且是按劳计酬,熟练之后,每月的收入虽然不高,但也能凑合维持生活,聊补无米之炊。

俗话说,由俭入奢易,由奢入俭难。师娘喜爱喝茶,与师父爱喝花茶不同,她爱喝南方的绿茶,像什么龙井、碧螺春、黄山毛峰之类。依当时的物价,师娘糊纸盒子一个月的收入还不够买几两好茶叶。开门七件事,柴米油盐酱醋茶,吃饭永远是第一位的,喝茶品茗只能退而求其次了。好在茶的品质虽有高低之分,但只要不执意讲究,粗细之差还是能适应的。以致十几年后,日子好过了,徒弟们送茶叶给她,她一点也不挑剔,开玩笑说,槐树叶子我都喝过,只要有点颜色就行。

在其他方面师娘也是能省就省。师父家距夫子庙很近,那里的小吃远近

246

闻名,往日,师父常带师娘去夫子庙吃早点,是奇芳阁、永和园等茶楼的常客。师父一走,师娘自然也不去了,一是没心情,再是经济上必须精打细算,才能维持生活。也有无法节省的:房子是公租房,每月二十多元的房租是必须按时缴付的;为了师父的身体健康,时不时地给在洪泽湖劳改的师父送去白糖、水果罐头、奶粉之类的食品和营养品,这可是一笔不小的开支;没有工作单位,自己身体较弱,平日头疼脑热,吃药打针都要花钱。虽然零零星星有学生和同行友人去看望,送些钱物,但杯水车薪,无法根本改变她的境遇。那几年的日子,对师娘来说,是一场不折不扣的磨难,身陷苦海,难以自拔。谁能帮助她跳出苦海、摆脱磨难呢?

好人来了!

1982 年元旦和春节相隔只有二十来天, 元旦过后没多久就下了一场大雪,纷纷扬扬,南京城如同铺了一床厚厚的鹅毛被,洁白无垠。一阵阵狂风吹过,雪花漫天飞舞,寒气逼人,家家户户门窗紧闭,路上少有行人。

寒风中,有三个年轻人来到旧王府师娘的住处。听到有人敲门,师娘忙打开临街的房门,把来人请了进来。年长的一位约有三十多岁,白净的脸上戴着一副眼镜,气质很文雅,他名叫言人,是师父的学生,后来成为江苏电视台著名的文艺导演,他是这里的常客。另一位名叫梁军,在上中学时就特别喜爱相声,常和李国先在一起表演相声,在南京市中学生的文艺圈中很有名气,后来双双考进了南京市歌舞团曲艺队,成了师父的学生。跟他们一起进来的那位年轻人约有二十一二岁,一米七几的个子显得很壮实,长圆的脸膛上带着憨厚的笑容,上扬的眉毛下一双黑亮的眼睛,使他又显得十分执着和机敏。只见他双手各提了一大袋各色各样的食品,也许是室内外温差的原因,站在那儿,脑门儿上直冒热气。

大雪天有人带着礼品上门来看望自己,师娘心中很高兴,忙让三人坐下,又泡了三杯热茶,让他们暖暖身子。

梁军向师娘介绍说:"这是我的邻居,也是我的学生,叫张爱明。"

"也姓张,那是一家子了!"师娘笑着说。

这句话真让她说中了!自此,张爱明与师父夫妻俩结下了不解之缘。在之后长达三十多年的时间里, 他与妻子夏月娥倾其所有精心竭力地照顾他们,不是亲人,胜似亲人,让师父师娘的晚年生活充满了温暖与亲情。后来,师父曾动情地说,爱明两口子是上天派来的好人!

张爱明是南京汽车厂的一名技师,他家当时住在新街口附近的洪武路,和梁军家是近邻。洪武路离江苏省京剧院所在的火瓦巷不远,京剧院有一位享有盛名的琴师李铁林,他的儿子李维信是东北一位有名的相声演员,于世德曾为他量活,两人创作的相声《天上人间》在第一届全国曲艺会演中曾获创作和表演优秀奖。李维信父母一家就住在张爱明家楼上。李维信的儿子李晓鸣与张爱明是小时候的玩伴,耳濡目染,张爱明成了一位文艺爱好者,对京剧有着浓厚的兴趣,有时还和同好朋友票上几段,自得其乐。京剧演员与相声演员历来有惺惺相惜、交流融洽的传统,李维信到南京时对张爱明聊了许多关于相声方面的事,甚至还给他说了一段《口吐莲花》。接触多了,张爱明对相声艺术有了更多的了解,渐渐地又爱上了相声,与梁军的交往就密切起来。师父出事时,张爱明还不到二十岁,没有见面拜望的机缘。但通过梁军的交谈,他对师父的了解越来越多,想结识师父的愿望与日俱增。

快过春节了,张爱明和梁军商量说:"张老师还没有回来,我们去他家里看看他老伴,送点年货,表示一下我们的心意吧。"

梁军自是赞同,"行,你把东西准备好,我再邀一下言人,明天我和言人两个人陪你去。"这才有了开头的一幕。

交谈中,师娘在他们面前诉说了自己生活的艰辛,说到动情处不禁流下了眼泪。

张爱明是一个富有同情心的热心人,面对此情此景,自然而然地说了一句话:"今后你有什么困难就找我张爱明,我一定会帮助你的。"

一诺千金,张爱明为了这句话,在之后的三十多年里,他和妻子夏月娥付出了很多、很多……

自那以后,每逢周末或周日,如非出差或特殊情况,张爱明都去旧王府看望师娘,去的时候总要买些水果、蔬菜、糕点、卤菜之类的食品,很少空着手。见到张爱明来,师娘的心情特别好,似乎有说不完的话。旧王府的房子是老式的平房,平日烧饭用的是罐装液化气,一个15公斤的液化气罐装满了气得有三十多公斤,特别沉,一般人搬动时都很吃力,更别说师娘了。每次去白下路

248

煤气站充气,师娘都要求爹爹拜奶奶请人帮忙,实在找不到人了,只能咬咬牙花钱请人送气,当时一罐气的价格是 1.49 元,而送一罐气的费用则是 1.50元,帽子比头大。

张爱明知道了这件事后,把胸脯一拍,"这件事情您就不要烦了,就全部交给我吧!"从此,换气送气全都由他承包了,而且连换气的钱也坚持不要师娘给。后来师父搬家住到了新小区的四楼,那里也没有燃气管道,仍然需要经常换气,从煤气站到小区有一公里多的距离,而且还要扛上四楼,每次他都累得气喘吁吁,但始终口无怨言,努力地做着。直到师父见他太辛苦,执意不让他再扛了,自己花钱请人送上门时这才算结束。帮助人容易,难在持之以恒。一般人做不到,他做到了。

后来有人猜测,他这样做是有什么图谋吗?这是功利主义者从自身的逻辑思维中得出的推论。如同今日有人在马路上扶起摔倒的老人一样,不是他撞的,他干吗要上去扶啊?尽管有许多好心人被误解,但热心帮助他人的好心人并没有止步,社会的正能量永远是主流。

好人一生平安。

二、旧王府恩怨情仇

师娘既然这么孤单,她为什么不和自己的养子张玉柱、韦升美夫妇相依为命,而要求助于他人呢?

小孩没娘,说来话长。

据师父在自传中的叙述,师娘陈娟华从实际意义上说是师父的第四任妻子。新中国成立前,师父曾有过三次婚姻。第一次婚姻师父年龄还不到二十岁,祖母为他包办了一桩亲事,女方是一位姓孙的唱大鼓的艺人,结果两人脾气不投,几个月后就分手了。第二任妻子大鸾是京戏清唱班的女老生,年龄与师父相仿,长相秀美,与师父十分投缘,但遭到女方家长竭力反对。两人私奔后在一起共同生活了几个月,谁知一场痨病夺去了大鸾的生命。第三任妻子姓王,名叫王兰萍,也是一名相声演员,原是夏万福的师妹。

师父是 1946 年和王兰萍结婚的。当时师父身边还有一个收养的义女,三个人组成了一个家庭,生活倒也和顺。谁知在郑州演出时,师父的义女爱上了一个有家室的人,这自然遭到师父的反对,结果在法庭上父女反目,断绝了来往。

1950年,师父和王兰萍来到南京,在夫子庙演出时临时住在附近的万里旅馆。新中国成立初期,那里聚集了许多在南京谋生的艺人,天天在旅馆生活,相互也渐渐熟识,往来增多。其中有一位清唱京戏的女演员引起了王兰萍的注意。

这位女演员也不过三十来岁,却有五个孩子,大的不过六七岁,最小的是一对双胞胎,一姐一弟,只有几个月大,特别喜人。女演员的丈夫在南京的远郊部队里工作生活,双方存有芥蒂,很少来城里。这样,这几个孩子全靠她一人微薄的收入拉扯,自然是手忙脚乱,顾此失彼,有时孩子无人哺育,饿得直哭,其窘况令人同情。同住一起的不少人和心地善良的王兰萍见了都劝说她,与其自己无法抚养,不如送人,给孩子一条活路。女演员虽然心里不舍,但在巨大的生活压力面前做出了抉择。1950年夏天,她将这对龙凤胎姐弟分送给两户人家收养。师父和王兰萍收养了男孩,起了个乳名就叫小柱子。

那时师父和王兰萍收入颇丰,为照顾小柱子特意请了两个保姆,分工照看。之后,师父去上海演出了一年多的时间,留在南京的王兰萍更是以母亲特有的感情精心哺育这个孩子。眼见孩子一天天长大,从呀呀学语,到蹒跚学步,围着身边叫妈妈,她的心里充满了喜悦和幸福。

谁知师父从上海回到南京后,夫妻两人闹起了矛盾,师父提出要和王兰萍离婚,王兰萍执意不离,师父一气之下就跑到东北沈阳演出去了。去东北之前,师父在南京时结识了师娘,师娘那时身边带有一个名叫小龙的亲生的孩子,小龙的父亲是一名国民党军官,新中国刚成立时被政府处决了。没有多久,师娘追到了沈阳,在那里和师父结了婚。婚后不久,师父领着师娘回到了南京。王兰萍见事已如此,只得同意与师父离婚。而师父每天都和王兰萍在同一个场子演出,师娘心里也不高兴。师父在压力下,选择了让王兰萍离开。迫于无奈,王兰萍只得改行,到中华门附近一家自行车链条厂当工人,自己精心抚养多年的儿子也随师父而去。在王兰萍的心中,师娘就是她不共戴天的仇人。

而顺利与师父成立了家庭的师娘,却留下一块心病。虽然与师父的结合使她接受了小柱子,而小柱子身后毕竟有一个养育他四五年之久的养母。女性常有的排斥心理,成了始终主导着她的行为的动机。因此,切断小柱子与王兰萍的一切联系成了她几乎一辈子牵挂的事。如此一来,这一段因爱而结下的怨恨种子就深深地埋在了她的心里,时机一旦契合,就会爆发出外人难以详知的矛盾,师父自然就成了漩涡的中心,无法摆脱。

事情以人们难以预料的方式将师娘的心病又往前推动了一大步。1963年夏天刚至,年刚十八岁的小龙在距夫子庙不远的武定门护城河游泳时不幸溺水身亡。这对师父师娘的打击很大,师娘陷入了深深的悲伤之中,精神一蹶不振。

师父由此对尚未成年的小柱子更加疼爱和关心,越是这样,师娘心里越有难以说出的隐痛,越纠缠在自我设定的情感网罗之中,难以自拔。如今只剩下这一个孩子了,是接受他还是排斥他,师娘自己有时也想不明白。接受他,他身后始终有王兰萍的影子;排斥他,而他是师父和自己的唯一。在心理的天平上始终摇摆不定的师娘,就在这样的矛盾中度过了十年。直到1976年,师父因与邻家女孩一场错恋而被判入狱离家,失去了师父这个"减压阀"后,师娘的心理天平终于失衡了。

第一件伤感情的事与张玉柱的婚姻有关。师父离家之前,张玉柱认识了一位在南京港务局工作的姓韦的姑娘,韦姑娘如同她的名字升美一样,身材匀称,相貌秀丽,善良贤淑,对张玉柱一往情深,两人很快就到了谈婚论嫁的地步。张玉柱参加工作很早,从1965年起,每个月的工资除了留2元钱作理发洗澡费用外,全部交给了家里。按常理,儿子要结婚,母亲理应高兴,但师娘对此反应很冷淡。表示她无力为他们的婚事在经济上给予支持,最后只同意借给张玉柱50元钱办婚事,这笔钱须在一年内分期归还给她。这件事深深地刺伤了这对年轻人的心。

第二个冲突点是住房,这是张玉柱心里最大的痛。师父出事后,师娘和张玉柱无法在原来的房子居住,1977年,便以大换小的方法调到了旧王府一套只有三十八平方米的临街住房。这时,师娘提出各自起伙做饭,要每个月再付给她五元生活费。而张玉柱每个月固定给在洪泽湖的师父寄营养品外,还要寄几元钱去供他零用,如今再要单独吃饭,微薄的收入就难以为继了。尽管如此,张玉柱还是尊重她的意见,维持着这个残破的家庭。让张玉柱万万没有想到的是,为了这间婚房的事,师娘和张玉柱当场反目,坚决不同意他们在家里结婚!

没有房子就没法结婚,而张玉柱的单位也无房可分,两人找到居委会,又请来自己单位的领导,反复做师娘的工作,最后终于答应把后面厨房里隔出一小间约八九平方米的地方给他们,但必须另外开门进出,本来就不在一起吃饭,再分门出入,俨然是两家人了。

早在师父去了洪泽湖劳改农场没有多久,张玉柱就带了许多食品去探望思念已久的父亲,一路辗转,风尘仆仆来到了农场,办好会见手续后,在会见室里,父子俩终于见了面。已有很长时间没有见到自己的父亲,张玉柱心中有无数的话语要向父亲诉说,可一时又不知从何说起。在他看到父亲被管教干部带进会见室的那一刻,他的情感闸门再也抑制不住,父子俩抱头大哭。师父更是边哭边不住地自责,毁了自己,连累了家人,十分悔恨。

情感宣泄之后,话题回到日常的生活琐事。那时,师娘和张玉柱还没有从中华门原住房搬走,母子俩的矛盾尚未显露,故而师父并未为此担心。但随后不久,他从师娘的来信中读出了他一直隐藏在心中的担忧,而他也知道师娘从内心对这个养子是排斥的。如今张玉柱和韦升美结婚之后,儿媳的进门不但没有使她的内心得到改变,反而又增加了一层矛盾。师父为了维持家的和谐,不断地写信劝导张玉柱夫妇要忍让,并小心翼翼地提醒他们寄东西别让师娘知道,到后来,甚至不敢单独给他们写信,怕引起师娘的猜忌和误解。

令师父深为感动的是,张玉柱的妻子韦升美不但没有对自己在农场服刑的公公有丝毫的不尊重,而且特别关心他,多次单独写信给他,劝慰他。并且经常寄去白糖、茉莉花茶、香肠、咸肉等他所需要的食品,在当时的生活条件下,可称得上是雪中送炭,十分不易。来自亲人的关心和温暖,使师父的精神振作起来,在写给儿子儿媳的信中说:"自己摔倒了,我会爬起来,而且会站得很稳。将来我灾消难满,重逢之时,也好如了你们的愿望,和你们共同生活,共享家庭幸福。"

师父在洪泽湖农场期间,还受到另一个人的特别关心照顾,他就是师父的同行,原来也在南京夫子庙说相声的夏万福。

早在师父被送到这里之前，夏万福也因为生活上的错误而被判刑，等师父来了不久，他已刑期届满，留场就业。得知师父也在洪泽湖农场，他每个月都带着一些食品从邻近的自己的住地来看望师父，有时短短时间就连续多次来看望，送钱送物，年节必至，给父以很大的慰藉。师父对此自然十分感激，多次在写给张玉柱的信中说到夏万福对他的关照，并嘱咐他将来要好好报答人家。

1979 年，刚过了中秋节，夏万福到了南京，和张玉柱夫妇见了面。张玉柱十分感谢夏万福在农场对父亲的照顾，又代父亲偿还了借款。在交谈中，夏万福说出了张玉柱褪褓时的养母王兰萍的名字，以及他身世的有关情况。这对张玉柱的内心产生了很大的冲击。他很想去看望这位与他一生命运息息相关，并养育了他五年之久的当年的养母，向她当面感谢养育之恩。

夏万福把张玉柱夫妇俩领到了城南糖坊廊王兰萍只有十二平方米的住处，王兰萍对他们的到来毫无思想准备，见面之后难抑二十五年来积压在心中的怨恨与思念，失声泪下。

当年她被迫离开相声队后，到了一家加工自行车链条的小工厂，由于没有技术，只能做一些粗重的活计，吃苦受累，收入微薄。后来经人撮合，与厂内一名半哑的工人结了婚，婚后丈夫对她很好，而且丈夫除了是厂里的技术工人外，还有一手制作南京传统工艺品"抖嗡"的好手艺，收入较好，日子总算稳定下来。

但当年的一切并没有随风而逝，不时地萦绕在她的心头。她怨抛他而去的师父；她恨夺走她幸福的师娘；她思念抚育了五年的孩子。丈夫、孩子、家庭，对一个女人来说，还有什么比这些还要重要的吗？

1980 年，随着张玉柱和韦升美夫妇的孩子出生，一场爱恨情仇纠缠在一起的冲突终于爆发了！

韦升美怀孕之后，夫妻俩专门写了一封信向师父报喜，并让师父给即将出生的孩子起个名字。师父在欣喜中给他们回了一封信，他在信中说："我滚洒着高兴的泪水看了你们的信，你们夫妇就要做父母了。目前，我无法为你们的喜事表示心意，仅能向你们小两口道个喜吧。祝你们生活美好，幸福无穷！当然，这样的天伦之乐，只要我迟辞人世，将来也和你们同享家庭的欢乐之春。让我起名字,我考虑了几天,为这即将临世的小孙孙或小孙女想出了两个不成熟的名字。是继你们名字的偏旁和隐喻而起的:男孩叫小琨,女孩叫小珺,这两个字都是美玉,既有父亲名字的玉字旁,又有母亲美字之隐,不知你们夫妇是否如意?"

1980年10月,韦升美在妇幼医院生下一名女孩,依师父的意愿,起名叫张珺。喜讯传得很快,亲友们陆续赶到医院探望这对幸福的母女。10月8日,王兰萍来到医院,看到刚出生的婴儿特别可爱,不由想起了那一对龙凤胎婴儿的模样,喜极而泣。正在这时,谁也不曾料到,冤家路窄,师娘也来到了医院!

当她看到一位五十多岁的女人坐在儿媳的床前时,尚不知她是谁,只是隐约有一丝不安。当那女人转过身来时,师娘顿时如同被电击一样,愣在了那里:她最不愿意见到的女人就近在咫尺!

而王兰萍也没有想到能在这里和心中的仇敌狭路相逢,当她和师娘双目相对时,大脑瞬间似乎成了真空,失去了应有的表达能力,只是冷冷地注视着师娘。

两个人对视了一两秒钟,谁也没有闪避。沉默,依然沉默,沉默得令人窒息。

突然,师娘转身走出了病房,甚至没有来得及看一眼刚刚降生的孙女,快步离去。

回到旧王府的家中,师娘心中气愤难平。当听到隔壁门响,张玉柱下班回来时,师娘立即过去将张玉柱大骂了一顿,质问他为什么去找王兰萍,是不是要不认她这个养母?一气之下,她要张玉柱一家立即搬出在旧王府的房子,从此断绝母子关系!

张玉柱再三解释他们夫妻俩只是去看望她一下而已,并没有其他的意思,毕竟她曾养育了自己四五年,去看望她也是人之常情。过去自己不知道,现在知道了,如果不去看望,于心不安。自己什么时候都是张永熙和陈娟华的儿子。

大吵一顿后,师娘心中的怒火并没有平息,她随即给师父写了一封信,在信中除了发泄自己心中的怒气外,还抱怨夏万福不应该向张玉柱透露了当年的身世,更不该把他领到王兰萍家让两人见了面。最后酸酸地说,等你从农场回来后我们就离婚,让你们一家人团圆好好过日子吧。

师父看了这封信,心中十分焦急,但此事毕竟牵扯到王兰萍,从道理上说他也不好过多地指责张玉柱,但更不能为张玉柱做丝毫的辩解,否则将引发一连串儿的矛盾和连锁反应。思来想去只能劝慰师娘,并许诺等他回家后一定处理好这件事,让张玉柱夫妇断绝和王兰萍的来往。而对张玉柱他并没有多说什么,这从他在1980年12月26日写给张玉柱夫妇的信中可以看出,师父刻意淡化了这次冲突。

他在信中说:"寄来的一丈五尺布证及八元钱先后收到,你们夫妇对我的情意我深有领会,使我内心感到温暖。春节时,再给我寄一斤茉莉花茶,另外要几斤花生米,就寄这'双花',其他什么都不需要,留几个余资,多给升美母女买些营养品,好好护理她们的身体。下次来信一定要把小孙女的照片寄来,让我们爷儿俩见一面吧!

另外,你们和母亲的关系问题,相信你们会按照党所提倡的新道德原则去做,这里我也不想多说了。"

由此可见,师父认为这个矛盾是可以化解的,最起码等他回去后是可以劝说双方不再使矛盾升级、逐渐平息的。因为对他来说,最需要的是来自亲人们的精神与物质方面的支持,使自己能顺利渡过最后这一年多的牢狱时光。其他,即便自己想要深度介入,分清是非,然而身陷囹圄,也是鞭长莫及。

在南京旧王府这边,从表面上看,母子间的矛盾没有进一步激化。但实际上双方几乎断绝了往来。小孙女一天天长大,甜甜的笑声不时从隔壁传过来,但师娘也不想多看一眼,因为她实在产生不了那种祖孙之间的自然情感,甚至不时会有一丝反感。

就这样,一直等到1982年春末,师父从洪泽湖回到了南京。当天,张玉柱和韦升美请师父师娘到饭店吃了一顿饭,庆贺父亲重获自由,平安归来。在饭桌上,师娘终于按奈不住自己的情绪,向师父诉说自己的委屈,她忿忿说道:"我啊,今天能坐在这里吃饭也是秃子沾了月亮的光。"

而师父和张玉柱都不想让这场等了五年之久的团圆宴被搞得不欢而散,只得避开话锋,让气氛维持在祥和之中。

第二天，师父就匆匆离开南京，赶到滁州去了。因为他知道，家庭中的矛盾和纠纷不是靠他一两句话就能化解的，当务之急，是挣钱、挣钱、挣钱！

师父在曲艺队收入颇丰，师娘的日子也得到了明显的改变。然而，日子虽然好过了，但矛盾并没有消除。听说旧王府的房子要拆迁，师娘向张玉柱夫妇提出，他们必须从这个房子里搬出去，而且一家三口的户口也同时要迁出。

张玉柱急了，他认为把他们一家从旧王府这九平方米的小窝里赶走，肯定是得到了师父的同意，那就不得不离开这里了。可是，一家三口去哪里安身？户口迁到哪里？南京城如此之大，却没有他们一家的立锥之地！

天无绝人之路，经朋友介绍，有一位在玄武区某单位工作的老人是一位忠实的相声观众，他单身一人，住在单位分配的一套三十多平方米的房子里，得知张玉柱的情况后，十分同情，很热情地接纳了他们一家。这位好心的老人姓宋，老人以张玉柱是其义子的名义，将他们一家人的户口迁到了自己家中。萍水相逢，能如此鼎力相助，张玉柱夫妇十分感激，不但精心照顾老人晚年的生活，老人去世后还为他妥善办理了后事，以报答其收留之恩。

从旧王府搬出没有几个月，转眼就到了1983年春节。年初一，韦升美带着两岁多的张珺到旧王府给师父师娘拜年。师父质问她为什么张玉柱没有来？韦升美解释说怕来了之后他们母子之间又发生矛盾，就没有过来。师父师娘此时情绪很是激动，大声说，如果他们不断绝与王兰萍的来往，那就断绝父子关系。大人们的激烈言语，让一旁的小张珺吓得哭了起来。旁边的邻居闻声过来询问劝解，均被师父所拒。

韦升美抱着哭个不停的女儿，想到一年前师父在信中许愿要和他们共同生活，共享家庭幸福，这不但成了泡影，刚被赶出家门，现在又要被断绝关系，不由悲从心出，泪如泉涌。一旁的邻居看着哭成一团的母女，不住地劝慰，并把她们送到了公交车站。

事情并没有就此了结。原以为所谓断绝父子关系只是一句气话，谁知师父师娘认了真。大年初九，大街小巷的爆竹声尚没消散，师父和师娘来到张玉柱工作的单位，拿出一张事先写好的字条，交给张玉柱，要他签字。字条上写："张永熙与张玉柱从即日起断绝养父养子关系，特此立字。1983.2.21"落款处师父已签上了名字。张玉柱再三解释，去看望王兰萍并无他意，只是看望而已。但此时的任何解释也难以挽回师父的决定。张玉柱只得拿起笔来在字条上签下了自己的名字。

人们常说亲情二字。亲情，亲情，情在亲即在，若情已断，亲自然也是名存实亡了。

张玉柱深知，父亲与自己断绝父子关系并非完全是他自己的本意，随着时间的流逝，他会改变自己的心意的。

1991 年，当年的小张珺已是豆蔻年华，她在学习之余苦练网球，这一年她凭着自己的努力获得了南京市少年网球比赛女子组单打第一名。她把自己获奖的照片托人送到爷爷奶奶的家中。师父在外地演出，师娘一人在家。当受托人将张珺获奖的照片交给她时，她拒绝接收，说不认识这个人。受托人只得尴尬地将照片又带了回来。这件事给小张珺幼小的心灵留下了深深的创伤。

1993 年春节前，正值师父七十寿辰，张玉柱买了一件呢子大衣托朋友送到师父家，同样被退了回来。至此，张玉柱明白，"东风相见各天涯，从此亲人是路人"。一切都难以挽回了。

2011 年 2 月 28 日，张玉柱接到梁尚义大师兄的电话，说师娘昨天去世了，问他去不去师父家中祭拜。张玉柱没有犹豫，让自己的徒弟秦岭和张坤两个人开车把自己送到了王府园。

师父看到十多年不曾见面的、已经年过花甲、双鬓斑白的张玉柱时，忍不住流下了愧疚的泪水。办完丧事后，师父让人打电话说要和张珺见面。当张玉柱将这话转告给女儿时，女儿拒绝了。张玉柱知道女儿在成长的过程中多次受到伤害，如今再一见面，旧事重提，已经愈合的心灵伤口又将被撕开。但如果执意不去，又让师父伤心，毕竟他已是年近九旬的老人了。经过劝说，女儿终于同意与父母一同去见他。

师父在夫子庙小南国餐厅里订了一个包间，不但请了张玉柱一家三口，还邀请了韦升美的大姐升华、二姐升屏，因为她们当年都曾给师父许多物质与精神上的帮助，算是弥补一下迟迟未曾表达的感谢。

师父还特意买了一束鲜花送给张珺，同时又拿出 10000 元钱给她，算是见面礼，也算是一种补偿。张珺毫不犹豫地拒绝了这笔钱。

她怆然说道："我不需要钱，我只需要爱。可是，扪心自问：你们爱过我吗？你们关心过我吗？在我真正需要的时候，你们为我买过一支铅笔吗？当我获得比赛冠军后想得到你们的鼓励时，你们吝啬到一句温暖的话语也没有，说不认识我这个人……我才十二岁啊，你们知道，我听到这句冷若冰霜的话时心里是什么感觉吗？它比刀子扎的还痛啊！当我看到爸爸妈妈连只能摆下一张床的地方也难以存身的时候，看到爸爸妈妈为了有一个安身之地而四处奔波、到处求人的时候，当好心的宋爷爷收留我们的时候，我的爷爷他在哪里？当同学们还在爷爷奶奶身边撒娇的时候，我为什么不到十岁就要去练打球，再苦再累我也要坚持练下去？我就一个心愿，我要通过自己的努力让爸爸妈妈住上自己的房子，不再被赶出家门，让我们一家三口有一个自己的家啊……"

她难以控制自己的情绪，泪流满面诉说着深藏心里多年的委屈。

听了孙女声泪俱下的倾诉，师父也老泪纵横，无言以对。

这场五味杂陈的见面结束了，张珺坚决不收这 10000 元钱，为了不让师父难受，张玉柱把钱接了过来。没过几天，他用这笔钱为师父购买了空调、彩电等家用电器。

师娘去世后，清理财物时，家中放有二十多万现金，师父让我把这笔钱存入了银行。当时办的是银行卡，后来师父又把卡改为整存整取的存折。师父家中平日往来人很多，最后，师父将这 20 万元的存折和 3 万元现金交给了张玉柱，让他代自己保管。这不仅为了稳妥，也更是对双方关系的一种表态。

之后的一个多月里，师父需要用钱时就让张玉柱给送过去，今天三千，明天五千，很快三万元就用完了。当师父又要取钱、张玉柱忍不住劝他钱别乱花时，师父发火了。我在杭州得知这个情况后，忙打电话给师父，劝他细水长流，结果也被训骂了一顿。这时，有人对师父说，您自己的钱为什么不自己做主，您想怎么花就怎么花，为什么要让别人管着呢？师父觉得很有道理，立即打电话让张玉柱把存折送还给他。之后，在师父所在街道居委会和几位师兄弟的见证下，张玉柱把保管了两个月的存折送还给师父，并索取了收条。

之后，在为师娘（与师父双合）墓碑上的立碑人落名字时，师父嘱只写十五位徒弟的名字。至此，师父师娘与张玉柱的关系尘埃落定。

德国哲学家黑格尔在精神现象分析中，曾提出一个著名的论断，即仆人眼中无英雄。因为仆人所关注的只是英雄的日常生活,而在日常的琐事中他看到的是英雄的另一面。

艺术与生活在创作中是一个紧密联系的整体,而艺术家的生活并不总是如他从事的艺术那样璀璨,让人无奈。

几缕清风,繁星如梦。师父一生长卷,五彩斑斓,唯有情爱两字,引发多少恩恩怨怨,让人仰天扼腕,留下了一声叹息!

三、我本将心向明月

旧王府的房子要拆迁了,在附近建了一个新小区,新小区的名字把那个"旧"字去掉了,叫王府园小区。王府园小区北依青溪,南临建康路,有几十幢楼,面积很大,原来的住户都要搬到新小区去,这当然是一件好事,家家户户都喜笑颜开,议论着搬迁的事。

喜事临门,可是师娘心中却高兴不起来。一是新房子的房租比老房子增加了不少,算算近乎多了一倍;再就是师父虽然回来了,但每年只能在盛夏和春节时才能在南京待一段时间,大事小事都不能依靠他。分房、搬家都需要人去奔忙。思来想去只有一个人能帮他,那就是张爱明。两年多的相处,张爱明的真诚、善良、热心、豪爽在师娘心中留下了深刻的印象,在内心深处已经把他当成亲人了。

一天,张爱明又送菜来了,师娘借机说了房子拆迁的事。

师娘:"爱明啊,我和你说件事。"

张爱明:"什么事您说?"

师娘:"你张老师在外边演出一时也回不来,马上又要搬新房子,你看,这怎么办呢?"

张爱明几乎没加思索,紧接着说:"只要我在家,有事您说话。"

听了张爱明的话,师娘的脸上露出了难得的笑容。

出力气做杂事这对才二十几岁的张爱明来说,都不成问题,关键是时间。一周工作六天,只有一个星期天属于自己支配。年轻人又有自己的社交圈子,顾得了这头,忙不了那头,尽管这样,能做的他都尽力去做了。

没有多久,张爱明来到王府园师娘家,向她报告一个好消息,自己要参军到部队去了！师娘先是高兴，参军入伍是一件光荣的事。但心里又有些失落，身边少了一个为她办事的人。虽然心里这样想，但嘴上却不好说什么。毕竟张爱明与自己非亲非故、非邻非友，只是一名相声爱好者而已。

张爱明在部队里干了两年，1986 年底回到了南京。当他再次来到王府园时，身边多了一名年轻秀美的姑娘，他向师父师娘介绍，这是他的新婚妻子，名字叫夏月娥。师父师娘热情地接待了他们。夏月娥自己当时也没有想到，在这之后的近三十年里，她和眼前这一对老人结下了不解之缘。

张爱明从部队回来后在南京汽车厂工作，妻子是一家商业单位的普通职工，两人的收入不是很高，在南京城里是一个普通的工薪阶层。每逢单位里发放福利食品，他们首先想到要给老爷子（师父）送去，知道哪里有老爷子喜欢吃的东西，哪怕再远也要跑去买来送到家里。

有一次，师父告诉张爱明："爱明呀，我听人说，在水西门外莫愁湖公园附近有一家的酥烧饼特别好吃。"

张爱明说："老爷子，我明天就去帮你买回来。"

师父说："既然大老远的去了，那就多买点儿。"

"您放心吧，老爷子。"

第二天一早，张爱明便骑自行车从市中心新街口的家里赶到位于城西的莫愁湖畔，果然有一家烧饼店，门前排了很长的队。走近一看，每人只能买二十块。张爱民想起自己有位朋友就住在这附近，忙去他家请他也来排队，帮自己多买二十块烧饼。排了四五十分钟，总算买到了四十块刚刚出炉的酥烧饼。他来不及向朋友道谢，骑上自行车就往师父家里赶，一路骑得飞快，不到二十分钟就到了王府园。等把烧饼放到师父的桌上时，烧饼还是热乎乎的，师父迫不及待地咬了一口，不住地点头。

师娘忙递给他一杯水，"慢点吃，小心噎着。"

师父喝了一口水，连说了三个字："好！酥！香！"脸上笑开了花。

夏月娥上班的地点距金陵饭店很近，饭店外卖部的金陵大肉包面皮松软，馅鲜多汁，在南京城里很有名，每天买的人很多，去迟了有时还买不到。师娘得知夏月娥就在外卖店附近上班，就让她帮着买一些送过来。

夏月娥待人不但热心，而且很真诚。自从师娘说过这句话后，她就当成了一件大事。隔三差五的就买十个八个的大肉包子送到师父家。因为自己工资有限，又不好意思向师娘张口要钱。买的次数多了，也是一笔开支。单位每天中午给职工发一张餐卡，在食堂就餐刷卡就行。如果不吃饭，卡上的钱也可以用来换购大肉包子。夏月娥为了省下这餐的钱，坚持天天从家中带来午饭，将卡上省下的钱买了包子送给师父师娘。有一天夏月娥发现头一天送的十个包子都吃完了，心里有点儿纳闷，因为金陵饭店的包子个头很大，一般老人也就只能吃下一两个，吃下三个已是很撑了。师父师娘怎么能一顿吃下十个包子呢？仔细一问才知道，由于经常吃，胃口有点腻，他们将包子送给邻居了。

师父让夏月娥别再买包子了，改买金陵快餐的牛肉盖浇饭和卤菜，他一度对那里的各种熟食情有独钟。

师父最喜欢吃螃蟹，每到秋季，张爱明总要想方设法弄来几只优质的大闸蟹送给师父。师娘喜欢吃黄鳝，爱做炒软兜之类的江苏菜，但又怕宰杀它。夏月娥就买回黄鳝，在家里宰杀、洗净，加工成鳝丝给师娘送去。有时师娘想吃红烧鳝段之类费时的菜，索性就直接烹煮好再送过去。

1996 年 10 月，王府园小区启动公房改革，师父师娘所住的三十几平方米的住房房租提高到每月 40 元，而且今后每年按百分之二十递增，这样，五六年后每个月的房租就要达到 100 元左右。如果自己买下这套房改房，则需要一万多元。那时师父已经从滁州歌舞团退休近十年了，因皖苏两地经济生活水平的差异，师父每个月的工资也就一百多元。面临这个选择，师父感到了压力。思来想去，要解决这个难题只有找张爱明。

师父对张爱明说，希望他能拿钱买下这套住房，然后免费让他们老两口住，等他们百年之后这房子这房子就留给他们了。实际上师父当时有能力买下这套公房，但考虑到要留足养老费用，加之百年之后也无人继承，现在买了，将来岂不是白白丢了这笔财富？于是就想出了自己可以永久不付房租，又有人出面买单的办法。

张爱明一听师父让他拿钱买下这套住房，当时也感到为难，因为他每个月的工资也只有三百元左右，这一万元对他来说并不是一个小数字，一时半会儿也凑不齐这笔钱。他回家和自己的父母商量，结果家人都不支持他买下这套房,一是经济上没有力量,再就是也不知道两位老人住到什么时候。张爱明家人的顾虑不是没有道理,但张爱明和妻子夏月娥商量后决定,为了帮助这位曾经在南京红极一时的相声艺术家,他们答应了师父的要求。话好说,钱难筹,跑了十多天,总算筹齐了买房款。

师父见事情如他所愿,心中自然很高兴,他拉着张爱明的手说:"爱明呀,你和月娥真是天下难找的好人啊! 我们老夫妻俩永远不会忘记你们的。"

事情办成之后,张爱明夫妻俩对师父师娘的关心愈发多了。隔三差五地去看望自不必说,每逢节假日还陪同他们出去游玩,下馆子吃饭。夫妻俩还定下了规矩,每逢传统年节,都要给两位老人一份孝敬,端午节 400 元,中秋节 600 元,春节 1000 元。之后,随着时间的推移和收入改善,这个数字也在不断地增加。

这让师父师娘心中感到特别温暖,在内心深处将他们视为家人,这也增加了他们对张爱明夏月娥夫妻两人的依赖感。大事小事都离不开他们。

家中电话坏了,让张爱明去修,张爱明索性去买了一部新的。没用多久,师父觉得电话上字小看不清,他又去买了一部字大的机子,前后换了三部电话机,直到老两口满意为止。

老两口换下的衣物,除了内衣裤,一年四季衣服和床单都由夏月娥从王府园抱回自己家中洗涤,晒干熨烫后再送到王府园。年复一年,从未间断。

那天,师父在阳台上择菜,不慎被向内开的铁窗碰破了头。张爱明见状,花了三千多元,不但把阳台上的铁窗全部换成平开的塑窗,窗外还安装了不锈钢架,方便晾晒物品。又把阳台的水泥地面和粉墙全部换成瓷砖,装上顶灯,改造成一个休闲空间,让师父在冬日的暖阳下,喝着热茶,赏窗外的风景,十分惬意。

有一天晚上,师娘慌慌张张地给张爱明打来电话,说师父上吐下泻,肚子疼得厉害,让他快点儿过去。张爱明正在朋友家,便约上夏月娥匆匆忙忙打了一辆出租车赶到王府园。一问才知道,中午剩的豆腐没舍得扔,师娘下午热热让师父又吃掉了,结果没有多时就犯了病,肚子绞痛,又吐又泻。见情况紧急,来不及打电话叫救护车,张爱明背上师父就从四楼下到一楼,结果师父尿失禁,撒了他一身。张爱明也顾不上这些,和夏月娥忙用车把师父送到了医院。

医生一检查，师父应是之前就有阑尾发炎的情况，这又吃了变质的食物，引发急性胃肠炎，促使阑尾炎症加剧，已经出现化脓症状。如果再迟来一两个小时，甚至能危及生命。

经过医生抢救处理，师父终于转危为安，在医院住了八九天才恢复了健康。住院期间，张爱明、夏月娥夫妻俩轮流在医院陪护，师娘也特别感动，再三说："爱明啊，你救了老头一命，我们老两口从心里感谢你们啊！"

师父出院半年后，可能担心自己的年纪越来越大，身体越来越容易有毛病，趁着腿脚还行，想让张爱明陪他去北京一趟，看看旧友。

师父说："爱明，我的衣胞丢在了北京，趁现在我还能走动，你能不能陪我去一趟北京，回老家看看？"

张爱明没有多想就答应了，"老爷子，您大概要去多长时间？我好跟单位请假。"

"要不了多长时间，有个五六天就行了。待长了我也没有经济能力啊。"

张爱明主动说："那行，这次去的费用我来付，您就别操心了。"

"哎，那好，我把日子定下来后，你去订飞机票，"

张爱明陪同师父到了北京，住进了三元桥附近的三元宾馆。又按师父的要求买了许多礼品，先后拜访了郭全宝、赵世忠、杨少华等一帮同行老友，忆往叙旧。临告别前两天，张爱明在饭店订下酒席，让师父答谢众友。那天晚上，王世臣、郭全宝、杨少华、陈永泉、赵世忠、李金斗等人应邀出席，席间充满了欢乐与故情。师父指着张爱明对众人介绍说这是他的儿子，特别孝顺。宴席到尾声时，马季由徒弟王谦祥开车送到饭店，他为因当晚要接待湖南一位副省长而未能应邀而来向师父表示歉意，还特意送给师父三条他在春节联欢晚会上表演节目中提到的"宇宙牌"香烟。第二天，李金斗在全聚德又回请了师父，陪客的仍是之前在座的各位和马季。酒席结束时，众人争相付账，杨少华把银行卡往桌上一放："今晚我付了，谁也别争，谁要争我可要开骂了！"

师父对这次北京之行十分满意，带着满足乘飞机回到了南京。

2004年，师娘七十九岁生日。张爱明在夫子庙新香园饭店订了一桌酒席，特意把包间内布置了一番，金色的彩带下大大的寿字特别醒目，当请来的宾客们祝她健康长寿时，师娘和师父脸上充满了幸福的笑容。

师娘生日与张爱明全家合影

没有几个月,师父对张爱明说,过几天就是他们老两口金婚纪念日,想庆贺一下。为了让两位老人高兴,张爱明毫不犹豫地拿出一万元钱交给师父。

师父师娘金婚纪念如期在新街口天丰大酒店举行。徒弟们和众亲友近百人出席。我和文仙也专门从滁州赶到南京,看到师父师娘谈笑风生,大家都很高兴。而张爱明和夏月娥对他们所做的一切却只字未提。

2008 年元月,南京城大雪纷飞,寒风阵阵。张爱明忙打电话给师父师娘,让他们千万别出门。上午夏月娥已经出门买菜去了,一会儿就给他们送过去。他不知道,就在他打电话不久,夏月娥正遭逢一场生死劫!

夏月娥知道师父师娘喜爱吃农村散养的土鸡土鸭,但下雪天农民很少进城,她就骑上电动车从城里赶到位于城东的后宰门农贸市场,那里农产品种类比城里的菜场丰富。她不但买到了土鸡和土鸭,而且担心天一时半会儿晴不了,又买了排骨、瘦肉和各种各样的蔬菜,装了满满两大袋子,放在车上。她骑上车就顶着风雪往王府园赶。谁知骑行到一个下坡路口时,突然有一辆大卡车横穿而过,她紧急中一刹车,整个人从车上飞了出去,重重地摔倒在前边的路上!在雪地上躺了几分钟,她才勉强站立起来,幸好腿脚还能动,就忍着疼痛扶起车子,把散落一地的菜一一拾起,重又骑上车子继续前行。

夏月娥拎着两大袋菜艰难地走上四楼,敲开了师父家的房门。师父见她一身泥水,摘去风雪帽后的头上冒着热气,给他们送来那么多鸡鸭蔬菜,情不自禁地流下了眼泪。师娘更是搂住她说:"月娥真是我们的好女儿啊!"

264

　　转眼到了 2008 年,社会经济的高速发展,也给张爱明一家带来了好运。他们在南京郊区一个名叫东郊小镇的楼盘买了两套一百多平方米的房子,每套都是三室两厅的精装房,其中一套是给师父师娘准备的。那里环境幽静,空气清新,很适合老人居住。

　　师父师娘听说让他们去那里居住的时候,心里乐开了花。因为他们一辈子都是在城市里蜗居,王府园的三十几平方的房子位于四楼,进门是厨房,卧室是厅堂,十分逼仄。东郊小镇一百多平方米的住房位于三楼,前后都是花园和绿色景观,当张爱明用车把他们接过去看房子时,他们很是惊叹!

　　师父拉着张爱明的手,连连称赞这里就是别墅,没有想到这辈子到八十多岁了还能享到这样的福。

　　2008 年 4 月底,师父到天津参加杜国芝师兄收徒活动后回到南京。张爱明在车站门口接上师父就直接去了东郊小镇。当师父跨进房门,见室内灯光明亮,师娘正坐在新沙发上看着大屏幕电视,夏月娥从厨房端出一碗碗刚刚做好的饭菜时,那一瞬,他真真切切地感到了家的温暖。

　　原来,在师父出门到北京这几天,张爱明便张罗着帮师父搬家。除了置办新家具和电器外,最忙人的事是帮师父迁电话。师父不喜欢用手机,也不同意办新的电话,执意要用原来的老号码。这事看起来很简单,办起来很麻烦,跑了很多趟,付了若干费用,才把这事办成。当他看到师父坐在沙发上兴高采烈地用电话向亲朋故旧通报乔迁之喜的消息时,他也忘却了疲惫,憨厚的脸上露出了笑容。

　　徒弟们得知师父师娘搬到了东郊小镇,便陆陆续续乘车赶到那里看望他们。我陪师父从北京回来后,在家里只待了一天,也从滁州赶到南京,我从城里乘坐公共交通用了约四十几分钟便到东郊小镇。看到师父师娘不住地介绍新房子的种种优越之处,从内心感到庆幸,师父奔波了一辈子,总算有了一个满意的安度晚年之地。

　　谁知仅仅过了三个月,事情却有了一百八十度的大转弯,师父师娘执意要离开东郊小镇,搬回王府园!

　　张爱明不相信自己的耳朵,怎么短短三个月的时间两位老人又要回到又小又旧的房子里去呢? 经过详细的询问,原来他们嫌这里太孤单了。

由于是新小区，白天人很少，晚上他们更不敢出门。有一天，我在杭州接到欧少久徒弟刘长声的电话，说他从贵阳来到了南京想拜望一下张先生，请我引荐一下。我随即给师父打了一个电话，"师父，我是业海"。

"你在哪儿呐？"

"我回杭州了。"

"有什么事儿吗？"

"明天贵州欧少久的徒弟要去看望您。"

"什么？欧少久要来看望我？"

"师父，欧少久都土（去逝）了二十来年了，他要来了您敢开门吗？"我打趣说。

"那是谁要来看我？"

"欧少久的徒弟，刘长声。"

"行，你让他来吧。"

得到师父同意后，我忙又打电话给刘长声，告诉他去东郊小镇的乘车路线和师父住的房号。

第二天上午九点多钟，刘长声给我打来电话，说他这会儿就在师父住的单元门前，按了门铃师父不开门，给师父打电话，师父让您和他说话。

我立即拨通了师父的电话："师父，人都到您家门口了，您怎么不开门呀？"

"欧少久来了我能开门吗？"

"不是欧少久，是刘长声！"

"甭管是谁，只要我不认识的，没有你陪同，我不能给他开门。"说完他把电话给挂了。

我只得又打电话向刘长声解释，劝他先回去吧。可怜他一个快七十岁的老人只得拎着买的礼品离开了东郊小镇。

师父怕人敲门，又希望有人常来看望他。

平时虽然有徒子徒孙上门来探望，但毕竟各自都有工作，不可能天天驱车来这里；原来的老邻居更是年衰体弱，无法去那么远的地方去聊天叙旧；而外地的访客因为人生地不熟，很难顺利到这里拜望他们。师父是热闹了一辈子的人,师娘也不甘寂寞,老两口过了几个月安静的田园生活后,又留恋起市井的喧闹与繁华。于是,在自然与红尘之间轮回了一番之后,最终还是选择了红尘。

搬去不容易,搬回来更不容易。在师父搬到东郊小镇后,张爱明便把王府园的房子租了出去,签了协议,收了租金。如今人家才住了不到两个月又要让人搬走,这理实在说不通。最后再三解释,退回房租不说,还付了一笔违约金,房客才同意搬离。

电信柜台办理业务的人听说又要将东郊小镇的电话再迁回王府园的时候,向张爱明翻了翻眼,说了一句话:"你们有病啊?"

一番折腾之后,师父师娘在东郊小镇住了一百二十三天,又回到了王府园。

几天之后,夏月娥去王府园给师娘送洗好的衣服。一进门师娘就问:"你们不能只要房子不要我们啊,把房子租出去几个月,怎么不给我们一个子儿呀?"

夏月娥一愣,从王府园搬到东郊小镇,再从东郊小镇搬回王府园,她和张爱明付出了多少的辛苦和精力且不说,光经济上就花了三万多元。租房子更是分文没有,还要倒贴。听了师娘的话,夏月娥没有多说,放下衣物便匆匆跑下楼去。一路上她强忍着眼泪,直到回到家中才哭出声来。

晚上,已从南京调往上海工作的张爱明回到家中,见妻子脸有泪痕,忙问原委。夏月娥将师娘的话告诉了他。

他劝慰妻子,"老人年纪大了,也许是无心说的话,不必往心里去。"

夏月娥对丈夫说:"爱明,此刻我的心里如同堵了一块石头,闷得难受。"

张爱明说:"那我马上开车子陪你去中山陵,散散心。"

张爱明把车子停好后,夫妻两人便顺着山路来到一处山谷中。

山间松风阵阵,扑面而来,天空中一轮明月十分皎洁,月光溶溶,浸透山谷,漫洒沟渠。夏月娥伸开双手,昂首向月,发出一声呼喊,"啊——"

那发自肺腑的呼声,刺破了夜空,在山谷中回响……

第六章　星陨金陵

一、一碗鳝鱼面引起的变故

从东郊小镇搬回来之后，一切又回到原来的生活节奏。张爱明和夏月娥商量决定把房子退回给师父师娘。因为在 1996 年房改之前，他们对师父师娘的照顾完全是出于对师父的尊敬和同情。自从师父劝他们买下这套房改房后，反而有了一层无形的压力和精神负担。对来自外人的猜疑他们问心无愧，但听到师娘亲口说出这番话，他们感到很委屈。为避免招惹许多烦恼，便向师父提出把房子退给他们。

谁知师父坚决不同意，他心中知道，这十几年，张爱明在他们老两口身上花了足有几十万元，更重要的是事无巨细全都由这两口子包办了，白天黑夜，随喊随到，冷热寒暑，任劳任怨，这是无法用金钱计算的，也是金钱买不来的。当初，自己只是想省下一笔房租，也没有想让他们在生活上照顾自己。既然他们主动去做了，正是求之不得的好事。现在如果把房子收回来，自己失去诚信不说，再上哪儿去找这样生老病死全负责，既比儿子亲、又比雇人省钱的人呢？师父向他们说了一番感谢的话，甚至落了泪，并解释说，师娘之所以说出那些话，是受了一些人的挑拨，并非她的本意。

听到师父这番话，张爱明和夏月娥心又软了下来，仍是一如既往地照顾师父师娘的生活，每个月再固定给他们 500 元补贴生活。

师父师娘似乎要弥补一下在东郊小镇的寂寞，重回都市市井生活后，每天都要出去转悠几圈儿。他们很享受逛逛夫子庙、坐坐茶楼、和熟人聊上几句、左邻右舍点头问候的生活。

那天，师娘在下楼时摔了一跤，送到附近的南京市中医院一检查，小腿骨折。张爱明在上海上班，每周只能在南京待两天，照顾躺在病床上的任务便落在了夏月娥的身上。单位里的工作不能经常请假，便花钱请了一个护工帮助照料。自己早晚在家里做好饭菜和营养品送到师娘的床前。

　　周末张爱明从上海回到南京，下了火车就直接去了医院，看到师娘住的是三人病房，夜里睡不好觉，便和医院联系把师娘转到一个人的特护病房。二十几天后，师娘终于出院了，她没有医保，张爱明支付了 38000 元的住院费用，额外又给师父 4000 元，作为师娘在恢复期的营养费。

　　张爱明之所以这样出手大方，与半年前师父在东郊小镇的一次头痛发热有关。

　　一天夜里两点多钟，刚回到家里正在熟睡的张爱明被电话铃声吵醒。原来是师娘打来的，她说，师父病了，现在正在发烧，让张爱明陪师父去医院。张爱明一听，立即要了一辆救护车，赶到了东郊小镇，把师父送到了南京军区总医院。经医生检查后认为只是感冒了，并无大碍，吊了一瓶水，又吃了些药，师父的烧很快就消退了。匆匆出门并忙了一夜的张爱明陪着师父走出医院大门时，才发现身上只剩几元钱了，就陪师父坐公共交通回到了东郊小镇。结果被师娘埋怨了一顿，说他太抠门儿，连出租车都舍不得让师父坐。这次师娘住院，张爱明备足了费用，不再面临钱不够而遭埋怨的窘境。

　　师娘出院后，基本上很少出门了，在家静养了一段时间，腿上的功能才逐渐恢复。可是，没有半年，师娘又犯了哮喘病，住进了一家部队医院，经过一段时间的治疗，病情有所缓解。这期间的看护和照料自然是张爱明和夏月娥两口子的事。出院之后，临近 2010 年春节时，师娘的病又复发了，而且比上一次还严重，呼吸出现障碍，紧急送到部队医院治疗，诊断是肺部感染，这一次住院时间更长，张爱明两口子陪同师父师娘在医院里过了春节。出院后，师娘的病稳定了大半年，谁知刚入冬时又再次犯病，第三次住进了医院。三次住院的医疗费用，再加上请护工、营养调理，张爱明支付了 110000 元。这些，张爱明都默默地做了，在师父师娘的面前从来不提钱的事儿。他认为，如果向两位老人提钱的事就违背了自己最初的本意。

　　这一年，张爱明为了安排给爷爷和母亲迁坟的事去了南京郊外的岱山墓园。他在办理交费手续的过程中，想到师父师娘年岁已高，应该为他们百年之后早做安排。他当即让墓园工作人员为他在墓园正中的楠木园中留了一个双穴，并当场付了 3000 元定金。三天后，他又来付清了 19800 元墓款和十年的维护费用。一年后师父才知道,他为自己母亲只选了一个不到一万元的墓穴,感激的心情难于言表。

2011年春节刚过,张爱明因颈椎病在南京住院开刀。正在住院期间,噩耗传来,师娘于2月27日因病去世了!

得到这个消息时我正在杭州,马上买了火车票往南京赶,同时通知文仙和三个徒弟分别赶到南京师父家。

见到师父时,他半躺在床上,精神十分疲惫,身体很虚弱。身边由夏月娥与师娘的姨侄女儿照应他。所幸徒子徒孙人很多,大事小事都有人张罗。师父和徒弟们这时才知道,张爱明已经在去年就为他们老两口在岱山墓园买好了墓地。墓地是件大事,其他事务性的事项都交由专门的服务部门安排。师娘的灵堂就设在了家里,徒弟们轮流在师娘的灵前守灵。师父说师娘喜欢热闹,不能太冷清,于是,找来一个乐队班子在单元楼下吹吹打打了两天。

师父见张爱明头上扎着绷带,手腕上还有留置针,就让他回医院休息,让夏月娥留下来就行。

安葬了师娘之后,在处理费用时,师父和徒弟们都主张给张爱明补贴一万元钱,他坚决不接受,让把钱留给师父。在师父和徒弟们劝说下,张爱明把钱接了下来。四年后,师父因骨裂住院手术,他又把这笔钱用在了师父身上。

师父一个人生活,身边必须有一个做家务的人才行。师娘的姨侄女从安徽农村先后找来几位家政工人,师父都不满意。最后师父选中了一名也住在王府园小区的四川大妈每天去给他做饭和料理家务。每个月1500元的工资由张爱明支付。师父喜爱吃北方口味的饺子,夏月娥就在家里按师父的口味调馅包好,在冰箱里速冻好给师父送过去,让他想吃时随时就能吃到。

在师娘去世后一年多的时间里,师父北上天津、北京、济南,南下杭州,参加各种活动,忙碌的生活节奏冲淡了他心中的忧伤。

2012年秋天,张爱明和夏月娥在南京城南的一个新建小区中买了一套一百四十多平方米的高层楼房。为了师父晚年能过得更舒适、更幸福,更能感受到家的温暖,他们决定把师父从王府园接来与他们一起共同生活。

当师父跨进新居,看到专门为他安排的房间内,不但彩电、空调、沙发、茶几、书橱一应俱全外,还专门为他准备了跷脚的脚凳,松软的床上的铺盖和被褥全是新购置的，茶几上放满了他喜爱吃的各种水果和糕点。师父流泪了，自己一辈子从来没有住过这样令人感到温馨的家。

第二天早上起来，夏月娥在餐桌上已经为他准备好了用杂豆现磨的养生豆浆，还有他喜欢吃的油煎荷包蛋，鸡蛋上滴了几滴鲜美的生抽，让人看了食欲大增。一旁的盘子里放着刚蒸好的花卷和包子，还有一小碟咸菜。为了让师父有所选择，还放了几片面包和鸡蛋糕。

师父坐在桌前，看着室内优雅的装饰及面前十分丰富的早餐，感概地说："哎呀，刘宝全当年也没有享过我这样的福。"

师父一直胃口都很好，每天中午夏月娥都为他准备了两荤两素，以保证师父的营养。在小区的对面有一家大型的商业广场，里面有许多家风味不同的餐厅。为了调剂他的胃口，夏月娥每隔几天就陪师父去那里吃上一顿。去的次数多了，那里几家餐厅的迎宾小姐都认识师父了，只要师父一露面，都笑着和他打招呼："爷爷又来了！"

师父点点头，指着身边陪着他的夏月娥回答说："我这是享女儿的福啊！"

最让师父满意的是，张爱明知道师父爱泡澡，特意花一千多元买了一只木质的大浴桶放在了卫生间内。每隔两三天，师父要泡一次澡。每次泡澡前，夏月娥要事先烧好几瓶开水。用热水器把浴桶水放满之后，师父就躺在里面泡着，一会儿水不烫了，就倒一水瓶开水进去，直到几瓶开水倒完，方觉得舒坦，兴致好时再喊几嗓子，才满意地出浴。

我每个月要去南京给师父送一次工资。1987年师父刚退休时，工资是会计从银行汇到他在南京的存折上的。后来剧团改制，工资统一用银行卡发放。师父师娘都不会使用银行卡，我便按月给他送去。我在杭州时就每两个月送一次，从杭州回来后又恢复每个月送一次。

当我走进张爱明家时，师父正躺在床上看央视的戏曲频道，室内并没有开空调，却温暖如春。

我问夏月娥："怎么没开空调这屋里还这么暖和呢？"

夏月娥说："用空调有风，怕吹着老爷子。特意装了地暖，不但没有风，还没有声音，虽然费用高一点，只要老爷子舒服就好。"

师父指着满桌的水果和点心对我说："业海啊，你下次来送工资什么都别买,我这里的东西都吃不完。爱明两口子知道我爱吃零食,一买就是一大包。你瞧,这水果都是进口的。还有这些核桃仁、杏仁什么的都是小包装,又卫生又方便,太贴心了。"

我不由向夏月娥连声道谢,"你们辛苦了,谢谢你们对师父的照顾。"

夏月娥连连摆手,"只要老爷子高兴就好。"

师父住进来后,来看望的人越来越多,除了徒子徒孙外,还有外地来的客人。少者两三人,多至十来人,济济一堂,笑语喧喧。待宾客散去,一地狼藉,夏月娥毫无怨言,耐心地将客厅和师父的房间收拾干净。

师父住进来没有多久,张爱明和夏月娥的女儿小小结婚。夫妇俩请老爷子作为女方的长辈出席婚礼,师父穿着喜庆的服装,坐在沙发中间,乐得脸上笑开了花。毕竟,这样的天伦之乐对他来说是弥足珍贵的。

师父与张爱明夫妇及女儿女婿合影

春节前,夏月娥又专门陪师父去了新街口的金鹰商厦,为师父买了一件一千七百多元、款式新潮的呢子大衣。来拜年的人见师父身上的新衣,都说师父变年轻了。师父笑着说:"我这是享女儿的福啊!"

师父毕竟九十岁了,有时也会做出让张爱明两口子吓得不轻的事儿。有一天,吃过晚饭之后,张爱明和夏月娥要出门办事,便让师父一人留在了家里。办完事回到家里已经是晚上十点多了。一出电梯拐到房间门口,眼前的景象令他们大吃一惊!房门大开,客厅内灯火明亮,竟空无一人!

忙推开师父卧室的房门,师父不在。又推开卫生间门,师父仍不在。所有房间都看了一遍,均没有师父的踪影。这可把张爱明两口子急坏了,忙拨打师父的手机,结果铃声在师父卧室内响起,他没带手机!这么晚了,老爷子一个人能跑到哪里去呢?再一看客厅内灯全开着,而他们出门时客厅的灯是关着的,由此推断,他们走后家里又来人了。而晚上来看望他的大多是本地的徒子徒孙。于是他们便拨打了几个熟悉的号码,一联系,师父果然被几名徒孙接到开心茶馆听相声去了。他临走时既没关灯也没有关门,也没有告诉他们,幸好家中没有发生意外,只是一场虚惊。

正当张爱明夏月娥暗自庆幸的时候,意外还是发生了!

那天早上,师父正坐在餐桌前吃早点,吃着吃着突然头一歪,筷子从手中掉了下来,人瘫在了椅子上。这可把一旁的夏月娥给吓坏了,不知如何是好,急忙打120急救电话叫救护车。放下电话后,便用民间常用的急救办法用指尖去掐师父的人中穴。这个办法对师父很灵,没等救护车赶到,师父就苏醒过来。救护车来了之后,师父说没事儿,夏月娥硬是把他送到了医院。一番检查后,医生诊断为轻度脑梗,因一过性缺血导致昏厥。

自那以后,夏月娥时时注意着师父的身体状况。尤其是师父在泡澡的时候,更不敢掉以轻心。为防止突然发生意外,只要师父去卫生间泡澡,她第一件事就是把手机提前放到卫生间内,方便随时拨打急救电话。

怕什么就来什么,没有几个月,师父在泡澡时又出事了。那天,师父进去泡了十几分钟,夏月娥听里面没有动静,便上前敲门问了一声,结果也没有声音。推开门一看,师父已经头歪在了一边,不省人事。她急忙拿起电话要救护车,又用力把师父拉出浴桶,结果用力过猛闪了腰,治了三个月才恢复。

这一次师父没有上次那么幸运,在医院住了一个星期。出院时医生嘱咐洗澡时间不能太长,最好不要泡热水澡。

自那以后,师父泡澡从隔天一次改为一周一次。尽管这样,第三次昏厥还是发生了!

幸好这次不是昏倒在浴桶里,而是在楼下小区花园里晨练后回到家里,已经洗完澡后坐在马桶盖上歇息时发生的。他边歇息,边自言自语正在数落着他看不惯的人的种种不是。说着说着突然没有声音了,坐在客厅里的夏月娥正感觉有点不对,忽然闻到了一股臭味从卫生间内传了出来。慌忙推开门一看,师父已昏倒在马桶上,大便失禁,马桶盖上一片狼藉。

幸好家里还有别人,帮忙把师父抬出,夏月娥未及多想,沿袭老办法,用指甲猛掐他的人中,终于把他救活了过来。

经过这三次意外,张爱民和夏月娥便不让师父一个人下楼锻炼,泡澡的次数尽可能减少。师父是一个不甘寂寞的人,一天不下楼心里就难受。为了能有一个出门转转的理由,老人有老人的办法。

2013年12月12日,师父起床后对夏月娥说,他后脑勺头痛,感到不行了。夏月娥一听顿时紧张起来,立即打电话叫救护车。想起师父还没来得及吃早饭,夏月娥忙给他热了一杯牛奶,外加几块他最爱吃的蛋糕。

师父正在吃着呐,救护车就到了楼下。两名工作人员推着担架敲开了门,焦急地问病人在哪儿。

师父一边吃着蛋糕一边指着自己说:"我就是。请稍等一下,马上就吃好了。"

两名工作人员看着师父,面面相觑。

坐上救护车,师父对夏月娥说:"月娥,这回咱们换一家医院,去太平南路的八一医院吧。"

"干吗要去那么远?还去原来的医院不好吗?"

"八一医院离四川酒家很近,看完病之后,我想去那儿吃一碗鳝鱼面。"

"好,那就去八一医院。"

到了八一医院,医生见师父神志清醒,精神一般,血压、脉搏、肌张力、瞳孔光反射都很正常,一时未查明病因,建议住院做全身详细检查。

夏月娥忙给师父办理了住院手续,师父住进了东六病区神经科。办完手续后,已经中午,他又陪师父到附近的四川酒家给他买了一碗鳝鱼面。师父一边吃一边夸赞说:"还是这里的鳝鱼面味道正宗,味道好极了!"

在八一医院一住就是八天,能做的检查几乎全做了。最后得出结论:老年性脑萎缩和脑梗塞。医生建议,鉴于他曾三次昏厥、大小便失禁的情况,最好能对他进行不间断的监护,以防发生意外。

夏月娥立即与刚刚回到家的张爱明通了电话,俩人商量了一番,决定给师父找一家既有人二十四小时看护,又具备一定医疗条件的养老院。俩人奔波了三天,终于在城北戴家巷找到了一家南京最好的养老院。

夫妇俩把医生介绍的情况和担心以及他们的安排对师父一说,师父也很高兴。当他得知在那儿住一年要缴付45000元费用,而且他们已经一次性缴付了之后,难以抑制心里的感激,只是拉着他们夫妇俩的手说不出话来。

2014年元旦前几天,师父住进了养老院,在那里度过了他人生的最后五百六十天。

二、养老院五百六十天

养老院条件很好。师父住的是位于三楼的一套三人间,但只安排了两个人,同室的是一位退休的中学校长,对师父很熟悉。房间朝南,室内有独立的卫生间,并配有大屏液晶彩电、橱柜、餐桌、座椅以及各种必备的生活用品。老人的生活起居以及洗澡都有专门的护工照看。一日三餐均送到房间内,不能自理的还帮助喂食。楼层有专门的医护人员,对老人的身体健康进行监测,发现意外可以立即处理。

院内的活动也很丰富,除了有棋牌室、书报室、健身室外,每天上午还组织老人做健身操、听养生讲座,内容很丰富。

这里的许多老人年轻时听过师父的相声,对他十分熟悉,师父住进来后,自然对他很热情。师父身处这样的环境中心情很是愉快。加之一辈子长期在外流动演出,经常变动生活环境,没有几天,师父就适应了这里的生活。

元旦过后,我就到养老院去看望师父。师父见到我来了,心里很高兴,向室友和护工介绍我的身份:"这是我的掌门大徒弟,原先是文化局长。"

这两位不明白行内称呼的意思,问师父:"你的大徒弟不是前两天来过了吗?"

师父笑着对他们解释了一番。

原来,在南京的几位师兄弟听说师父住进了养老院,不知内中原委,元旦时都来看望师父。得知师父身体状况的前因后果,看到这里的条件后,梁尚义大师兄拍拍张爱明的肩膀夸赞说:"爱明,您做的够意思了。"

远在济南的孙小林师弟闻讯也赶到了南京,他在回忆文章里写道:

　　2014 年元旦,师哥李金鹏先生说,师父住过一次医院,现在住在敬老院里了。我也是很久没有见到师父了,于是带着王志民、张新东、于松北、靖德刚以及徒孙郭子玉一家,前往南京看望师父。到了敬老院,第一时间对房间和医护人员进行了了解,他们告诉我,老先生在这里很开心,经常有人来看望他老人家,吃住都很精心照顾。师父看到我们山东来的徒子徒孙,高兴地喊,山东好汉来了,哈哈。来来,坐。医护人员告诉我们,老先生精神特别好,声音洪亮,心情也不错,还经常给其他老人讲笑话。

　　虽然医护人员说得很详细,但是我还是不忘和师父说说话。时间很快就过去了一两个小时,临近中午,我们要离开了,师父起身要穿衣服,我们说您老人家歇着,不用送。师父说,送什么送,你们哪儿吃去,我也去。大家哈哈大笑,但是心里又有很多凄凉和无奈。医护人员说,老先生现在不适合出去应酬。师父有些失落地坐下来,看着我们离开敬老院,临走还不忘说一句:再来啊。

　　2014 年 8 月,我的很多徒弟都强烈要求前往南京看望师爷,作为师父欣然应允。一同前往的有王志民、刘延超、姜超、郑卓、邢委委、张国营、闫松等。负责接待的还是师哥李金鹏和他的徒弟付浩兰、顾欣。这次前去看望师父,完全是陪师父聊天,我和金鹏哥严格控制师父的说话时间。这个时候,师父的身体不如从前了,所以不想让他老人家太累。我的徒弟也都很配合,都向师父汇报他们的学习情况。刘延超给师爷表演了贯口,闫松还给师爷唱了段儿京剧,郑卓、张国营等纷纷给师父表演节目。老人很高兴,口口声声说,山东人好,实在,忠厚。

　　以往我每个月至少去一次南京,师父住进养老院后,我去的次数也多了起来,我知道师父最关心的不是自己的身体,而是相声行内的大情小事。那天,他又问天津方面的情况,我简单说几句之后,便拨通了李伯祥师兄的电话,然后将电话交给了师父。

　　师父听到伯祥师兄那熟悉而又幽默的话语时,精神立刻爽朗起来,脸上露出兴奋的表情,不住地问这问那,似乎有说不完的话。

　　我在浙江的徒弟凯文专门从杭州来南京看望师爷,师父对三年前在杭州的各项活动记忆犹新,他的记忆力让凯文十分惊讶。说完往事后,师父表达了还想去杭州的愿望,最后还和大家砸了一挂:"我要再不去一次人间天堂,那就去那边的天堂了!"

师父很喜欢徒孙们来看望他,年轻人的朝气和活力对他有一种感染力。每当此时,晚辈们向他请教艺术上的问题时,他都毫无保留地说给他们。为了向他们展示白沙撒字的绝活,他多次打电话给我的徒弟王乃中,让他从凤阳给他搞一袋白沙。当王乃中将白沙送来后,他特别高兴。对外地专程来看望他的晚辈,师父也常记在心。有一次师父对我说,高峰来看望他了,把他夸赞了一番,说他会有大的发展。

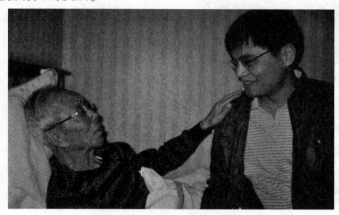

高峰探望师爷张永熙

3月底的一个清晨,我正在睡梦中,突然被手机铃声惊醒。拿起一看,原来是师父打来的电话。

"业海呀,告诉你一个好消息!南京市秦淮区在夫子庙给我盖了一座楼,还写上了我的名字。"师父的口气很兴奋。

我一听有些不明白,在夫子庙盖一座楼可不是件简单的事儿,何况是盖给个人的呢?我不由问道:"这不可能啊,师父,谁跟您说的这件事儿?"

"我也说不清楚。这两天少明会给你打电话。"

放下电话后我心里琢磨,事情虽然不一定如同师父说的那样,但听口气不会是空穴来风,终归是一件好事情。

果然,第二天少明师兄来了电话,一交谈才明白了事情的来龙去脉。南京

市秦淮区为了促进旅游事业的发展，重点之一是恢复夫子庙的传统氛围。在政府的引导和支持下，南京夫子庙文化旅游集团公司便在秦淮河边建了一座集餐饮、曲艺表演为一体的具有明清风格的仿古茶楼。茶楼里不但经营秦淮小吃和南京地方菜，而且内设了一座小舞台，可以进行小型的演出。经与江苏省曲艺家协会相声委员会洽商，由他们在这里长年演出曲艺和相声，向来南京旅游的人展示夫子庙的传统文化。

在茶楼的名字上，双方达成了共识，以在夫子庙说了数十年相声、老南京人

永熙茶楼内景

十分熟悉喜爱的师父的名字来命名，定名为永熙茶楼。少明师兄是省曲协相声委员会负责人，他向师父说了这件事。师父欣然同意，并于 3 月 18 日签了使用自己名字的授权书。

授 权 书

我授权江苏省曲艺家协会相声艺术委员会为我的姓名（张永熙）"永熙"两个字的唯一合法拥有和管理者。全权处理有关此名称的一切事宜。

授权人：张永熙

2014 年 3 月 18 日

师父签名的授权书

4 月 2 日是永熙茶楼开业的日子，少明师兄来电话邀我届时陪同师父出席揭牌仪式。

那天，师父早早便来到了茶楼，在休息室里和专程从北京赶来的李金斗谈笑风生，秦淮区政府一位女副区长对师父九十多岁高龄能亲临现场感到很高兴，吃饭时，大家都向师父敬酒，祝他健康长寿。

永熙茶楼坐落在平江府路东的秦淮河畔，与夫子庙东牌坊一路之隔，位置十分优越。建筑为徽派民居风格，白墙黛瓦，韵味古朴；门前广场绿水环绕，错落有致，是一个旅游休闲的绝好去处。

开业揭牌仪式就在门前广场举行。那天中午的阳光很烈，师父脸上沁出了汗珠儿，可是始终是精神矍铄，毫无疲态。

是啊，百余年来，在南京夫子庙献艺的民间艺人何止千百，而在这里的建筑上留下名字的能有几人？从师父脸上可以看到他心里很满足。

虽然住在养老院，但南京的许多活动他都尽力去参加。2014 年 11 月 8 日，梁尚义的弟子，南京白话非物质文化遗产传承人丁少华在开心

南京夫子庙永熙茶楼

茶馆首次收徒，虽然天气已经很凉了，但师父坚持要去现场参加这场活动。在仪式活动中，他不但上台发表了热情洋溢的讲话，而且接受了几家媒体的采访，向他们夸赞他的这名徒孙为南京白话的发展所做的努力。

师父住进养老院后，夏月娥每个星期都来探望他，陪他说话聊天。师父有时想吃什么了，她就在家里做好，装在保温饭盒里送到养老院。她家在城南，养老院在城北，几乎穿过整个南京城，乘公共汽车要一个多小时。为了让师父能及时吃到热乎可口的饭菜，她就乘出租车送去。与师父同室的老人见夏月娥无论酷夏寒冬，精心照顾师父的时候，向师父夸赞说："张老，你这个女儿真孝顺，还是亲生的女儿好啊！"

师父笑而不答。

中秋节到了，我从网上买了一大盒用铁桶装的京味小八件糕点，又买了滁州老字号生产的直径有二十几厘米的传统大五仁月饼送到养老院。师父一见这些他最爱吃的东西露出了欣喜的神情，话题一下子就说到了当年的老北京。他对七八十年前的记忆十分清晰，什么房子、什么人都说得很明白。

"前门外板章胡同老人都知道。胡同里面有个当铺，那个当铺是下台阶，倒下台阶，它那柱子都是这么粗。"师父一边说一边用手比画。

"郭全宝我们俩是邻居,相隔不远。他住在西珠市口对面的车碾胡同。他父亲是做小买卖的,推着车子,卖什么针头线脑,零零碎碎的小东西,很老实的一个人。这郭全宝脾气非常好,孝顺父母。我们俩天天跑到天桥去听相声,人家有钱的坐板凳,我们俩小孩子没钱,就把脑袋钻到人家屁股中间,听相声。一来二去,我们俩都爱上相声了,想干这一行。郭全宝说这要跟家里爸爸妈妈商量商量。我家里就奶奶一个人,我奶奶是小脚,给人家当老妈子……"

师父越说越远,我没有打断他,让他沉浸在对往事的回忆之中。

2015年春节,张爱明和夏月娥早早便在饭店订了包间,想接师父去共同吃年夜饭。谁知师父的身体状况和天气让师父难以出门。除夕夜七点多钟,两口子匆匆吃完饭后便赶到了养老院,陪师父说话,看中央电视台春节联欢晚会。两个多小时后,师父渐渐睡着了,两人轻轻离开了房间。

这是师父人生中的第九十二个春节,虽然平淡,但不孤单。有人挂念,有人陪伴,将他们连接在一起的是十分宝贵的人类情感。

三、从戴家巷到岱山

开春之后,师父的病又犯了,从养老院转送到南京中大医院。医生说师父的病主要是衰老引起的功能衰退而导致,给予对症治疗后,主要指标均有了好转。自师父住进养老院后,这已经是第三次送到中大医院了。

这次从医院回来后,师父的身体明显衰老了许多,特别是在精神上,少了往日的神采,思维有点混乱,说话常会出现含混不清的状况。吃东西有时也会发生吞咽不顺的现象,有次,我剥了一只香蕉给他吃,他刚吃了两口就呛咳不止,我忙让他把嘴里的香蕉吐出来,又倒了一杯热水让他喝下去,这才缓解平息。

但也有让师父特别高兴的事。元旦过后,师父口述、吕海云撰著的《张永熙自传》由团结出版社出版了,这对师父来说是一件十分重要的事。从2010年10月到2014年秋,历时三年,一部近28万字的书终于完稿。在这本书中,师父回忆了他的一生,喜怒哀乐,率性真情,让人耳目一新。当师父捧起厚厚的书时,露出了满意的神情。

春节后,我带着作者赠送给我的书请师父签名时,他的手握笔已不自

如,抖抖簌簌在扉页上签上了自己的
名字。

徒弟们来看望的次数也更多
了。远在济南的小林师弟听到师父
的状况时,也立刻赶了过来。他事后
回忆道:

2015 年 4 月 18 日,晨光茶社正
常演出,我突然接到师哥李金鹏先生
电话,说师父身体状况不好,问我什
么时候能去一趟南京。我当机立断,
演出结束马上驱车前往南京。王志民
先生开车,带着徒弟张新东、任安涛、
靖德刚,不停歇地前往南京。六百多
公里的路程,中间只休息了一个服务
区,赶到敬老院时,我的心情不知道

《张永熙自传》封面

如何表达。没见到师父时,听师哥说,师父已经出现昏迷现象了,很多次认不
清对方是谁,很多人来看望,只是点头无法开口。

走进病房,师父半躺着,闭着眼。医护人员说,老先生刚睡着。我站在一旁
看着瘦弱的师父,眼泪控制不住了。好像师父知道我的到来一样,眼睛微微睁
开,我走过去,蹲下来拉着师父的手,问:师父,记得我是谁吗?师父侧一下头,
看了看我,弱弱地说:山东好汉。当时我极力控制情绪,不想让师父看到我的
眼泪。他老人家想抽出手,用大拇指表示他看清了,认出我来了,一直重复着
山东好汉。在场的人都惊讶地看着我们一行几人。医护人员说,老先生已经好
几天认不清人了,并且经常乱动,为了给老人注射药物,把老人家的双手固定
着。我掀开被子,看着双手并在一起的师父,征得护工同意后,把师父的手松
开,师父嘴角动了一下,右手抬了抬,说:山东出好汉。我再也控制不住,转过
身去擦拭眼泪。调整好情绪,我向护工索要了一条毛巾,轻轻地擦拭着师父的
眼泪。师父瘦弱的脸庞在我轻轻擦拭后,多了些许荣光,多了无限的幸福。为
了不打扰师父休息,敬老院医护人员说,要让老人休息了。我们无奈地站在房

281

间门口,看着闭目养神的师父。

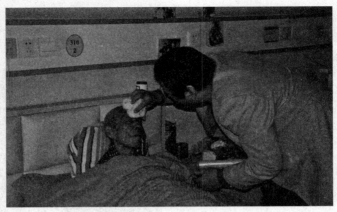

孙小林在师父床前

　　师哥李金鹏先生说,这种情况有些日子了,这几天闹得厉害所以我打电话给你,没想到你来得这么快。师父能认出你来,的确是个奇迹,放心回济南吧,师父没事儿了。其实师哥说没事也是安慰我,我知道师父年龄老了,九十多岁的人,器官衰竭很正常。出来门口,我还专门向护工师傅托付,希望能尽心尽力照顾老人家。走在敬老院走廊里,内心沉痛。回想这些年来,我的徒弟也都利用出差考研等机会前来看望师爷,例如:张战波、陈亮、李磊、王子善、王昊东等,这些徒弟的到来也都向师爷表示了亲切的问候。

　　回到济南,内心总是没法平静。一个老人,给了我艺术生命的师父,就这样慢慢老去,实在是无法接受的事实。但是生老病死谁又能左右的了呢。

　　师父的身体状况越来越差,夏月娥几乎每天都来看望,并做些师父喜爱的营养补品送到床前。为了更好地护理师父,夏月娥和张爱明又把师父转到了养老院的特护房间,二十四小时都有人照看护理。

　　2015 年 7 月 9 日,我从滁州赶到养老院看望师父。进了师父的房间,夏月娥和女护工都在那里。我走到师父床前俯下身来喊了声:"师父!我是业海。"

　　师父睁开眼睛,认出了我。嘴里发出声来,虽然很含混,但声音很大,不停地在说着什么。我仔细地倾听着,分辨着,终于明白了师父话里的意思。他告诉我,让我带他出门去转转看看,他来付钱。

女护工感到很诧异,师父这几天几乎不说话,今天居然一下子说了这么多。为了怕他累着,她上前劝师父:"老爷子,别说了,快休息休息吧。"

师父仍然不停地说着,只是话语越来越模糊了。

这是我最后一次听到师父对我说话。五天后,再次将师父送到中大医院抢救时,他已人事不知,昏迷不醒,处在临危的边缘了。

7月14日我接到夏月娥的电话,说师父又昏迷了,已经送到了中大医院,正在进行抢救。我立即乘车赶往南京,在中大医院急诊病房里,见到了师父。他手臂上输着液,脸上戴着氧气罩,躺在那里一动不动。夏月娥守在他身边,眼里充满了焦急和悲伤。

在南京的师兄弟们均已早早到了这里,见我来了之后,大家便在医院附近的一家茶社里商讨师父的病情。金鹏师弟的一位徒孙是南京鼓楼医院的医生,他介绍分析了病情,从医学角度上看,病人目前依靠呼吸机维持,随时会有生命危险,要早做准备。

基于此种情况,大家就商量,万一师父抢救不过来,后事如何处理等即将面临的问题。首先是灵堂设在哪儿?依常规理解,设在夫子庙永熙茶楼最为合适。一是名头相符,在永熙茶楼祭拜永熙先生顺理成章;二是位置适中,方便许多老观众前往吊唁。但是茶楼里还有其他的餐饮服务,很难让这些都停下来。最后商定征求一下管理单位的意见后再定。二是成立治丧委员会,撰写悼词。再就是一些事务性的工作,一一做了分工。

当天晚上,师父的病情似乎又有些好转,大家的心情又缓和了许多。我晚上又回到滁州,打电话给外地的同行朋友介绍师父的病况。谁知第三天中午,师父的病情急转直下,医生立即进行抢救,然而却回天乏术。

2015年7月16日下午15时05分,师父在南京东南大学附属中大医院病逝,享年九十二岁。

我想起养老院女护工那天对师父说的那句话,"老爷子,别说了,快休息休息吧。"

是的,师父说了一辈子的相声,他累了,是该休息了。

永熙茶楼那边回了话,婉拒了把师父灵堂设在那里的方案,演出暂停三天以示哀悼。李金鹏的弟子梁爽主张将师爷的灵堂设在开心茶馆,大家都很同意,因为师父生前的七八年间去得最多、演出最多的地方就是开心茶馆。

南京开心茶馆距莫愁湖很近,除了门内同行及亲朋故旧外,有许多老观众也闻讯而来,在师父灵前燃上一炷香,表示心中对师父的悼念。在外地的徒子徒孙们都急速地赶到南京送恩师最后一程。

第三天上午,师父起灵时,徒子徒孙们向师父行礼。张爱民和夏月娥以亲属的身份跪拜在师父的灵前。

师父的追悼会在南京市殡仪馆致远厅举行。

师父的遗像挂在大厅正中的墙上。身穿西服,半侧的脸上露出灿烂的笑容。见到这张照片我不禁难抑心中的悲痛。那是三十三年前,师父刚到滁州参加曲艺队时,我陪他到照相馆拍的一张演员介绍用的标准相片。那时师父踌躇满志,心情愉悦,脸上一片阳光。取到照片后他很满意,说这是他的标准像,让我多给他加印几张。谁知今天竟然成了他的遗像!

遗像的两边挂有一对挽联,这是我用崔琦师兄从北京发来的挽联改动了几个字而成的。崔琦师兄所撰的挽联是:

永志学先生擅长弹拉捧逗腻
熙光照后人精通说唱刘关张

这副挽联用了相声行内的熟语,概括了师父一生的艺术特点,而且将师父的名字藏在联首,联句工整,文辞斐然。我考虑到参加追悼会的人来自方方面面,对"捧逗腻""刘关张"的词意不甚了了,便将后半部分内容调整为:

永志学先生一代宗师名扬四海
熙光照后人百年相声笑洒江南

时间匆忙,未及与崔琦师兄联系请教就挂上灵堂了。

追悼会来了四百余人,中国曲协和全国各地的同行们纷纷发来唁电。江苏省曲艺家协会主席芦明致悼词,梁尚义大师兄代表师兄弟致答谢词。

师父安祥地躺在鲜花丛中,似乎是在熟睡,也许,他在静静地听着大家对他一生的评价。当师兄弟排队从师父面前走过时,我悲从心生,忍不住放声大哭,"师父,永别了!永别了……"

我和尚义、少明两位师兄,陪着师父的遗体进入火化间。在火化炉前的供桌上放有一只香炉,我们每人敬上一炷香,向师父最后鞠了三个躬,目送着师父的遗体被推进了火化炉。我心里默默地祈祷着:"师父,您一路走好。"

领出师父的骨灰后,师兄弟们轮流捧着师父的骨灰盒,乘车到了位于岱山脚下的岱山墓园。

南京郊区南面的岱山,以前很少为人所知。1946年春,这里曾经发生过一件震惊中外的坠机事件由此名声大噪。

1946年3月17日临近中午时分,国民党军统局长戴笠乘专机从青岛飞往上海,因天气原因无法降落便改飞南京。结果飞机在雨雾中撞到岱山的半山腰坠毁,机上十余人无一生还,戴笠的尸体落在山脚一条名叫困雨沟的水沟中。

戴笠字雨农,他死在岱山,尸落困雨沟,如此巧合,令人产生许多神秘的联想。

岁月沧桑,如今的岱山绿树成林,郁郁苍苍,是南京市郊难得的一片风水宝地,岱山墓园便坐落在山坡上。

中午时分,师父的骨灰盒安葬在墓穴中。

师娘在这里长眠已经四年多的时间了,师父的去世,对我们来说是永远的离别,对师娘来说却是最终的团聚。

师父七七那天,我的徒弟赵彬和他的学生刘大军从滁州驱车陪我和文仙去南京,到岱山墓园祭拜师父。按民间说法,逝者的灵魂在七七四十九天后就离开人世升上天堂去了。

车辆在GPS导航指引下,顺利到达了岱山墓园。下车之后,走上楠木园的台阶时我懵了!两次去岱山墓园给师娘师父送葬都是集体前往,随着人群行动。现在面对一大片一排排的墓碑,我只记得大致的方位,却忘记了师父师娘的墓是在哪一排哪一号。我一边走一边探望着。走到第22排时我停了下来,因为师父是1922年出生的,我便走进去仔细寻探,果然,师父师娘的墓就在

师父师娘墓园

22 排 8 号!我不由感叹一番:师父 1922 年出生,比我大 22 岁,我的生日也是 22 日,1983 年在滁州集体谢师那天竟也是 22 日!太巧合了,对我来说,22 成了一个特殊的数字。

接下来出现的现象更为特殊。当文仙和赵彬在摆放鲜花和祭品时,我发现在墓前的地上散落着一枚一分面值的硬币,便俯身拣起来看了看,看后就随手一扔,那枚硬币竟在地上直立起来!大家十分惊奇,难道是师父师娘显灵了?

当我们离开墓园踏上返途时,一个难以解释的灵异现象的出现更是让我们惊讶!

车上除了有一部车载导航仪外,赵彬和刘大军的手机都同时打开了导航功能,分别使用百度和高德导航系统。在我们驶上大路一百多米后,导航语音却提示我们左转往回走,没有理睬继续前行,走了几百米后仍提示我们掉头往回走。赵彬迷惑了,难道后面还有一条更短的捷径吗?犹豫了一下便将车转头开了回去,按语言提示竟然又回到了岱山墓园!

我顿时明白了,急忙下车向山坡楠木园方向大声说道:"师父,明年清明,我一定会再来看您的!"

这声音在山谷中传来一阵回响。

当车子又开回大路上时,与刚才不同,三部导航同时提示:继续前行!

2016 年清明,阳光明媚。我独自一人来到岱山,在师父师娘的墓前献上一束黄色的菊花。师父生前说过,北京城里故宫有一种独有的颜色,那就是黄色,看到那亮亮的黄色,他就想到了故乡。

师父,此刻您在哪儿呢?

我从岱山来到夫子庙,这里曾是师父长期生活的地方。在那里,他曾拥有过舞台上的辉煌,也经历过人生的黯淡;曾发出过爽朗的笑声,也流下过悲伤的泪水；曾有如沐春风般的丝丝温情，也有难以化解的缕缕愤怨；他的身影曾留在这里的长街深巷，如今在粉墙上依然可以寻找到他的名字。

坐在永熙茶楼外边的栏杆上，我写下一副纪念师父的长联：

来过活过哭过笑过　金陵城阅尽大师半生喜怒哀乐；
机也时也运也命也　秦淮河承载先生几多爱恨情仇。

师父并未离去，他难以割舍一生于此的夫子庙处处都有他的身影，秦淮河边的永熙茶楼里传出的朗朗笑声播散得很远很远……。

能寻找到师父吗？

我徜徉在永熙茶楼墙外，仰望蓝天，似乎听见了师父隽永的声音；我伫立在秦淮河岸边，凝视绿水，仿佛看到了师父清癯的面容。

空中一片清明，河里春水无痕。

后 记

在时间和历史面前,人生是短暂的;而每个人的人生经历却又是漫长的。回顾曾经的历史和人生,将漫长凝练成文字,是我心中的一个愿望。

今逢恩师张永熙先生去世一周年,这个愿望终于实现,在天津人民出版社的支持下,得以将这本拙作奉献给读者。

书中记述的多位相声老前辈均经历了新旧两个社会,由于观念和性格的原因,都在人生的舞台上经历了大起大落、大喜大悲,所幸大多以喜剧落下帷幕,但留下来的思考却是很多。时代在飞速地发展,新的东西越来越多,让人目不暇接,相反匮乏的是对于传统的关注和理解。每个人都有自己的时代,会创造那个时代的辉煌,也会留下那个时代的遗憾。将这些辉煌与遗憾记录下来,让后来者了解那一段历史,对于相声艺术的传承与发展应当是有积极的现实意义的。

本书在策划与写作过程中,得到孙福海、李伯祥两位师兄和钱钰锟先生的指导与鼓励,使本书得以顺利完成,在此表示衷心的感谢!同时,对提供相关资料的张玉柱、韦升美、张爱明、夏月娥、刘培枫、张京铭、吕海云、宁建春、朱农、郑林哲、吴棣等友人与同事一并致以谢意。感谢梁尚义、孙小林等师兄弟以及晚辈赵彬、张新东给予的帮助和支持。并向为此书得以问世而付出辛勤劳动的责任编辑张素梅主任致以诚挚的谢意。

"俱往矣,看风流人物,还看今朝。"相声艺术是中国的国粹,弘扬中国精神,凝聚中国力量,坚持社会主义核心价值观,是新一代相声演员必须牢记在心的。随着中华民族复兴大业的实现,相声界必将新人辈出,星光灿烂。

作者 曹业海

丙申处暑于滁州